EDMUND CONWAY

JUSTE ASSEZ
D'ÉCONOMIE
POUR BRILLER EN SOCIÉTÉ

Traduit de l'anglais par Albert Leduc-Sinel

DUNOD

Table des matières

Introduction

« Un [sujet] morne, désolé et, en effet, tout à fait abject et affligeant ; ce que l'on pourrait appeler, par excellence, la science lugubre. »

C'est Thomas Carlyle qui a donné cette description de la théorie économique en 1849 ; elle a survécu, pour le meilleur et pour le pire. Il est difficile d'en être surpris. La théorie économique n'attire l'attention que quand les choses vont mal. C'est seulement quand un pays est en crise que nous sommes poussés à nous intéresser au sujet, quand des milliers de salariés perdent leur emploi, quand les prix grimpent trop haut ou qu'ils baissent trop vite. Pendant ces périodes, l'économie apparaît sans nul doute comme une science lugubre, particulièrement quand elle souligne les contraintes et les défis auxquels nous devons faire face, qu'elle explique que nous ne pouvons avoir tout ce que nous voulons et qu'elle fait ressortir que les êtres humains sont par nature imparfaits.

Je dois ajouter, à la manière typique d'un économiste, que la vérité est beaucoup moins simple. S'il s'agissait simplement d'étudier des nombres, des statistiques et des théories, l'expression « science lugubre » aurait peut-être plus de poids. Pourtant, la théorie économique est, dans son cœur même, l'étude des êtres humains. C'est une recherche sur la façon dont les gens réussissent, sur ce qui nous rend heureux et nous satisfait, sur la façon dont l'humanité a fait en sorte au cours des générations d'améliorer son état de santé et de devenir plus prospère que jamais auparavant.

La théorie économique examine ce qui pousse les êtres humains à faire ce qu'ils font, elle étudie leurs réactions quand ils sont confrontés à des difficultés ou au succès. Elle examine les choix que les gens font quand ils n'ont qu'un nombre limité d'options et comment ils les échangent les unes contre les autres. C'est une science qui embrasse l'histoire, la politique, la psychologie et, oui, une ou deux étranges équations. Si le rôle de l'histoire est de nous dire quelles erreurs nous avons commises dans le passé, c'est à l'économie de rechercher comment agir différemment à la prochaine occasion.

Savoir si elle y parvient est une autre question. Au moment où ce livre était mis sous presse, le monde devait se résigner à subir l'une des crises financières les plus importantes de son histoire, des décennies de dette submergeant les marchés internationaux. Certaines des banques et des entreprises industrielles et commerciales les plus importantes et les plus anciennes au monde n'ont pas supporté le choc. La crise a de nombreux aspects nouveaux – de nouveaux instruments financiers complexes, par exemple, et de nouvelles relations économiques alors que, pour la première fois depuis la fin de la guerre froide, la position des États-Unis comme superpuissance mondiale était remise en question. Mais elle est en réalité très semblable à de nombreuses crises du passé. Si nous refaisons chaque fois les mêmes erreurs, s'exclame la critique, à quoi sert la théorie économique ?

La réponse est très simple. Au fil des siècles, nous avons glané une sagesse à propos de la meilleure façon de gérer l'économie qui nous a rendus plus riches, en meilleure santé et qui nous permet de vivre plus longtemps que nos ancêtres n'auraient jamais pu l'imaginer. Cela n'avait rien d'évident. Pour réaliser que notre prospérité n'était en aucun cas assurée, il suffit de tourner notre regard vers les pays d'Afrique subsaharienne et de certaines régions d'Asie – où les gens sont, en effet, bloqués dans des conditions de vie analogues à celles de l'Europe au Moyen Âge. Notre prospérité est, en fait, extrêmement fragile, mais comme c'est toujours le cas avec la théorie économique, nous considérons ce succès comme acquis et tendons à nous concentrer sur le côté lugubre des choses.

Telle est la nature humaine. De nombreux ouvrages d'économie tentent de dissiper ces illusions. C'est assez désespérant et, franchement, ce n'est pas mon style. L'objectif de cet ouvrage est simplement d'expliquer comment fonctionne l'économie. Le vilain petit secret de l'économie, c'est que ce n'est vraiment pas compliqué du tout – pourquoi le serait-ce ? C'est l'étude de l'humanité, et en tant que telle, ses idées vont souvent à peine plus loin que le bon sens.

Ce livre n'est pas destiné à être lu comme un récit continu : chacune de ces 50 idées doit être compréhensible toute seule, bien que j'aie souligné les cas où vous pourriez avoir intérêt à aller consulter un autre chapitre.

Mon espoir est que quand vous aurez lu la plupart des chapitres, vous serez en mesure de penser un peu plus comme un économiste : de poser des questions sur les raisons qui font que nous agissons comme nous le faisons ; de rejeter les idées reçues ; de comprendre que même les choses les plus simples de la vie sont plus complexes qu'il n'y paraît – et d'autant plus belles pour cela.

Cette introduction en est un exemple. Un auteur se doit d'inclure des remerciements à tous ceux qui l'ont aidé à préparer son livre. Mais par où commencer ? Dois-je commencer par remercier les propriétaires de la forêt d'où vient le bois utilisé pour fabriquer le papier ? Ou les ouvriers qui ont préparé l'encre qui a servi à imprimer les caractères ? Ou les opérateurs sur les machines à relier où le livre a été broché ? Comme pour tant d'autres choses dans ce monde interconnecté, des millions de personnes ont joué un rôle dans la création du livre que vous tenez entre les mains – depuis les éditeurs et les fabricants jusqu'aux transporteurs maritimes qui l'ont fait venir jusqu'à votre librairie, aux côtés de nombreux autres.

Ce livre est le produit de milliers de conversations que j'ai eues avec des économistes, des professeurs, des financiers, des hommes d'affaires et des hommes politiques au cours des dernières années ; et de l'excellente littérature économique disponible dans les rayons des librairies et, de façon plus excitante, sur l'internet. Nombre de ces idées font écho à celles d'économistes éminents ou moins éminents trop nombreux pour être tous cités. Toutefois, je tiens également à remercier Judith Shipman chez Quercus pour m'avoir permis d'écrire dans cette belle collection ; mes secrétaires de rédaction, Nick Fawcett et Ian Crofton ; Vicki et Mark Garthwaite pour m'avoir donné un endroit où l'écrire ; David Litterick, Harry Briggs et Olivia Hunt pour leur contribution ; et ma mère et le reste de ma famille pour leur soutien.

Edmund Conway, 2009

01 La main invisible

« L'avidité est une bonne chose », déclare Gordon Gekko, le méchant d'un des grands films classiques des années 1980, *Wall Street.* Il confirme ainsi d'un seul coup les pires craintes de la bonne société à l'égard des financiers. Dans ce coupe-gorge qu'est le monde de Manhattan, il n'y a absolument plus à avoir honte d'un désir de gain sans limite – ce désir doit au contraire être porté avec fierté, comme le sont les chemises rayées et les bretelles rouges.

Si choquant que le film ait été à la fin du XXe siècle, essayez d'imaginer comment une déclaration comme celle-ci aurait résonné deux siècles plus tôt, quand l'Église dominait encore la vie intellectuelle et que définir l'être humain comme un « animal économique » était presque blasphématoire. Maintenant, vous pouvez vous faire une idée de l'impact qu'a eu l'idée radicale d'Adam Smith d'une « main invisible » quand il l'a exposée pour la première fois au XVIIIe siècle. Néanmoins, comme son descendant hollywoodien, son livre fut un énorme succès commercial, son premier tirage fut immédiatement épuisé et il fait depuis partie du canon.

Le rôle de l'intérêt personnel La « main invisible » est la version sténographique de la loi de l'offre et de la demande (voir n° 2). Elle explique comment l'action conjuguée de ces deux facteurs bénéficie à la société dans son ensemble. L'idée est simple : il n'y a rien mal à ce que les individus agissent dans leur intérêt personnel. Dans un marché libre, chacun agit en poursuivant son intérêt personnel, la force combinée de toutes ces actions bénéficie à la société toute entière, et chacun s'enrichit.

Smith n'utilise l'expression que trois fois dans son chef-d'œuvre de 1776, *La Richesse des nations*, mais un passage clé souligne son importance :

> [Personne] n'a l'intention de favoriser l'intérêt général, ni ne sait dans quelle mesure il le favorise… Quand il agit de telle sorte que sa

chronologie

350 av. J.-C.
Aristote affirme que la propriété devrait être privée

1723
Naissance d'Adam Smith

1759
Publication de *La Théorie des sentiments moraux* d'Adam Smith

> production ait la plus grande valeur possible, il ne pense qu'à son propre profit, et il est dans ce cas, comme dans beaucoup d'autres, conduit par une main invisible à accomplir une fin qui n'était en aucune manière dans ses intentions... En poursuivant son propre intérêt, il favorise souvent celui de la société plus efficacement que quand il a vraiment l'intention de le faire. Je n'ai jamais entendu parler d'un bien accompli par ceux qui affectaient de faire des affaires avec en vue l'intérêt général.

Cette idée contribue à expliquer pourquoi le marché libre a joué un rôle si important dans le développement des sociétés complexes modernes.

Apprendre par la pratique Prenons un inventeur, Thomas, qui a eu l'idée d'un nouveau type d'ampoule – plus efficace, plus brillante, et d'une durée de vie plus longue. Il l'a fait pour servir son intérêt personnel, dans l'espoir de devenir riche et peut-être célèbre. Le sous-produit sera le bénéfice qu'en tirera la société dans son ensemble, par la création d'emplois pour ceux qui fabriqueront les ampoules et par l'amélioration de la vie (et de la salle de séjour) de ceux qui les achèteront. S'il n'y avait eu aucune demande pour l'ampoule, personne ne l'aurait achetée à Thomas, et la main invisible l'aurait, en réalité, rembarré pour avoir commis une telle erreur.

De même, une fois que Thomas aura démarré son affaire, d'autres le verront s'enrichir et essayeront de le surpasser en inventant des ampoules du même genre mais plus brillantes encore et de meilleure qualité. Ils commenceront aussi à s'enrichir. Cependant, la main invisible ne dort jamais. Thomas se mettra à vendre moins cher que ses concurrents afin d'être sûr de continuer à vendre davantage qu'eux. Les clients, enchantés, profiteront d'ampoules encore meilleur marché.

À chaque étape du processus, Thomas agit dans son intérêt propre plutôt que dans celui de la société. Mais, contrairement à l'intuition, tout le monde en profite. Dans un sens, la théorie de la main invisible est analogue à la notion mathématique que deux signes moins font un signe plus. Si une seule personne agit dans son intérêt personnel, mais qu'à part elle tout le monde est altruiste, la société n'en tirera aucun avantage.

1776
Publication de *La Richesse des nations* d'Adam Smith

2007
La reconnaissance d'Adam Smith comme père de l'économie politique se traduit par sa présence sur les billets anglais de 20 livres.

Adam Smith (1723-1790)

Le père de la théorie économique est un héros radical assez improbable. Il naît dans la petite ville écossaise de Kirkcaldy. De façon tout à fait appropriée pour le premier économiste, Smith est un universitaire excentrique qui se considère comme un peu à part et déplore de temps en temps son apparence physique ingrate et son manque d'aisance sociale. Comme souvent chez ses héritiers modernes, son bureau à l'Université de Glasgow est rempli d'une manière chaotique de papiers et de livres. De temps en temps, on le voit se parlant à lui-même, et il a une propension au somnambulisme.

Smith forge l'expression « la main invisible » et l'emploie d'abord dans son premier livre, *La Théorie de sentiments moraux* (1759). Il étudie dans cet ouvrage la façon dont les gens interagissent et communiquent, ainsi que la relation entre la rectitude morale et la poursuite innée par l'homme de son intérêt égoïste. Après avoir quitté Glasgow pour servir de tuteur au jeune duc de Buccleuch, il commence à travailler sur le livre qui va devenir *Une Enquête sur la nature et les causes de la richesse des nations* (pour donner son titre complet).

Smith acquiert alors une certaine célébrité, et ses idées non seulement influencent tous les grands noms de la théorie économique mais elles aident aussi à l'essor de la révolution industrielle et de la première vague de mondialisation, qui se termine avec la première guerre mondiale. Au cours des trente dernières années, Smith est redevenu un héros, ses idées sur les marchés libres, la liberté des échanges et la division du travail (voir n° 6) appuyant la pensée économique moderne. Smith a eu, à juste titre, l'honneur d'être le premier Écossais à figurer sur un billet de la Banque d'Angleterre, son visage apparaissant sur celui de 20 livres.

Un autre exemple concerne Coca-Cola, qui changea la recette de sa boisson pétillante dans les années 1980 pour attirer des clients plus jeunes et plus dans le coup. Cependant, son Nouveau Coke est un désastre complet : le public n'apprécie pas le changement et les ventes plongent. Le message de la main invisible est clair, et Coca-Cola, au vu de la baisse brutale de ses profits, retire le Nouveau Coke au bout de quelques mois. L'ancienne recette est réutilisée, et les clients sont heureux – comme le sont les directeurs de Coca-Cola, les profits ayant rapidement rebondi.

Smith savait que, dans certaines circonstances, la théorie de la main invisible ne s'appliquait pas. Le dilemme souvent connu comme la « tragédie des communs » en est un exemple. Le problème est que, quand une ressource particulière est disponible en quantité limitée, comme le pâturage sur un terrain communal, ceux qui exploitent la terre le font au détriment de leurs voisins. Cet argument a été brandi par ceux qui font campagne à propos du réchauffement climatique (voir n° 45).

> **« Ce n'est pas de la bienveillance du boucher, du brasseur ou du boulanger que nous attendons notre dîner, mais bien du soin qu'ils apportent à leur intérêt personnel. Nous ne faisons pas appel à leurs sentiments humanitaires mais à leur amour-propre, et nous ne leur parlons jamais de nos propres besoins mais des avantages pour eux. »**
>
> **Adam Smith**

Les limites de la liberté des marchés

Bien que les hommes politiques de droite se soient parfois emparés de l'idée de la main invisible au cours des dernières décennies, ce n'est pas une théorie qui représente nécessairement un point de vue politique particulier. C'est une théorie économique positive (voir n° 16), bien qu'elle contredise sérieusement ceux qui pensent que les économies sont mieux dirigées du haut vers le bas, les gouvernements décidant de ce qui doit être produit.

La main invisible souligne le fait que les individus sont capables de décider ce qui doit être produit et consommé, plutôt que les hommes politiques ou les fonctionnaires. Mais il y a quelques clauses restrictives importantes. Smith prend soin de distinguer entre l'intérêt personnel et l'avidité égoïste pure et simple. Il est conforme à notre intérêt personnel qu'existe un cadre de lois et de règlements qui nous évitent d'être traités déloyalement quand nous sommes consommateurs. Cela inclut les droits de propriété, le respect des brevets et des copyrights, ainsi que les lois protégeant les salariés. La main invisible doit être soutenue par le règne de la loi.

C'est là que Gordon Gekko se trompait. Quelqu'un dont l'avidité est la seule motivation peut choisir de contourner la loi pour s'enrichir au détriment des autres. Adam Smith n'aurait jamais approuvé.

l'idée en une phrase

Agir dans son propre intérêt est bon pour la société

02 La loi de l'offre et de la demande

La loi de l'offre et de la demande se situe au cœur des sciences économiques et même des relations humaines. La manière dont offre et demande interagissent détermine quels seront les prix dans les magasins, quels bénéfices feront les entreprises et pourquoi une famille s'enrichit tandis qu'une autre reste pauvre.

La loi de l'offre et de la demande explique pourquoi les supermarchés proposent leurs meilleures saucisses à un prix bien plus élevé que leurs saucisses standard ; pourquoi une société d'informatique pense qu'elle peut demander un supplément pour un ordinateur simplement en changeant sa couleur. De même que quelques règles élémentaires jouent un rôle déterminant en mathématiques et en physique, la simple interaction entre l'offre et la demande se retrouve partout.

Elle est présente dans les ruelles encombrées d'Otavalo en Equateur et dans les larges avenues autour de Wall Street à New York. En dépit de leurs différences superficielles – les rues sud-américaines poussiéreuses envahies par les paysans, Manhattan peuplée de banquiers en costume – ces deux lieux sont, aux yeux d'un économiste fondamentaliste, virtuellement identiques. Regardez d'un plus près et vous comprendrez pourquoi : ce sont tous deux des marchés qui jouent un rôle majeur. Otavalo est l'un des plus grands et des plus célèbres marchés en plein air d'Amérique latine ; Wall Street, de son côté, est le siège de la Bourse de New York. Ce sont des lieux où les gens viennent pour acheter ou pour vendre.

Le marché réunit les acheteurs et les vendeurs, que ce soit devant un ensemble physique d'étals sur lesquels les produits sont exposés ou sur un marché virtuel tel que Wall Street, où la plupart des transactions sont réalisées par l'intermédiaire de réseaux informatiques. Et, au carrefour entre l'offre et la demande, se situe le prix. Ces trois informations en apparence anodines nous en disent pourtant énormément sur la société.

chronologie

1776
Publication de *La Richesse des nations* d'Adam Smith

1807
L'économiste français Jean-Baptiste Say expose la loi qui porte son nom : l'offre crée sa propre demande

1890
Publication des *Principes d'économie politique* d'Alfre[d] Marshall, qui vulgarisent les courbes d'offre et de deman[de]

Elles forment le soubassement de l'économie de marché.

La demande représente la quantité de biens ou de services que les gens sont prêts à acheter à un prix donné. Plus le prix est élevé, moins les personnes seront disposées à acheter, jusqu'au point où elles refusent purement et simplement de le faire. De même, l'offre indique la quantité de biens dont un vendeur acceptera de se séparer ou de services qu'il acceptera de fournir à un prix donné. Plus le prix est bas, moins le vendeur voudra vendre de biens ou de services, dans la mesure où les produire prend du temps et coûte de l'argent.

« Nous pourrions aussi raisonnablement débattre pour savoir si c'est la lame supérieure ou la lame inférieure d'une paire de ciseaux qui coupe un morceau de papier, ou si c'est la demande ou l'offre qui régit la valeur. »

Alfred Marshall, économiste victorien

Ce prix est-il le bon ? Les prix sont le signal qui indique si l'offre ou la demande augmente ou diminue pour un produit particulier. Prenons le prix des logements. Au début des années 2000, ils ont augmenté de plus en plus vite aux États-Unis. Les familles, encouragées par des prêts en apparence intéressants, sautaient en plus grand nombre le pas de l'achat d'un logement. Cette demande a incité des entrepreneurs en bâtiments à construire davantage de logements – en particulier à Miami et dans certaines parties de la Californie. Quand, ensuite, ces logements ont été achevés, la surabondance soudaine de l'offre a fait chuter les prix – à grande vitesse.

Le secret de Polichinelle de la théorie économique est qu'en réalité, les prix sont rarement à leur niveau d'équilibre. Le prix des roses varie tout au long de l'année. Quand l'été fait place à l'hiver, les supermarchés et les fleuristes ne peuvent s'approvisionner qu'à l'étranger ; l'offre de roses baisse et leur prix augmente. De même, un peu avant le 14 février, les prix font un bond en raison de la demande pour les fleurs de la Saint-Valentin.

Les économistes nomment cet effet « saisonnalité » ou « bruit ». Certains, cependant, essayent de regarder au-delà pour trouver le prix d'équilibre. Prenons de nouveau le prix des logements : aucun économiste n'a encore établi combien la maison « moyenne » devrait valoir. L'histoire nous indique cependant qu'elle devrait valoir un certain nombre de fois le salaire annuel moyen – entre trois ou quatre fois en moyenne – mais il n'y a aucune moyen de le savoir avec certitude.

Le prix de certains produits nous donne quelques leçons élémentaires sur la psychologie humaine. Il y a quelques années, quand le fabricant

années 1930

John Hicks approfondit l'économie de l'offre et de la demande

L'offre et la demande en action

En Équateur, Maria vend, très bien, des couvertures colorées de style andin qu'elle a fabriquées et qu'elle dispose sur un étalage dans un marché. Elle sait qu'elle n'a aucun intérêt à vendre une couverture pour 10 dollars ou moins puisque, à ce prix, elle ne pourrait pas se permettre de fabriquer la couverture et de louer l'étalage. D'abord, donc, elle fixe le prix à 50 dollars, niveau auquel elle peut se permettre de fabriquer 80 couvertures, mais ceci s'avère que trop cher pour les clients éventuels et elle ne vend rien. Aussi commence-t-elle à baisser le prix pour réduire son stock. Lentement mais sûrement, la demande pour les couvertures se développe. Chaque fois qu'elle baisse le prix, les clients sont plus nombreux. À 40 dollars, elle vend 20 couvertures, à 30 dollars, elle en écoule 40. Quand elle baisse le prix jusqu'à 20 dollars, elle réalise qu'elle l'a fixé trop bas. Tandis que son stock s'épuise, elle réalise qu'elle ne fabrique pas de nouvelles couvertures assez rapidement pour répondre à la demande. Elle se rend compte qu'au prix de 30 dollars, elle fabrique les couvertures au même rythme que les gens les lui achètent. Elle vient de tracer le plus important de tous les

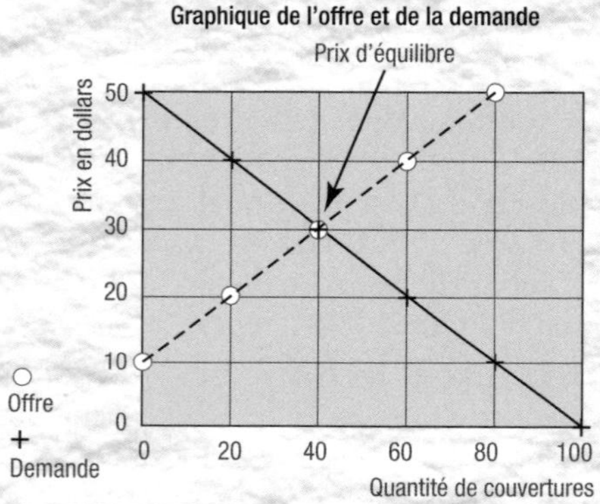

graphiques économiques : une courbe de demande et une courbe d'offre. Elle vient de découvrir le prix d'équilibre pour les couvertures.

La ligne noire représente la demande pour les couvertures de Maria, la courbe grise en tirets l'offre. Quand le prix des couvertures est égal à zéro, la demande est à 100, mais il n'y a aucune offre (puisque leur fabrication coûte davantage). Quand le prix est à 20, la demande potentielle est de 60 mais Maria peut seulement en fabriquer 20. Le prix d'équilibre des couvertures, selon le diagramme, est de 30 dollars. C'est le prix pour lequel l'offre est égale à la demande – comme le montre le graphique.

d'ordinateurs Apple a sorti son nouvel ordinateur portable Macbook, il le proposait dans deux couleurs, blanc et noir. La version noire était une version spéciale, plus chère. Bien qu'étant identique sur tous les autres points à la version blanche – la vitesse, la taille du disque dur, etc. – la version noire était vendue au détail 200 dollars de plus. Pourtant, les acheteurs étaient nombreux. Cela ne se serait pas produit sans une demande suffisante ; ainsi, clairement, certains acheteurs étaient prêts à payer davantage simplement pour se distinguer de leurs voisins propriétaires d'ordinateurs portables blancs plus ordinaires.

L'importance de l'élasticité Parfois, l'offre et la demande ne réagissent pas immédiatement aux variations des prix. Si une compagnie de téléphone augmente le prix des appels, les consommateurs tendent à réduire assez rapidement leur nombre d'appels ou, alternativement, à changer d'opérateur. En langage économique, leur demande est élastique – elle change quand les prix varient.

Dans d'autres cas, les consommateurs réagissent lentement aux variations de prix – la demande est inélastique. Par exemple, quand, au début des années 2000, les prix du pétrole augmentent brusquement, les consommateurs, confrontés au prix élevé des carburants, n'ont pas d'alternative à leur disposition pour se déplacer. Ils ne peuvent pas non plus toujours se permettre, pour réduire leurs frais, d'acheter une nouvelle voiture coûteuse, électrique ou hybride. De même, les entreprises utilisant de grandes quantités de pétrole ne peuvent pas faire autrement que d'absorber le surcoût. Peu à peu, certains consommateurs se tournent vers les transports en commun. De tels transferts sont appelés substitution d'articles coûteux par d'autres articles. Cependant, de nombreuses familles n'ont pas eu d'autre choix que de faire face au coût plus élevé du carburant aussi longtemps que possible.

« Enseigne à un perroquet les mots 'offre' et 'demande', et tu en as fait un eéconomiste. »

Thomas Carlyle

Bien sûr, ce qui vaut pour la demande vaut aussi pour l'offre, qui elle aussi peut être élastique ou inélastique. De nombreuses entreprises ont appris à s'adapter rapidement : quand la demande pour leurs produits chute, elles réagissent en licenciant une partie de leurs salariés ou en réduisant leurs investissements. D'autres, cependant, sont moins élastiques et ont donc plus de difficultés. Par exemple, pour un producteur de bananes des Caraïbes, il sera extrêmement difficile de réduire son activité s'il est concurrencé efficacement par des producteurs latino-américains de plus grande taille, ou s'il constate que les consommateurs sont moins désireux d'acheter ses bananes.

Pour le vendeur équatorien devant son étal, pour le banquier de Wall Street ou n'importe qui d'autre, la première force derrière les décisions économiques est toujours l'interaction entre les prix et les acheteurs et les vendeurs qui les déterminent ; en d'autres termes, l'offre et la demande.

l'idée en une phrase

Un produit est au bon prix quand l'offre est égale à la demande

03 Le piège malthusien

Il est paradoxal qu'une théorie économique dont on a prouvé génération après génération qu'elle était fausse soit encore, longtemps après son apparition, si en vogue et si puissante. Il est vrai qu'il y a peu d'idées plus fascinantes que celle que le genre humain s'étend et exploite les ressources de la planète si vite qu'il se dirige inévitablement vers l'autodestruction. Contemplons le piège malthusien.

Grâce à vos cours de biologie, les images au microscope de cellules se multipliant vous sont probablement familières. Vous commencez avec deux cellules, qui se divisent pour former chacune une nouvelle paire ; elles se multiplient rapidement, seconde après seconde, et atteignent les bords de la boîte de Pétri jusqu'à finir par la remplir complètement et ne laisser aucun espace libre. Que se passe-t-il alors ?

Prenez maintenant les êtres humains. Ils se reproduisent également à un taux exponentiel. Ne serions-nous pas en train de nous reproduire trop rapidement pour pouvoir nous nourrir ? Il y a deux siècles, l'économiste anglais Thomas Malthus était convaincu que c'était bien le cas. Selon ses calculs, les humains se reproduisaient beaucoup plus rapidement que leurs ressources en nourriture. Plus précisément, il a émis l'idée que la population humaine suivait une progression géométrique (2, 4, 8, 16, 32…) tandis que la nourriture disponible suivait une progression arithmétique (2, 4, 6, 8…).

Comme Malthus lui-même l'a écrit dans son *Essai sur le principe de population*, paru en 1798, l'homme a besoin de nourriture pour survivre, et la population se multiplie à une vitesse rapide. Il en conclut :

> Je dis que le dynamisme de la population est infiniment plus grand que la capacité de la terre à produire la subsistance pour l'homme. La

chronologie

1776

Publication
de *La Richesse des nations*
d'Adam Smith

population, si elle n'est pas contrôlée, augmente dans un rapport géométrique. La subsistance augmente seulement dans un rapport arithmétique. Une familiarité même réduite avec les nombres montre l'immensité de la première puissance par rapport à la seconde.

À ses yeux, l'humanité se dirige inéluctablement vers une situation critique. À moins qu'elle ne réduise volontairement son taux de natalité (ce qu'il pensait inconcevable), la population humaine souffrirait d'un des trois moyens de contrôle désagréables imposés par la nature pour la garder dans des limites soutenables : la famine, la maladie ou la guerre. Les gens ne pourraient pas manger, succomberaient à la peste ou à un autre fléau, ou se battraient pour des ressources de plus en plus rares.

« Malthus a été maintes fois enterré, et la pénurie malthusienne avec lui. Mais, comme Garrett Hardin l'a remarqué, quelqu'un qui doit être réenterré aussi souvent ne peut pas être entièrement mort. »

Herman E. Daly, économiste américain

Vous pouvez comprendre pourquoi le piège malthusien est souvent appelé catastrophe ou dilemme malthusien. Ce problème grave est évoqué aujourd'hui encore par les experts qui préconisent de contrôler la taille de la population mondiale. C'est une idée qui a été adoptée par de nombreux mouvements environnementaux pour illustrer le fait que l'humanité ne pourra pas survivre à long terme.

Les problèmes que pose cette théorie Mais Malthus avait tort. Depuis qu'il a écrit son ouvrage, la population mondiale, dont il pensait qu'elle était en train d'atteindre un pic naturel, est passée de 980 millions à 6,5 milliards d'habitants. On projette qu'elle culminera à plus de 9 milliards d'ici 2050. Pourtant la majorité des habitants de la planète sont mieux nourris et en meilleure santé que leurs prédécesseurs ne l'ont jamais été, et ils vivent plus longtemps. Malthus se trompait sur deux points :

1. Les hommes ont montré qu'ils étaient capables de concevoir des technologies pour résoudre ces problèmes. En partie grâce aux lois de l'offre et de la demande, qui ont encouragé les producteurs à concevoir des moyens plus efficaces et meilleurs pour produire de la nourriture, le monde a vécu une série de révolutions agricoles, chacune augmentant considérablement les ressources disponibles. Les êtres humains, avec l'aide du marché, ont résolu le problème de la nourriture.

1798
Publication de l'*Essai sur le principe de population* de Thomas Malthus

1805
Malthus devient professeur d'économie à Haileybury

1859
Publication de *L'Origine des espèces* de Charles Darwin. Darwin avait été influencé par les idées de Malthus

Thomas Robert Malthus (1766-1834)

Bien que ce soit l'homme qui a inspiré le rejet par Thomas Carlyle de la théorie économique comme « science lugubre », Thomas Malthus a en fait beaucoup d'amis qu'il sait divertir, et il est bien considéré en dépit de ses sombres idées. Il naît dans une famille riche avec un penchant intellectuel – en effet son père connaissait les philosophes David Hume et Jean-Jacques Rousseau – et il passe la majeure partie de sa vie à étudier ou à enseigner, à l'exception d'une période en tant que curé anglican. L'économie politique est alors considérée comme un sujet si protéiforme qu'elle n'est pas reconnue en tant que telle par la plupart des universités. Aussi Malthus étudie-t-il les mathématiques puis plus tard les enseigne, à Jesus College, Cambridge.

Cependant, c'est un témoignage de la popularité croissante de l'économie politique qu'au début du XIXe siècle Malthus soit devenu le premier professeur d'économie au monde, enseignant cette matière au East India Company College (maintenant connu sous le nom de Haileybury) dans le Hertfordshire. Et, en 1818, signe clair de l'importance du sujet, Malthus devient un Fellow of the Royal Society, en reconnaissance de son travail de pionnier en économie politique.

2. La population ne se développe pas toujours exponentiellement. Elle a une tendance naturelle à se stabiliser après une certaine période. À la différence des cellules, qui se multiplieront jusqu'à ce qu'elles aient rempli la boîte, les êtres humains, une fois qu'ils ont atteint un certain niveau de richesse, tendent à moins se reproduire. En fait, la fertilité humaine a récemment chuté sensiblement, et les taux de fécondité sont insuffisants pour empêcher la dépopulation au Japon, au Canada, au Brésil, en Turquie et dans presque toute l'Europe. Les durées de vie plus longues ont pour conséquence que la population devient graduellement plus âgée, mais ceci est une autre histoire (voir n° 32).

L'historien économique Gregory Clark soutient dans son livre controversé *A Farewell to Alms (L'Adieu aux aumônes)* que, jusqu'en 1790, l'homme était en effet pris dans un piège malthusien, mais qu'ensuite l'Angleterre s'en est échappée, en raison d'une combinaison de facteurs : la forte mortalité par maladie chez les plus pauvres, le fait qu'ils soient remplacés par des enfants des classes supérieures et moyennes (« mobilité sociale descendante ») et l'inclination de ces classes à travailler plus dur. Il affirme que de nombreuses régions du monde, n'étant pas encore passées par ce stade, demeurent prises dans le piège.

Cependant, ce qui n'était certainement pas faux, c'était la théorie sous-tendant le malthusianisme : *la loi des rendements décroissants*. Elle est très instructive pour les entreprises. Prenez une petite ferme ou une petite usine. Le patron décide d'embaucher une personne supplémentaire chaque semaine. Au début, chaque nouvel employé permet une forte augmentation de la production. Quelques semaines plus tard, cependant, arrive le moment où chaque nouvel employé ne permet plus qu'une faible augmentation de la production par rapport à la semaine précédente. Une paire de bras supplémentaire ne peut plus faire grand chose quand il n'y a plus de terrain disponible, ou de machines avec lesquelles travailler.

Apocalypse où ? Dans la majorité de ce que nous appelons maintenant le monde occidental (l'Europe, les États-Unis, le Japon et une poignée d'autres économies avancées) le piège malthusien a été brisé par l'augmentation de la productivité agricole tandis qu'en même temps, les gens devenaient plus riches et avaient moins d'enfants. Ceci, à côté de l'invention de nouvelles technologies, a aidé la révolution industrielle, et finalement catapulté toujours plus haut les niveaux de richesse et l'état de santé.

Malheureusement, certaines parties du monde sont encore prises dans le piège. Dans de nombreux pays d'Afrique sub-saharienne, la terre produit si peu de nourriture que la grande majorité des habitants doivent travailler dans l'agriculture de subsistance. Quand ils améliorent les rendements agricoles en mettant en œuvre de nouvelles technologies et que les récoltes s'accroissent, la population augmente fortement. Les famines qui suivent souvent les années de mauvaises récoltes empêchent la population d'augmenter et de devenir plus riches les années suivantes.

Apocalypse quand ? Les néo-malthusiens soutiennent que, bien que l'ingéniosité humaine soit parvenue à retarder la catastrophe pendant deux siècles, nous sommes maintenant proche du point critique. Ils affirment que, même si les arguments de Malthus concernaient les ressources en nourriture, on pourrait tout aussi facilement considérer le pétrole et les sources d'énergie comme étant les principaux « moyens de subsistance de l'homme ». Avec le point de ressources maximales en pétrole prêt d'être atteint, ou peut-être même déjà dépassé, la population mondiale atteindra bientôt des niveaux qui ne pourront pas durer. Il reste à voir si les progrès technologiques et les restrictions sur les naissances qui jusqu'à présent ont empêché Malthus d'avoir raison s'appliqueront cette fois.

l'idée en une phrase
Prenez garde à une croissance ininterrompue de la population

04 Le coût d'opportunité

Si riches et influents que nous puissions être, nous n'aurons jamais suffisamment de 24 heures dans une journée pour faire tout que nous voudrions faire. La théorie économique traite cette question avec la notion de coût d'opportunité, qui renvoie simplement au fait de savoir s'il est possible de mieux dépenser son temps ou son argent en les utilisant autrement.

Chaque fraction de notre temps a une valeur. Nous pourrions aisément utiliser chaque heure que nous consacrons à notre emploi à un autre emploi, à dormir ou à regarder un film. Chacune de ces options a un coût d'opportunité différent – à savoir, *ce qu'elle nous a coûté en termes d'opportunités manquées*.

Vous avez l'intention d'assister à un match de football, mais les places sont chères et il vous faudra deux heures pour aller au stade et en revenir. Pourquoi, pouvez-vous raisonner, ne pas regarder le match chez moi, et utiliser à dîner avec des amis l'argent et le temps ainsi économisés (le temps que vous auriez passé dans vos trajets) ? Ceci – l'utilisation alternative de votre argent et de votre temps – est le coût d'opportunité.

Autre exemple, le choix d'aller ou non à l'université. D'un côté, les années que vous y passerez devraient être très gratifiantes, intellectuellement et socialement ; par ailleurs, les diplômés tendent à bénéficier de meilleures possibilités d'emploi. D'un autre côté, la fréquentation de l'université entraîne des dépenses. Cependant, cette analyse ignore le coût d'opportunité : pendant les trois ou quatre années que vous passerez à l'université, vous auriez pu sans difficulté gagner de l'argent grâce à un emploi rémunéré, et améliorer votre CV grâce une expérience professionnelle de valeur.

chronologie

1776
Publication de *La Richesse des nations* d'Adam Smith

1798
Publication de l'*Essai sur le principe de population* de Thomas Malthus

> **« Du point de vue de la société dans son ensemble, le 'coût' de toute chose est égal à sa valeur dans des utilisations alternatives. »**
>
> **Thomas Sowell, économiste américain**

Opportunités sacrifiées Le concept du coût d'opportunité est aussi important pour les entreprises que pour les individus. Prenez une usine de chaussures. Le propriétaire projette d'investir un million d'euros dans l'achat d'une nouvelle machine qui lui permettra de produire les chaussures en cuir nettement plus vite. Cet argent pourrait tout aussi facilement être placé dans un compte bancaire où il rapporterait 5 % d'intérêts par an. Par conséquent le coût d'opportunité de l'investissement est de 50 000 euros par an – la somme à laquelle il faut renoncer pour acheter la machine.

Pour les économistes, chaque décision est en partie gâchée par la connaissance de ce qu'il faut sacrifier en termes d'argent et plaisir si on la prend. En sachant avec précision ce que vous recevrez et ce à quoi vous renoncez, vous devez pouvoir prendre des décisions mieux informées et plus rationnelles.

Considérez cette règle économique, la plus célèbre de toutes : il n'y a pas de déjeuner gratuit. Même si quelqu'un vous offre un déjeuner, sans espoir que vous lui rendrez l'invitation ou que vous lui ferez la conversation pendant le repas, le déjeuner n'est pas entièrement gratuit pour vous. Le temps que vous passerez dans le restaurant vous coûtera toujours quelque chose en termes d'occasions sacrifiées.

Certains trouvent l'idée du coût d'opportunité extrêmement déprimante : imaginez que vous passiez toute votre vie à calculer si votre temps serait mieux utilisé à faire quelque chose de plus rentable ou de plus agréable. Cependant, dans un sens, c'est dans la nature humaine d'agir ainsi – nous évaluons sans arrêt le pour et le contre de nos décisions.

Dans le monde des affaires, un slogan populaire est « je veux en avoir pour mon argent ». Les gens, dit-on, veulent que leur argent leur rapporte autant que possible. Cependant, un autre slogan gagne du terrain rapidement : « je veux en avoir pour mon temps ». La plus grande

1817

Publication des *Principes de l'économie politique et de l'impôt* de David Ricardo

1889

Friedrich von Wieser formalise le concept de coût d'opportunité

Faire travailler votre argent pour vous

La plupart d'entre nous avons éprouvé ce sentiment d'abattement après avoir misé sur la mauvaise équipe dans un pari sportif, ou après une opération sur laquelle nous avions placé de l'argent et qui échoue au lieu de rapporter des millions. Ce sentiment résulte de la prise de conscience d'une occasion manquée. Considérons le sort d'un franc en 1913. Si la valeur de ce franc avait augmenté au même rythme que l'inflation, elle aurait été multipliée par 1 770 à la fin de 2000. S'il avait été placé en obligations, sa valeur aurait été multipliée par 740. Mais s'il avait été placé en actions, le facteur multiplicatif aurait été de 54 800, toujours entre fin 1913 et fin 2000. Dans ce cas, le coût d'opportunité de ne pas investir en actions était tout à fait considérable. Quand il s'agit d'acheter un logement, les coûts d'opportunité sont beaucoup plus imprévisibles. D'une part, quand le prix des logements augmente rapidement, ceux qui louent plutôt que d'acheter peuvent craindre de manquer une opération lucrative. Mais, d'autre part, leur situation sera bien meilleure si le prix des logements chute, parce qu'ils n'en subiront pas l'impact. D'une manière tout aussi importante, quand vous placez une partie de votre revenu sur un compte à vue, vous renoncez aux gains que vous pourriez réaliser en plaçant cet argent ailleurs.

contrainte sur nos ressources est le nombre d'heures dont nous disposons, aussi regardons-nous comment maximiser le « retour sur investissement » de notre temps. En lisant ce chapitre vous sacrifiez une petite tranche de votre temps, que vous pourriez consacrer à d'autres activités – dormir, manger, regarder un film par exemple. En contrepartie, cependant, ce chapitre vous aidera à penser comme un économiste, examinant de près le coût d'opportunité de chacune de vos décisions.

Coût d'opportunité chez soi Que nous le réalisions ou non, nous portons tous des jugements en nous appuyant sur l'idée du coût d'opportunité. Si un tuyau fuit chez vous, vous pourriez décider de régler le problème vous-même, après avoir calculé que même après avoir payé les outils, le livre sur la plomberie et le reste, vous économiserez une somme considérable par rapport à ce qu'exigerait un professionnel. Cependant, un coût invisible supplémentaire est l'utilisation alternative possible du temps passé à mener à bien la réparation – sans mentionner le fait qu'un plombier ferait probablement un meilleur travail que vous. Une telle idée est étroitement liée à la théorie de l'avantage comparatif (voir n° 7).

Coût d'opportunité pour l'État Les gouvernements de par le monde utilisent de la même façon l'argument de coût d'opportunité quand il est question de privatisation. Ils tiennent le raisonnement non seulement que des équipements collectifs seraient souvent mieux gérés par le secteur privé, mais aussi que l'argent obtenu grâce à la vente pourrait être employé plus efficacement pour un investissement public.

Cependant, il arrive que les décisions prises avec un œil sur le coût d'opportunité tournent mal. En 1999, le chancelier de l'Échiquier britannique Gordon Brown décide de vendre près de 400 tonnes d'or – la plus grande partie des réserves d'or du Royaume-Uni. L'or était resté inactif dans les chambres fortes de la banque d'Angleterre depuis de nombreuses années, et sa valeur avait chuté ; aussi l'or était-il souvent considéré comme un mauvais placement. La somme correspondant à sa valeur, si elle avait été placée, se serait valorisée de façon constante au cours des années précédentes. Ainsi le trésor britannique décide-t-il de vendre l'or pour un prix moyen de 276 dollars l'once, et d'utiliser le produit de la vente pour racheter des obligations.

« Le coût de toute chose est ce que vous abandonnez pour l'obtenir. »

Greg Mankiw, professeur d'économie à Harvard

Rares sont ceux qui auraient pu prévoir que moins d'une décennie plus tard, le prix de l'or monterait brutalement, juste en dessous de 981 dollars l'once. L'or que Gordon Brown avait vendu pour 3,5 milliards de dollars en aurait alors valu 12,5 milliards. Le gouvernement britannique a fait un certain bénéfice en investissant le montant de la vente – mais une petite fraction seulement de celui qu'il aurait fait s'il avait laissé l'or là où il était et l'avait vendu plus tard. Cet exemple illustre l'un des périls du coût d'opportunité – il porte à croire que l'herbe peut être plus verte de l'autre côté de la barrière.

l'idée en une phrase
Le temps, c'est de l'argent

05 Les incitations

Pendant des années, ce fut l'un des secrets les mieux gardés de la Jamaïque. Coral Spring Beach était l'une zones côtières de cette île des Caraïbes où le sable était le plus blanc. Mais, un matin de 2008, les ouvriers qui construisaient un hôtel à proximité découvrent en arrivant une chose incroyable : le sable a disparu. Des voleurs avaient profité de la nuit pour en emporter l'équivalent de 500 chargements de camion.

Le sable est sans grande valeur dans la plupart des régions du monde, mais clairement pas en Jamaïque. Qui a alors commis le crime ? Est-ce un hôtelier concurrent, qui avait besoin du sable pour sa propre plage ? Ou est-ce une entreprise de construction qui voulait l'employer comme matériau pour fabriquer du béton ? Dans l'un ou l'autre cas, une chose est claire : quelqu'un a pris des mesures extrêmes pour s'emparer du sable – quelqu'un qui a une incitation sérieuse à agir ainsi.

Un peu comme pour les détectives travaillant sur cette affaire, le travail d'un économiste est, très souvent, de rechercher ce qui pousse les individus à prendre certaines décisions. Il doit lui-même se désintéresser des questions morales, politiques ou sociologiques qui se posent à propos des raisons qui conduisent les individus à agir, et doit au contraire déterminer empiriquement les forces qui les poussent vers leurs décisions.

Rechercher la motivation Un criminel vole une banque parce qu'il juge l'incitation à s'emparer de l'argent qui se trouve dans son coffre plus forte que la désincitation d'un séjour en prison. Les citoyens d'un pays travaillent moins dur quand les taux d'imposition sont augmentés : du fait des prélèvements plus élevés sur leurs revenus supplémentaires, ils sont moins incités à faire des heures supplémentaires. Les gens réagissent aux récompenses potentielles. C'est la règle la plus fondamentale de la théorie économique.

Réfléchissez bien aux raisons pour lesquelles vous-même et les personnes autour de vous prenez certaines décisions. Un mécanicien répare votre

chronologie

1723
Naissance d'Adam Smith

1798
Publication de l'*Essai sur le principe de population* de Thomas Malthus

voiture non pas parce que vous avez besoin de reprendre la route mais parce qu'il est payé pour le faire. La serveuse qui vous apporte votre déjeuner agit pour la même raison – et non pas parce que vous avez faim. Et elle le fait avec un sourire non pas simplement parce que c'est une personne agréable, mais parce que les restaurants ont fortement besoin de fidéliser leur clientèle pour survivre.

Bien que l'argent joue un rôle important dans la théorie économique, les incitations ne s'appliquent pas qu'à lui. Les hommes et les femmes passent plus de temps à se préparer avant un rendez-vous galant en raison de l'incitation amoureuse. Vous pouvez renoncer à un emploi bien payé mais qui exige de longues heures de travail et vous contenter d'un salaire moins généreux avec comme incitation d'avoir un peu plus de temps libre.

« Appelez-les comme vous voulez, ce sont les incitations qui font que les gens travaillent plus dur. »

Nikita Khrouchtchev

Il y a des incitations cachées derrière tous les comportements. Par exemple, la plupart des chaînes de supermarchés offrent à leurs clients des cartes de fidélité qui leur font bénéficier de réductions sur leurs achats. Le client est ainsi incité à faire ses achats plus régulièrement dans le même supermarché, ce qui garantit à celui-ci des ventes supplémentaires.

Cependant, une autre incitation importante pour un supermarché est qu'il peut, grâce aux cartes de fidélité, suivre de près ce que certains clients achètent. En conséquence, il a non seulement une idée bien meilleure de ce qu'il doit mettre sur ses étagères, mais il peut attirer des clients avec des offres spécialement adaptées à leurs besoins. De plus, il peut vendre des informations détaillées sur les habitudes d'achat de ses clients à des sociétés de marketing extérieures, pour qui une telle information a une grande valeur. En raison de la main invisible (voir n° 1), les deux parties tirent parti de la relation, ayant à chaque étape répondu à de fortes incitations.

Bien que cette idée soit controversée, on peut même décrire des actes apparemment altruistes comme des décisions économiques rationnelles. Dans quelle mesure les gens font-ils des dons à des œuvres en raison de leur bonté naturelle ou de la récompense émotive qu'ils procurent (la satisfaction et le sens du devoir accompli) ? Le même argument peut être évoqué à propos des donneurs d'organe. Bien que l'économie comportementale ait découvert des exemples clairs d'êtres humains

1817
Publication des *Principes de l'économie politique et de l'impôt* de David Ricardo

1871
Carl Menger expose pour la première fois la notion fondamentale d'utilité marginale, révolutionnant l'étude des incitations

1890
Publication des *Principes d'économie politique* d'Alfred Marshall

Incitations en matière de santé

La prise de conscience de l'importance des incitations a donné naissance à une nouvelle approche pour freiner la propagation du sida en Afrique. La Banque mondiale avait essayé d'enrayer la diffusion de la maladie en distribuant des préservatifs et en instruisant la population africaine des dangers des maladies sexuellement transmises. Devant l'échec de cette approche, la Banque mondiale a fait quelque chose d'inhabituel. Elle a accepté de payer à 3 000 hommes et femmes de Tanzanie une somme de 1,8 million de dollars s'ils évitaient les relations sexuelles non protégées ; pour montrer qu'ils avaient respecté cette règle, ils devaient faire régulièrement des tests pour vérifier qu'ils n'avaient contracté aucune maladie sexuellement transmissible. Elle a appelé ce schéma « prostitution inversée ». Ces « transferts conditionnels d'argent » ont été employés avec un grand succès en Amérique latine pour encourager les parents pauvres à fréquenter des cliniques de santé, à faire vacciner leurs enfants et à les envoyer à l'école. Ils sont habituellement moins coûteux que d'autres mesures.

réagissant de manière inattendue à des récompenses (voir n° 46), la grande majorité des décisions peut être ramenée à une combinaison simple d'incitations.

Bien que ces incitations ne soient pas toujours financières, les économistes se concentrent habituellement sur l'argent, plutôt que sur l'amour ou la notoriété. L'argent se prête en effet plus facilement à la mesure que l'amour-propre ou le bonheur.

Politique économique et incitations En période de difficultés économiques, les gouvernements réduisent souvent les impôts de leurs concitoyens – comme ils l'ont fait pendant la récession qui a suivi la crise financière de 2008. Le but est d'inciter les contribuables à continuer à dépenser, et donc d'éviter un ralentissement économique trop marqué.

Mais les gens répondent autant au bâton qu'à la carotte, aussi les gouvernements utilisent-ils souvent des désincitations pour s'assurer que leurs concitoyens se conforment à certaines normes. Il en est ainsi des contraventions pour stationnement interdit ou pour les autres infractions au code de la route. Il en est de même de ce qu'on appelle les « impôts sur le péché » – les taxes spécifiques sur des produits nocifs comme le tabac et l'alcool – et les impôts environnementaux sur l'essence ou les émissions de déchets. Ironiquement, ces impôts font partie des ressources principales des États partout dans le monde.

Les incitations et les désincitations sont si puissantes que l'histoire est remplie d'exemples de gouvernements provoquant des crises majeures en essayant de neutraliser les effets de l'intérêt personnel.

Il est arrivé souvent que les prix de denrées alimentaires montent en flèche et que les pouvoirs publics réagissent en imposant des contrôles sur ces prix. L'idée évidente est que les familles les plus pauvres pourront ainsi se procurer davantage de nourriture. Mais ces politiques ont régulièrement échoué – en fait, elles ont eu le plus souvent comme conséquence une production moindre de denrées alimentaires. Le contrôle des prix réduisant les incitations à produire, les paysans ont soit abandonné leur activité, soit été poussés à produire moins et à conserver ce qu'ils pouvaient pour leurs propres familles.

L'exemple récent le plus extrême est celui du contrôle des prix et des salaires imposés en 1971 par Richard Nixon, largement contre ses propres instincts et ceux de ses conseillers. Ce contrôle se traduisit par des difficultés économiques majeures et, finalement, par une inflation accrue. Cependant, le Président Nixon avait une incitation claire pour imposer ce contrôle : les élections étaient proches, et il savait que les effets néfastes de cette politique ne se manifesteraient pas immédiatement. À court terme, le plan fut immensément populaire – et Nixon fut réélu en novembre 1972 avec une majorité écrasante.

L'expérience de l'Union soviétique pendant la période communiste est un autre exemple. Parce que les planificateurs centraux imposaient un contrôle sur le prix des denrées alimentaires, les paysans avaient peu d'incitation pour labourer leurs champs, même les plus fertiles ; en attendant, les morts de faim se comptaient par millions dans tout le pays.

La leçon de tels exemples est que l'intérêt personnel est la force la plus puissante dans la vie économique. Tout au long de notre vie, nous sommes tiraillés d'une incitation à l'autre. L'ignorer, c'est ignorer l'essence de la nature humaine.

l'idée en une phrase
Les gens réagissent aux incitations

06 La division du travail

Un Espagnol regarde la scène magnifique qui se déroule devant lui et pousse un cri de stupéfaction. Nous sommes en 1436 : il s'est rendu à Venise pour voir comment la ville-État italienne arme ses navires de guerre. Dans son pays, le processus est laborieux et prend plusieurs jours mais ici, sous ses yeux, les Vénitiens arment navire après navire en moins d'une heure. Comment font-ils exactement ?

En Espagne, les navires doivent être amarrés au quai, des hordes de manœuvres les chargent de munitions neuves et d'approvisionnements. À Venise, en revanche, chaque navire est remorqué le long d'un canal, et les fabricants des différents types d'armes placent leurs produits sur le pont au moment où il passe. Bouche bée, le touriste espagnol note le processus dans son journal. Il vient d'assister à l'avènement de la division du travail : l'une des premières chaînes de production dans le monde.

L'idée est simple : nous pouvons produire beaucoup plus et beaucoup mieux en décomposant le travail et en spécialisant chacun d'entre nous dans ce qu'il sait faire. La division du travail est pratiquée depuis des millénaires. Elle existe déjà dans la Grèce antique. Elle est en place dans les usines à travers l'Angleterre à l'époque d'Adam Smith, mais il faut attendre le début du XXe siècle pour qu'elle atteigne son point culminant avec Henry Ford et son modèle T.

La division du travail a fortement contribué à la première révolution industrielle, permettant à de nombreux pays d'améliorer leur productivité et leur richesse de façon spectaculaire. C'est le mode de production de presque tous les produits manufacturés auxquels vous pouvez penser.

La complexité de la fabrication Prenez un crayon ordinaire. Sa fabrication implique une multitude d'étapes : couper du bois, exploiter des mines de graphite, étiqueter, laquer, ajouter la gomme. D'innombrables

chronologie

360 av. J.-C.
Platon évoque la spécialisation dans la *République*

1430
L'arsenal de Venise – standardisation des pièces, chaînes de montage

Division à grande échelle

Morceler du travail se justifie à petite comme à grande échelle. Prenez par exemple une région particulièrement bien adaptée à la culture du blé, ayant la densité de sol et les précipitations qui conviennent ; cependant, une partie de la terre est souvent laissée en jachère, ses habitants ne pouvant récolter assez de blé au moment de la moisson. Les habitants d'une région voisine sont experts dans la fabrication de lames pour les épées et les outils, mais ils ont souvent à souffrir de la faim parce que leur terre est aride.
La logique puissante de la division du travail montre que les deux régions devraient se spécialiser dans l'activité dans laquelle elles excellent et importer ce qu'elles ont du mal à produire. Les habitants de chaque région auraient alors suffisamment de nourriture, et autant de lames qu'ils en ont besoin, que ce soit pour moissonner le blé ou pour se protéger.

mains sont nécessaires pour fabriquer un seul crayon. Comme Leonard Read, le fondateur de la Foundation for Economic Education, l'a écrit en 1958 dans un court texte bien inspiré *I, Pencil* (*Moi, le crayon*) : « Simple ? Pourtant, pas une seule personne sur cette terre ne saurait comment me fabriquer. Cela semble fantastique, n'est-ce pas ? Surtout quand on prend conscience qu'entre un milliard et un milliard et demi de crayons sont produits chaque année aux États-Unis. »

C'est de l'époque d'Adam Smith que date la théorisation de la division du travail. Smith prend dans *La Richesse des nations* un exemple resté célèbre, celui d'une fabrique d'épingles dans la Grande-Bretagne du XVIIIe siècle, où de petites épingles sont fabriquées à la main. Selon lui, l'homme « moyen » peut à peine en fabriquer une par jour, mais dans une fabrique d'épingles le travail a été réparti entre un certain nombre d'ouvriers spécialisés :

> Un ouvrier tire le fil, un autre le dresse, un troisième le coupe, un quatrième en taille la pointe, un cinquième le polit à son sommet pour que la tête puisse être placée ; faire la tête nécessite encore deux ou trois opérations… L'importante affaire que constitue la fabrication d'une épingle est, de cette manière, décomposée en une vingtaine d'opérations distinctes.

1776

Adam Smith explique comment fonctionne la division du travail, en décrivant le fonctionnement d'une fabrique d'épingles

1913

Henry Ford et la chaîne de montage – automatisation de la production de voitures

« Là où l'homme tout entier est impliqué, il n'y a pas de travail. Le travail commence avec la division du travail. »

Marshall McLuhan, théoricien canadien des médias

Selon Smith, une fabrique employant 10 hommes peut produire 48 000 épingles par jour grâce à la division du travail – 4 800 fois plus qu'en laissant chaque homme travailler tout seul. En travaillant de cette façon, l'équipe produit considérablement plus que la somme de ses membres.

Ceci est, bien entendu, le prototype pour le genre d'usines créées par Henry Ford il y a un siècle. Il conçoit une chaîne de production en mouvement : la voiture en cours de fabrication passe sur un tapis roulant devant une suite d'équipes d'ouvriers, chacune ajoutant une nouvelle pièce – elle-même standardisée. Le résultat est que, par rapport à ses concurrents, Ford pouvait produire une voiture pour une fraction du prix, et beaucoup plus rapidement.

S'en tenir à ses points forts Toutefois, la division du travail ne s'arrête pas là. Imaginons une entreprise dont le directeur général est bien meilleur que ses employés pour le management, la gestion, la comptabilité, le marketing et le nettoyage du bâtiment. Il aura néanmoins intérêt à déléguer toutes ces tâches sauf une à ses employés, en ne gardant pour lui que la plus rentable.

Dans la même veine, il n'y a guère de sens pour un constructeur automobile à fabriquer chaque élément de ses véhicules, du cuir des sièges au moteur et au système de sonorisation. Il vaut mieux laisser une partie ou la totalité de ces processus spécialisés à d'autres entreprises, leur acheter leurs produits et se contenter de les assembler.

Smith a poussé l'idée encore plus loin : selon lui, le travail devrait être divisé non seulement entre des individus plus ou moins habiles selon les tâches, mais aussi entre les différentes villes d'un pays et les différents pays.

Les dangers de la division Il y a, cependant, des problèmes inhérents à la division du travail. Le premier est que, comme ceux qui perdent leur emploi peuvent en témoigner, il peut être extraordinairement difficile de trouver du travail lorsque vous êtes spécialisé dans un type de travail qui n'est plus demandé. Au cours des dernières décennies, des centaines de milliers de travailleurs de l'industrie automobile, de mineurs de charbon, d'ouvriers de la sidérurgie se sont ainsi retrouvés au chômage pour une longue durée quand les usines et les mines qui les employaient ont fermé. Ensuite, une usine peut devenir entièrement dépendante d'une seule personne, ou d'un petit groupe de personnes, ce qui peut leur permettre d'exercer un pouvoir disproportionné sur l'ensemble du processus productif – se mettre en grève, par exemple, s'ils ont une revendication.

Troisièmement, il peut être dangereux pour le moral d'un individu d'être forcé à se spécialiser dans un seul métier ou dans des compétences spécifiques. Avoir à effectuer un travail se répétant à l'identique tout au long de la journée conduit à ce que Smith a appelé une « mutilation mentale » chez les travailleurs. Elle détériore leurs cerveaux et les aliène par rapport aux autres. Karl Marx allait être pleinement d'accord avec cette analyse. En fait, elle fait partie des fondements de son *Manifeste du parti communiste*, qui prévoyait que les ouvriers trouveraient leur travail si pénible qu'ils finiraient par se rebeller contre les employeurs qui leur imposaient de telles conditions.

Néanmoins, l'aliénation engendrée par la division du travail doit être comparée aux gains phénoménaux qu'elle permet. La division du travail a joué un grand rôle dans la croissance et le développement des économies modernes, à un point tel qu'elle demeure un des éléments les plus importants et les plus puissants de la logique économique.

l'idée en une phrase
Concentrez-vous sur vos spécialités

07 L'avantage comparatif

Si la quintessence de l'économie de marché devait être distillée dans deux articles de foi, ce seraient les suivants : premièrement, la main invisible signifie que même les actes intéressés bénéficient, tous ensemble, à la société (voir n° 1) ; deuxièmement, la croissance économique n'est pas un jeu à somme nulle, où pour chaque gagnant il y a un perdant. Ces crédos sont contraires à l'intuition – le deuxième en particulier. Il est conforme à la nature humaine de supposer que quand quelqu'un devient plus riche, plus gros ou que sa santé s'améliore, c'est aux dépens de quelqu'un d'autre ailleurs dans le monde qui devient plus pauvre, plus mince ou dont la santé se dégrade.

Prenez deux pays, par exemple le Portugal et l'Angleterre. Disons qu'ils échangent deux biens entre eux – du vin et du tissu – et il se trouve que le Portugal produit plus efficacement que l'Angleterre l'un et l'autre. Le tissu qu'il produit est deux fois moins cher que le tissu anglais, et le vin cinq fois moins cher.

Le Portugal a ce que les économistes appellent un *avantage absolu* pour la production de ces deux biens. Dans ces conditions, la règle de la division du travail, qui veut que chacun se spécialise dans le domaine où il est le meilleur, ne semble pas fournir de solution. Vous pourriez supposer que l'Angleterre ne peut pas faire grand-chose face à la concurrence du Portugal, et qu'elle doit se résigner à perdre lentement sa richesse. Il n'en est rien.

Dans le cas présent, si l'Angleterre consacre toutes ses ressources à produire du tissu et que le Portugal se concentre de la même façon sur le vin, ensemble ils produiront plus de tissu et plus de vin. Le Portugal peut alors échanger son vin en excès contre du tissu anglais. C'est parce que, dans

chronologie

1776
Publication de *La Richesse des nations* d'Adam Smith

1798
Publication de l'*Essai sur le principe de population* de Thomas Malthus

notre exemple, l'Angleterre a un *avantage comparatif* à produire du tissu, par opposition au vin, où elle est tellement moins efficace que le Portugal. Le père de l'avantage comparatif, l'économiste David Ricardo, a utilisé cet exemple dans son livre révolutionnaire de 1817 *Principes de l'économie politique et de l'impôt*. Son principe semble à première vue illogique, parce que nous sommes habitués à l'idée qu'il doit y avoir des gagnants et des perdants quand les gens se concurrencent les uns les autres. Cependant, la

L'avantage comparatif au travail

Prenons deux pays de taille équivalente, A et B, qui échangent des chaussures et du maïs. Le pays A est plus efficace dans la production de ces deux biens. Cependant, alors que le pays A peut produire 80 boisseaux de maïs par heure contre 30 pour le pays B, il peut seulement produire 25 chaussures par heure contre 20 pour le pays B. Le pays B a donc un avantage comparatif dans la fabrication de chaussures. Voilà ce qui se produirait si chaque pays essayait de produire les deux biens :

	Heures de travail Pays A	Production Pays A	Heures de travail Pays B	Production Pays B
Maïs	600	48 000 (600x80)	600	18 000
Chaussures	400	10 000 (400x25)	400	8 000

Production totale : 66 000 boisseaux de maïs et 18 000 chaussures

Cependant, si le pays A se concentrait sur la production de maïs et B sur celle de chaussures, c'est ceci qui se produirait :

	Heures de travail Pays A	Production Pays A	Heures de travail Pays B	Production Pays B
Maïs	1 000	80 000	0	
Chaussures	0		1 000	20 000

Production totale : 80 000 boisseaux de maïs et 20 000 chaussures

Aucun de deux pays ne travaille davantage, mais par la concentration sur leur avantage comparatif, les deux pays peuvent, ensemble, produire sensiblement plus, et chacun s'en trouvera mieux.
La seule circonstance dans laquelle l'avantage comparatif ne fonctionnera pas serait celle où l'un des pays n'est pas seulement plus efficace que l'autre dans la production des deux types de biens, mais aussi plus efficace exactement dans la même proportion. Dans la pratique, c'est si peu probable que c'est en fait impossible.

1817

David Ricardo expose la théorie de l'avantage comparatif dans ses *Principes de l'économie politique et de l'impôt*

1945

Le mouvement vers une plus grande liberté du commerce international commence après la Seconde Guerre mondiale

> **« Citez-moi une seule proposition dans toutes les sciences sociales qui soit à la fois vraie et non évidente. »**
>
> **Stanislaw Ulam, mathématicien**

loi de l'avantage comparatif prouve que, quand les pays commercent les uns avec les autres, le résultat peut être gagnant-gagnant.

En effet, chaque pays n'a qu'un nombre fini d'habitants, qui ne peuvent consacrer qu'un nombre d'heures fini à une tâche donnée. Même si le Portugal peut en théorie tout produire à meilleur prix que l'Angleterre, il ne peut pas le faire en pratique. En effet, le temps qu'il passerait à faire du tissu, par exemple, serait pris sur le temps qu'il pourrait consacrer à produire du vin, ou toute autre chose d'ailleurs.

Bien que la théorie de l'avantage comparatif soit le plus souvent appliquée aux échanges internationaux, elle est tout aussi importante sur une échelle plus réduite. À propos de la division du travail (voir n° 6), nous avons imaginé un homme d'affaires qui était plus doué que son personnel dans tous les domaines, du management au nettoyage des locaux. Nous pouvons faire appel à la notion d'avantage comparatif pour expliquer pourquoi il vaut mieux qu'il consacre son temps à ce qui rapportera le plus (le management), et qu'il laisse les autres tâches, moins profitables, à la charge de ses employés.

Le libre-échange est-il toujours profitable ? La théorie ricardienne de l'avantage comparatif est typiquement employée comme argument le plus fort en faveur du libre-échange – c'est-à-dire de la suppression des droits de douane et des quotas sur les marchandises importées. L'idée est qu'un pays sera moins prospère s'il ferme ses frontières que s'il commerce librement avec les autres pays – même ceux qui, sur le papier, produisent plus efficacement tous les biens et services.

Cependant, certains – y compris Hillary Clinton et l'éminent économiste Paul Samuelson – ont averti que, pour élégantes qu'elles soient, les idées de Ricardo ne sont plus strictement applicables au monde économique plus complexe d'aujourd'hui. En particulier, ils soulignent qu'au moment où Ricardo a exposé sa théorie au début du XIXe siècle, ceux qui voulaient transférer leur argent dans un autre pays se heurtaient à des restrictions efficaces. Ce n'est plus le cas aujourd'hui, où un homme d'affaires n'a besoin que de quelques frappes sur un clavier d'ordinateur pour transférer des actifs valant plusieurs milliards d'euros d'un bout à l'autre de la planète.

L'ancien PDG de General Electric Jack Welsh avait l'habitude de parler de mettre « toutes vos usines sur des barges ». Il voulait dire qu'idéalement, les usines devraient pouvoir flotter pour aller là où les coûts de personnels et de matières premières ainsi que les taux d'imposition sont les plus bas. Aujourd'hui, on peut soutenir qu'un tel scénario n'est plus très loin de la réalité : les entreprises ne sont plus attachées à un pays particulier comme elles tendaient à l'être à l'époque de Ricardo ; elles transfèrent leurs ouvriers et leurs actifs là où cela leur convient le mieux. L'effet, selon certains économistes, est de faire baisser les salaires rapidement, et les citoyens de certains pays se retrouvent dans une situation plus défavorable que les autres. L'argument opposé est qu'en contrepartie, le pays qui a transféré des emplois à l'étranger bénéficie de profits plus élevés, qui sont redistribués aux investisseurs, et de prix inférieurs dans les magasins.

« La théorie de l'avantage comparatif. Qu'elle soit logiquement exacte n'a pas besoin d'être discuté avec un mathématicien. Qu'elle ne soit pas évidente est certifiée par les milliers d'hommes importants et intelligents qui n'ont jamais pu comprendre ce qu'elle voulait dire, ou l'accepter après qu'elle leur a été expliquée. »

Paul Samuelson, économiste américain, en réponse au mathématicien Stanislaw Ulam

D'autres soutiennent que l'avantage comparatif est une théorie simpliste. Elle suppose que chaque marché est parfaitement concurrentiel (en réalité, le protectionnisme interne et les monopoles font qu'il n'en est rien). Elle suppose aussi, entre autres, qu'il n'y a pas de chômage, et que les ouvriers qui ont perdu leur emploi peuvent facilement en trouver un autre pour lequel ils seront tout aussi productifs. Certains se plaignent aussi que, si un pays se spécialise dans certaines activités, comme le suggère la théorie de l'avantage comparatif, sa diversité économique sera réduite de manière significative. Il devient ainsi très vulnérable à un changement de circonstances – par exemple une chute soudaine de l'appétit des consommateurs pour ses produits. En Éthiopie, où le café constitue 60 % des exportations, un changement de la demande venant des autres pays, ou une faible récolte, mettrait le pays dans une position économique difficile.

Néanmoins, la plupart des économistes soutiennent que l'avantage comparatif est toujours l'une des idées économiques les plus importantes et les plus fondamentales. En effet, elle est à la base du commerce international et de la mondialisation, montrant que les nations peuvent prospérer encore davantage en regardant vers l'extérieur plutôt que vers l'intérieur.

l'idée en une phrase

Spécialisation + libre-échange = gagnant-gagnant

08 Le capitalisme

Pour Francis Fukuyama, c'est le moment qui a marqué la « fin de l'histoire ». Pour des millions de gens en Europe de l'Est et au-delà, c'était l'annonce d'une liberté et d'une prospérité dont ils n'avaient jamais bénéficié auparavant. Pour David Hasselhoff, c'est le concert couronnant une brève carrière de chanteur. La chute du mur de Berlin a signifié beaucoup de choses pour beaucoup de gens.

Mais la signification la plus importante concernait la manière dont les économies sont structurées et dirigées. Pour la plupart des observateurs, l'effondrement de l'Union soviétique a prouvé que l'économie de marché est indéniablement la meilleure façon d'administrer un pays, d'assurer sa prospérité et de faire le bonheur de ses citoyens. C'était une victoire pour le capitalisme.

Le capitalisme a sans doute attiré plus de critiques que n'importe quel autre modèle économique. En effet, son nom est à l'origine un terme de dénigrement, imaginé par les socialistes et les marxistes au XIXe siècle. Il renvoie aux aspects les plus critiquables de la vie économique moderne : l'exploitation, les inégalités et la répression, pour n'en citer que trois. Dans ses débuts, le modèle subit les foudres de l'Église, qui considère la priorité donnée au profit et à l'argent comme une menace pour les enseignements de la religion. Les critiques les plus constantes sont qu'il crée de l'inégalité et du chômage, qu'il favorise l'instabilité, et qu'il a une tendance à alterner périodes d'expansion et de récession. Certains avertissent aussi qu'il ne tient aucun compte des effets qu'il peut avoir sur l'environnement (voir n° 46).

Un système hybride Le capitalisme est le système où le capital n'est pas possédé par l'État mais par les particuliers (le capital est ici tout ce qui est utilisé pour produire des biens et des services). Cela signifie que ce sont les particuliers qui possèdent les entreprises – en y prenant des parts par l'achat d'actions, ou en leur prêtant de l'argent en échange d'obligations. Parfois les gens le font directement ; mais, plus souvent, d'autres investissent en leur nom dans des organismes de placement collectif. Dans certaines économies développées, les citoyens possèdent presque tous, involon-

chronologie

années 1000
Le féodalisme s'impose

années 1500
Le mercantilisme devient dominant

tairement, des parts dans les grandes sociétés par l'intermédiaire de fonds de pension, ce qui signifie en théorie qu'ils ont intérêt à voir les affaires prospérer.

La plupart des manuels d'économie ne prennent pas vraiment la peine de définir le capitalisme. C'est peut-être compréhensible. À la différence des systèmes économiques purs, relativement unidimensionnels tels que le communisme, le capitalisme est un système hybride. Complexe et à multiples facettes, il emprunte à de nombreux autres systèmes, et il est extrêmement difficile d'en donner une définition précise. De plus, comme c'est le système économique de la plupart des pays du monde, il semble en fait inutile d'essayer de le définir.

Puisque ce sont les individus plutôt que les gouvernements qui contrôlent l'économie, le capitalisme va habituellement de pair avec le marché libre. Mais au-delà de ces traits généraux, une économie capitaliste peut apparaître sous des habits différents.

Dans la pratique, nous tendons à appeler de nos jours économies capitalistes celles des États-Unis, du Royaume-Uni, d'autres pays européens et de nombreuses régions du monde en développement. Ces économies sont en fait mieux décrites comme « économies mixtes », combinant le marché libre et l'intervention des pouvoirs publics. Les économies entièrement libres – le laissez-faire – n'ont jamais existé. En fait, la plupart des principaux pays sont légèrement plus éloignés du marché totalement libre qu'ils ne l'étaient il y a quelques siècles, comme le montre l'histoire des idées.

Monopoles et autres problèmes

Les critiques du capitalisme ont averti qu'il avait souvent une tendance à favoriser les monopoles (quand une entreprise prend le contrôle exclusif d'un secteur), les oligopoles (quand un petit nombre d'entreprises se partagent le contrôle d'un secteur) et les oligarchies (quand les économies sont dirigées par de petits groupes puissants d'individus). Ces situations sont contraires à la concurrence parfaite, qui suppose que les acheteurs ont le choix entre un grand nombre de produits, et que les entreprises doivent se concurrencer les unes les autres pour conquérir la clientèle.

Les monopoles sont l'un des grands obstacles à une économie entièrement saine, et les pouvoirs publics font de nombreux efforts pour essayer de s'assurer que les entreprises ne forment pas de cartels ou qu'elles n'atteignent une taille telle qu'elles dominent un secteur d'activité tout entier. Le problème est que les monopoles peuvent faire payer leurs clients plus cher que si la concurrence régnait. Cela les dissuade de prendre les décisions difficiles nécessaires pour réduire les coûts et être plus efficaces, ce qui contrarie la loi de la destruction créatrice (voir n°36).

années 1800
La révolution industrielle marque le début du capitalisme

1989
La chute du mur de Berlin marque le début de la diffusion du capitalisme dans tout l'ancien monde communiste

L'évolution du capitalisme Le capitalisme sous sa première forme se développe dans l'Europe médiévale en tant que système *féodal* – dans lequel les travailleurs agricoles doivent travailler pour le bénéfice de l'aristocratie terrienne. Ce système laisse la place vers la fin du XVIe siècle au *mercantilisme*. C'est un précurseur reconnaissable bien qu'encore rudimentaire du capitalisme, alimenté par le commerce entre les nations et par la découverte par les Européens de ressources lucratives dans les Amériques. Ceux qui opèrent sur ces itinéraires commerciaux deviennent extrêmement riches : pour la première fois dans l'histoire, des individus ordinaires commencent à gagner de l'argent par eux-mêmes, plutôt qu'en comptant sur le patronage d'un monarque ou d'un riche aristocrate.

Ce fut un tournant critique, et bien qu'Adam Smith eût de nombreux désaccords avec les aspects les plus subtils du mercantilisme, la force d'entraînement de celui-ci – le fait que les individus puissent tirer parti les uns des autres grâce au commerce – est l'un des préceptes essentiels du capitalisme qu'il a adopté dans *La Richesse des nations*. Les commerçants étaient bien davantage choyés par l'État qu'ils ne le sont maintenant : il les autorisait à exploiter des monopoles, et il les aidait par des droits de douane imposés sur les importations. Cependant, le capitalisme d'aujourd'hui se fonde sur des structures légales qui se sont développées au cours d'une période de 200 ans – propriété privée, société par actions – et sur les préceptes économiques du profit et de la concurrence.

« Le vice inhérent au capitalisme est la répartition inégale des bienfaits ; la vertu inhérente au socialisme est la répartition égale de la misère. »

Winston Churchill

Au XIXe siècle, les négociants sont remplacés comme principaux générateurs de richesse par les industriels propriétaires d'usine, dans ce que beaucoup considèrent comme l'âge d'or du marché libre. Aux États-Unis et au Royaume-Uni, les contraintes sur les marchés et les échanges sont plus réduites qu'aujourd'hui, et l'État intervient moins. Cependant, des monopoles apparaissent dans certains secteurs. Puis la grande dépression des années 1930 – suivie de la Seconde Guerre mondiale – provoque un traumatisme économique et social. Les gouvernements sont incités à intervenir davantage dans la vie économique, nationalisant certains secteurs et créant un État-providence pour leurs citoyens. Juste avant le krack boursier de 1929, les dépenses publiques aux États-Unis représentent moins d'un dixième de la production du pays. Quarante ans plus tard, elles en représentent autour d'un tiers. Aujourd'hui, elles comptent pour environ 36 %, cette proportion étant en croissance rapide. Pour comprendre avec précision les raisons d'un tel bond, il suffit de regarder le prochain chapitre de ce livre, qui traite du keynésianisme. L'histoire du capitalisme au cours du

XXe siècle s'est essentiellement focalisée sur cette question : savoir combien les gouvernements devaient dépenser et dans quelle mesure ils devaient interférer dans la vie économique.

Capitalisme et démocratie Le système capitaliste a des implications importantes pour la politique et la liberté. Le capitalisme est par nature démocratique. Il laisse fonctionner la main invisible, il encourage les entrepreneurs à travailler dur et à améliorer leur situation, il donne la priorité à l'intérêt personnel des individus sur les décisions de l'État à propos de ce qui leur conviendrait le mieux, il permet à des actionnaires de contrôler les entreprises. Pour toutes ces raisons, il enracine les droits démocratiques, en particulier le droit de vote, d'une façon que d'autres systèmes qui fonctionnent du haut vers le bas ne peuvent tout simplement pas imiter. Ce n'est pas une coïncidence si les sociétés non capitalistes ont tendu à être presque toujours des dictatures sans élections libres. Dans le cas de la Chine moderne, beaucoup prévoient que l'adoption des valeurs du marché libre finira par déclencher un mouvement vers la démocratie.

« L'histoire suggère que le capitalisme est une condition nécessaire pour la liberté politique. »

Milton Friedman

De même qu'il existe une tension constante dans les sociétés démocratiques entre l'intervention de l'État et les droits de l'individu, la discussion fait constamment rage sur le point de savoir dans quelle mesure le capitalisme traite certains citoyens inéquitablement tout en permettant à d'autres de prospérer d'une façon excessive. Cependant, il est difficile de trouver un économiste qui contesterait que les économies sont devenues plus riches et plus saines avec le système capitaliste qu'avec les autres systèmes, qu'elles se sont développées plus rapidement, ont créé des technologies plus sophistiquées et ont généralement vécu sur le plan politique une existence plus sereine. Quand le mur de Berlin et l'Union soviétique se sont effondrés, il est devenu clair pour tout le monde que le capitalisme avait amené les économies occidentales dans une situation bien meilleure que celle des économies précédemment gérées sous le communisme. Les économistes, les uns après les autres, ont donc conclu qu'en dépit de ses nombreux défauts, le capitalisme demeure le meilleur moyen que nous ayons jusqu'à présent découvert pour faire fonctionner une économie moderne et prospère.

l'idée en une phrase

La pire façon de gérer l'économie, si on excepte toutes les autres

09 Le keynésianisme

L'idée au cœur de la théorie keynésienne est que la politique budgétaire (les impôts et les dépenses de l'État) doit être employée comme outil de contrôle de l'économie. Cette théorie a été développée par un des plus grands penseurs du XXe siècle, l'économiste britannique John Maynard Keynes. Ses idées ont contribué à tracer les contours de l'économie mondiale moderne et sont toujours largement respectées et suivies aujourd'hui.

L'*opus magnum* de Keynes – la *Théorie générale de l'emploi, de l'intérêt et de la monnaie* (publiée en 1936) – est une réponse directe à la grande dépression. Il soutient que les gouvernements ont le devoir, négligé jusque-là, d'aider à maintenir l'économie à flot en période de crise. Cette idée contredit une autre idée mise en avant par le Français Jean-Baptiste Say (1767-1832) selon laquelle, pour l'économie dans l'ensemble, « l'offre crée sa propre demande ». Il voulait dire par là qu'il suffit de produire des marchandises pour créer une demande équivalente.

Relancer l'économie L'idée jusqu'à la grande dépression était que l'économie s'auto-régulait dans une large mesure – que la main invisible (voir n° 1), laissée à elle-même, amènerait automatiquement l'emploi et la production à leurs niveaux optimaux. Keynes manifeste son complet désaccord. Pendant une récession, dit-il, la baisse de la demande de biens peut être à l'origine d'une dépression sérieuse, provoquant une contraction de l'économie et faisant augmenter le chômage. Il est de la responsabilité des pouvoirs publics de relancer l'économie en empruntant de l'argent et en le dépensant pour embaucher des fonctionnaires et lancer des projets d'infrastructure – par exemple en construisant des routes, des voies ferrées, des hôpitaux, des écoles. Des réductions de taux d'intérêt peuvent aussi contribuer à relancer l'économie (voir n° 18), mais elles ne suffisent pas.

Selon Keynes, l'argent supplémentaire que l'État dépense se répand dans toute l'économie. Ainsi, la construction d'une nouvelle autoroute donne du travail aux entreprises de travaux publics ; leurs salariés dépenseront

chronologie

1929
Le krach de Wall Street déclenche la grande dépression

1933
Franklin Roosevelt annonce son New Deal – un programme de travaux publics pour tenter de mettre fin à la grande dépression

1936
Keynes soutient dans la *Théorie générale* que les États doivent emprunter davantage pendant les périodes de récession

John Maynard Keynes (1883-1946)

John Maynard Keynes est l'exemple rare d'un économiste qui a eu l'occasion de mettre ses théories en œuvre.
Appelé Maynard par ses amis, c'est un intellectuel célèbre pendant sa vie. Il fait partie du groupe de Bloomsbury, avec en particulier Virginia Woolf et E.M. Forster. Pendant la première guerre mondiale, il travaille comme conseiller du Chancelier de l'Échiquier (le ministre des Finances), mais c'est après la guerre qu'il se fait vraiment un nom. Avec une certaine prescience, il avertit que les termes très durs du Traité de Versailles risquent de mener à une hyperinflation en Allemagne, et potentiellement à une autre grande guerre. L'histoire, on le sait, lui donnera raison. Keynes fait fortune à la Bourse, bien que le krach de 1929 lui fasse perdre une grande partie de ses gains, et qu'il ait connu des fortunes diverses dans ses spéculations sur les devises.
Avant sa mort, juste après la Seconde Guerre mondiale, Keynes négocie un prêt essentiel des États-Unis. Il aide aussi à la conception du Fonds monétaire international et de la Banque mondiale – les deux principales institutions économiques internationales qui contribueront à façonner l'économie mondiale au cours des décennies suivantes.

leur argent en nourriture et autres biens et services, aidant ainsi l'économie dans son ensemble à fonctionner à son rythme normal.

Le point clé de son argument est l'idée du multiplicateur. Supposons que l'État commande un porte-avions de 10 milliards à une entreprise de construction navale. Vous pourriez penser que l'effet sera simplement d'injecter 10 milliards dans l'économie. Selon l'argument du multiplicateur, l'effet réel sera plus important. L'entreprise de construction navale embauchera des ouvriers et générera davantage de profits ; ses ouvriers dépenseront plus pour des biens de consommation. Selon la « propension à consommer » du consommateur moyen, l'augmentation la production totale de biens pourra être bien supérieure au montant d'argent public effectivement injecté.

Si l'augmentation de 10 milliards fait augmenter la production totale de 15 milliards, le multiplicateur est de 1,5 ; si l'augmentation est de 50 milliards, le multiplicateur est de 5.

Les six principes essentiels Selon l'ancien conseiller présidentiel Alan Blinder, six principes essentiels définissent le keynésianisme.

années 1970
Le keynésianisme est relégué au second plan alors que les nations occidentales luttent contre l'inflation

2008
Les idées de Keynes font leur retour : les gouvernements à travers le monde empruntent et dépensent pour combattre la récession

« Nous sommes vraiment tous keynésiens aujourd'hui. Une très large part de ce que font les macro-économistes modernes dérive directement de la *Théorie générale*. Le cadre que Keynes a introduit a, jusqu'à ce jour, très bien supporté l'épreuve du temps. »

Paul Krugman, économiste américain

1. Les keynésiens pensent que les performances de l'économie sont influencées à la fois par les décisions publiques et les décisions privées, et que l'économie se comporte parfois de façon erratique.
2. Le court terme a de l'importance – parfois encore plus que le long terme. L'augmentation à court terme du chômage peut provoquer des dommages encore plus importants à long terme, parce qu'elle peut laisser une trace permanente dans l'économie d'un pays. Selon la phrase célèbre de Keynes : « À long terme, nous serons tous morts. »
3. Les prix et, plus encore, les salaires répondent lentement aux variations de l'offre et la demande. En conséquence, le chômage est souvent plus élevé ou plus faible qu'il ne devrait l'être compte tenu du dynamisme de l'économie.
4. Le chômage est souvent trop haut, et volatil. Les récessions et les dépressions sont des maladies économiques – et non pas, comme la main invisible le voudrait, des réponses efficaces du marché à des opportunités peu attractives.
5. L'alternance naturelle de périodes d'expansion et de récession est un problème que les gouvernements doivent s'efforcer activement de résoudre.
6. Les keynésiens tendent à se préoccuper davantage de combattre le chômage que de vaincre l'inflation.

Une théorie controversée Le keynésianisme a toujours été controversé. Sur quelle base, demandent plusieurs de ses critiques, devrions-nous supposer que les gouvernements savent mieux comment gérer l'économie que les agents privés ? La volatilité économique est-elle vraiment si dangereuse ? Néanmoins, il est apparu que les arguments de Keynes ont inspiré une solution à la grande dépression des années 1930. Le New Deal de Franklin Roosevelt – présenté comme une réponse à la crise – est considéré comme l'exemple classique d'un gouvernement « réamorçant la pompe » de son économie en dépensant des milliards en pleine récession. Les arguments font toujours rage sur le fait de savoir si c'est cette politique ou la Seconde Guerre mondiale qui a finalement mis fin à la dépression, mais le message fort est que la dépense publique a fonctionné.

Dans le sillage de la *Théorie générale*, les gouvernements autour du monde augmentent considérablement le niveau des dépenses publiques. Ils le font en partie pour des raisons sociales – la mise en place de l'État-providence, notamment pour alléger les conséquences d'un chômage élevé. Ils le font aussi parce que la théorie économique keynésienne souligne l'importance pour les gouvernements de garder le contrôle de fractions importantes de l'économie.

Pendant longtemps, cette approche semble fonctionner, l'inflation et le chômage restant à des niveaux bas et l'expansion économique étant forte. Mais, dans les années 1970, les politiques keynésiennes subissent des assauts violents, en particulier de la part des monétaristes (voir n° 10). Un de leurs arguments principaux est que les gouvernements ne sont pas en mesure de procéder à un réglage fin de l'économie, en ajustant régulièrement la politique monétaire et fiscale pour maintenir l'emploi à un haut niveau. C'est simplement que le délai est trop long entre l'identification du besoin d'une politique (une réduction des impôts, par exemple) et le moment où cette politique fait son effet. Même si ceux qui prennent les décisions identifient rapidement le problème, il faut du temps pour que les lois soient rédigées et adoptées, et plus de temps encore pour que les réductions d'impôts se diffusent à l'ensemble de l'économie. Au moment où les réductions des impôts ont réellement un effet, le problème qu'elles devaient résoudre a pu avoir empiré – ou avoir disparu.

Ironiquement, cependant, Keynes a fait un retour retentissant à la suite de la crise financière de 2008. Quand il est devenu clair qu'une baisse des taux d'intérêt ne serait pas suffisante pour empêcher les pays développés de tomber dans la récession, les économistes ont soutenu que les gouvernements devaient emprunter afin de réduire des impôts et d'augmenter les dépenses publiques. C'est précisément ce qu'ils ont fait, ce qui a été largement vu comme une façon de tourner le dos aux deux précédentes décennies et demie. Contre toute attente, Keynes était de retour.

l'idée en une phrase

Les gouvernements doivent dépenser pour éviter les récessions sévères

10 Le monétarisme

John Maynard Keynes face à Milton Friedman : le choc entre théories économiques qui éclipse tous les autres. Ce n'est pas simplement qu'ils étaient tous deux des orateurs phénoménalement intelligents et souvent caustiques ; ni qu'ils venaient de milieux si différents : l'un était un Anglais passé par Eton, l'autre un fils d'immigrés juifs hongrois né à Brooklyn. Le fait est que les deux hommes ont défendu des doctrines radicalement opposées. Ils incarnent la bataille idéologique qui a sous-tendu la théorie économique au cours des 50 dernières années.

Keynes accorde plus d'attention au chômage qu'à l'inflation, et soutient que la situation économique peut être améliorée par une intervention de l'État ; Friedman affirme lui que l'État devrait laisser les individus s'occuper d'eux-mêmes, son rôle principal étant de gérer et de contrôler la quantité de monnaie circulant dans l'économie. Dans son livre majeur *Une Histoire monétaire des États-Unis 1867-1960*, coécrit avec Anna Schwartz, il présente les théories du monétarisme.

Toujours combattre l'inflation Selon Friedman, l'inflation « est toujours et partout un phénomène monétaire ». En bref, en injectant davantage d'argent dans le système (ce que les keynésiens étaient enclins à faire), les pouvoirs publics feraient accélérer l'inflation, avec le risque de faire fortement souffrir l'économie. Friedman pense que si les banques centrales se chargent de surveiller les prix, la plupart des autres problèmes économiques – le chômage, la croissance économique, la productivité – se prendront plus ou moins en charge eux-mêmes.

Tandis que Keynes affirme qu'il est très difficile de persuader les salariés d'accepter une baisse de leurs salaires, la théorie monétariste classique adopte un autre point de vue : des revenus inférieurs pour les ouvriers et des prix plus bas pour les entreprises sont acceptables quand l'inflation menace. Selon Friedman, le taux de croissance d'un pays peut être déterminé en contrôlant la quantité de billets imprimés par la banque centrale. Si elle en

chronologie

1912
Naissance de Miton Friedman

1971
Publication d'*Une Histoire monétaire des États-Unis* de Milton Friedman et Anna Schwartz

Milton Friedman (1912-2006)

Milton Friedman était l'un des penseurs qui ont le plus influencé la théorie économique moderne. Il naît à New York, dans le quartier de Brooklyn, dans une pauvre famille d'immigrés juifs hongrois. À l'école il montre très vite sa grande intelligence. Après Rutgers University, il intègre l'université de Chicago, qui, sous son influence, devient bientôt un des forums académiques principaux pour la théorie économique. Pendant la Seconde Guerre mondiale, il travaille pour le gouvernement fédéral ; à un moment, il préconise des politiques de dépenses publiques de style keynésien. C'est dans les années 1960 que ses idées monétaristes acquièrent une réelle notoriété. En 1976, il reçoit le prix Nobel pour les sciences économiques.

imprime plus, les gens dépenseront plus, et vice-versa. C'est bien loin du keynésianisme, qui fait jouer un rôle bien moindre à la monnaie. Le monétarisme marque un changement politique important dans la politique économique : alors que Keynes soutient que les hommes politiques devraient essayer de contrôler l'économie par la politique budgétaire, Friedman préconise de donner le contrôle sur l'économie à une banque centrale indépendante, qui utilisera les taux d'intérêt (quoiqu'en respectant quelques règles strictes).

Selon Friedman, dans une phase de diminution de l'activité, les banques centrales doivent empêcher la déflation en injectant davantage d'argent dans l'économie. En accord avec ce raisonnement, il soutient que, dans les débuts de la grande dépression, la Réserve fédérale a fait l'erreur de serrer trop fort la vis aux banques américaines et de laisser un trop grand nombre d'entre elles faire faillite, ce qui a rendu la récession économique bien plus douloureuse. En fait, il blâme la Réserve fédérale d'avoir transformé ce qui aurait pu être une simple récession en la dépression qu'elle est finalement devenue.

Une idée dont l'heure était venue Au début, l'establishment ne prête pas beaucoup d'attention aux arguments de Friedman, qui sont présentés en même temps que tout un assortiment de propositions radicales en rapport avec le marché libre : rendre le service militaire volontaire, permettre aux taux de change de flotter librement, distribuer des coupons pour l'éducation, privatiser la sécurité sociale, instituer un impôt négatif sur

Années 1980
Ronald Reagan et Margaret Thatcher se font les champions des idées de Friedman des deux côtés de l'Atlantique

2006
Mort de Friedman

le revenu. Il est vrai que, pendant les années 1960, le keynésianisme semble bien fonctionner : la croissance est régulière, l'inflation basse et le chômage sous contrôle. Qui était ce jeune économiste soutenant que les politiques économiques pouvaient faire augmenter à la fois l'inflation et le chômage – ce qui, selon la courbe Phillips, était presque impossible (voir n° 22) ?

« Le cadre monétaire de Friedman a été si influent que, dans ses grandes lignes au moins, il s'identifie pratiquement à la théorie monétaire moderne. »

Ben Bernanke

Arrivent alors les chocs pétroliers, et l'agitation économique des années 1970. Le monde occidental subit la stagflation, conjuguant inflation en hausse, croissance faible et chômage. Face à cette situation, la théorie économique keynésienne semble n'avoir aucune réponse, ouvrant la voie à la théorie de Friedman. Il avait prévu qu'une telle situation était possible et il avait proposé une solution : combattre l'inflation et non le chômage.

Des deux côtés de l'océan Atlantique, les hommes politiques adoptent peu à peu cette doctrine. Dans les années 1980, Paul Volcker, le président de la Réserve fédérale, soumet les États-Unis à une récession douloureuse et traumatisante pour reprendre le contrôle des prix. Au Royaume-Uni, le nouveau Premier ministre Margaret Thatcher se prend de sympathie pour le message monétariste. En Allemagne, la Bundesbank commence aussi à prêter une attention spécifique au taux de croissance de la masse monétaire.

Problèmes avec le monétarisme Que Friedman ait tort ou raison, le problème est qu'il s'avère très difficile de trouver une mesure appropriée de la croissance de la masse monétaire – la quantité de monnaie circulant dans l'économie – ce qui fait de la mise en pratique de sa doctrine un défi trop difficile à relever. L'inflation est peut-être un phénomène monétaire, mais la quantité de monnaie en circulation augmente ou diminue souvent pour des raisons qui n'ont rien à voir avec l'inflation. Quand, par l'exemple, les experts de la City ou de Wall Street imaginent un nouveau type d'instrument financier, l'effet est souvent d'augmenter la quantité de monnaie. Cependant, il est difficile ou impossible de juger ce qui provoque les hausses jusque bien après l'événement, à un moment où les banquiers centraux ont déjà dû prendre leurs décisions sur les taux d'intérêt. La conséquence est que, dans la pratique, les tentatives pour contrôler le montant de la masse monétaire en circulation ont été presque partout abandonnées.

Le successeur de Volcker à la Réserve fédérale, Alan Greenspan, bien que partisan déclaré du marché libre et très respectueux du monétarisme, fait peu de cas des statistiques monétaires, au point que la Réserve fédérale a effectivement cessé de publier des chiffres sur la croissance de la masse monétaire il y a quelques années.

Monétarisme contre keynésianisme – le résultat Le résultat du désaccord entre Friedman et Keynes est, comme c'est très souvent le cas pour les confrontations entre géants, un match nul. Les banques centrales modernes tendent à se concentrer à la fois sur les indicateurs monétaires et sur les indicateurs plus traditionnels quand elles décident de leur politique. Bien que l'importance accordée à la monnaie ait diminué vers la fin des années 1990 et au début des années 2000, cette tendance s'est inversée plus récemment. Certains économistes affirment d'ailleurs que la baisse de la croissance de la masse monétaire contribue à expliquer la récession économique qui a suivi la crise financière de 2008.

D'un autre côté, il y a un consensus croissant sur les politiques économiques suggérées par Friedman, et adoptées par Thatcher et Reagan dans les années 1980 – libéralisation des marchés financiers, coup de frein à l'inflation et à la croissance de la masse monétaire, liberté accrue donnée aux entreprises pour emprunter, ainsi que pour embaucher et licencier des salariés : ces politiques sont effectivement en partie responsables de l'accumulation de dettes qui a déclenché la crise financière. Comme l'a dit Martin Wolf, un commentateur économique, peu avant que les États-Unis et les pays européens plongent dans la récession : « de même que les années 1950, 1960 et 1970 ont servi de test aux idées de Keynes jusqu'à faillir les faire disparaître, de même les années 1980, 1990 et 2000 pourraient faire subir le même sort aux idées de Milton Friedman. Tous les dieux échouent, si on leur accorde une trop grande confiance. »

Quant aux deux hommes eux-mêmes, ils ne se sont jamais rencontrés. Ils entrent en relation une fois, dans les années 1930, quand Friedman soumet un article à l'*Economic Journal*, une revue dont Keynes était alors le rédacteur en chef. Le texte est une attaque assez caustique contre le professeur d'économie A.C. Pigou, un collègue de Keynes à Cambridge. Keynes montre le papier à Pigou, qui est en désaccord avec la critique. Keynes écrit donc à Friedman en lui disant qu'il a décidé de ne pas publier son article. « C'est l'une des deux seules lettres que j'ai jamais reçues de Keynes », se souvient plus tard Friedman ; « l'autre m'informait également d'un refus ! »

l'idée en une phrase
Contrôlez la croissance de la masse monétaire

11 Le communisme

Il y a quelques années, la BBC a demandé à ses auditeurs de voter pour leur philosophe favori. Des voix, dès le début, se sont portées sur quelques noms évidents - Platon, Socrate, Aristote, Hume et Nietzsche notamment. Mais alors que le décompte commençait, il est vite apparu que le vainqueur pour le titre de philosophe favori des Britanniques était sans conteste... Karl Marx.

Peu de temps après, vers la fin de 2008, un libraire allemand a rapporté que ses ventes de l'*opus magnum* de Marx *Das Kapital* montaient en flèche et atteignaient des niveaux qu'elles n'avaient plus connus depuis des décennies.

Comment se fait-il que demeure si populaire un émigré allemand radical dont les idées et les prévisions se sont révélées si souvent fausses, et qui semblait devoir être définitivement oublié quand le mur de Berlin est tombé ? Pourquoi, en particulier, ses travaux peuvent-ils inspirer tant de dévotion dans un pays qui a non seulement rejeté le socialisme mais est devenu l'un des endroits au monde où le règne du marché libre est le moins contesté ?

Une théorie célèbre Le point clé de Marx est que les sociétés sont au milieu d'un processus d'évolution allant de systèmes économiques plus simples et moins justes vers une destination finale idéale. La société humaine, après avoir commencé avec les États féodaux et être passée par le mercantilisme, était arrivée au système moderne du capitalisme. Elle allait bientôt atteindre naturellement un système plus juste et plus utopique. Ce système, soutenait-il, était le communisme.

Dans une société communiste, la terre et les moyens de production (usines, outils, matières premières, etc.) seraient possédés non pas par les particuliers ou les entreprises, mais par tous. Au début, l'État posséderait et contrôlerait toutes les entreprises et toutes les institutions, les dirigeant du haut vers le bas et assurant qu'elles n'oppriment pas leurs ouvriers. Par la suite, cependant, l'État dépérirait. Ce serait, selon Marx, l'étape finale de

chronologie

1848
Publication du *Manifeste du parti communiste* de Marx et Engels

1867
Publication du premier volume du *Capital*

1883
Marx meurt à Londres

Karl Marx (1818-1883)

Né dans une famille juive de la classe moyenne convertie au protestantisme, Marx passe la majeure partie de sa vie à l'université ou à écrire ses livres. Après l'université, à Bonn puis à Berlin, où il apprend le droit, l'histoire et la philosophie et publie une thèse sur le philosophe grec Épicure, il est attiré par la théorie politique. Il devient en 1842 le rédacteur en chef d'un journal ayant des penchants révolutionnaires et subissant régulièrement la censure.
Après la fermeture du journal, il se rend à Paris, où il rencontre l'industriel Friedrich Engels, avec qui il écrira plus tard le *Manifeste du parti communiste* en 1848. Marx est banni de France puis de Belgique, et vivra ensuite jusqu'à sa mort à Londres. Il est largement aidé financièrement durant toute sa vie par la générosité de ses amis – en particulier Engels. Quand il meurt en 1883, les deuxième et troisième volumes de son *Capital* ne sont pas encore publiés ; ils seront reconstitués par Engels à partir de ses notes. Marx est enterré dans le cimetière de Highgate à Londres.

la société humaine, quand s'effondraient les barrières de classe qui ont stratifié les nations pendant des milliers d'années.

Conflit de classes De nombreuses formes de communisme ont été proposées avant que Marx et son collègue Friedrich Engels reprennent l'idée dans *Le Manifeste du parti communiste* en 1848. Par exemple, en 1516, l'auteur et homme politique anglais Thomas More a esquissé une société basée sur la propriété commune de la terre dans son livre *L'Utopie*, et diverses communautés communistes étaient déjà apparues en Europe et aux États-Unis au début du XIXe siècle.

L'idée de Marx, cependant, est que le communisme allait être adopté par tous quand les ouvriers dans le monde entier se révolteraient contre leurs oppresseurs et les renverseraient pour instituer une société plus juste. Son raisonnement est que le système capitalisme existant est évidemment injuste, le riche – possédant davantage de capital – devenant plus riche aux dépens de l'ouvrier moyen. Il affirme que l'histoire de l'humanité est l'histoire de la lutte des classes, le conflit entre l'aristocratie et la bourgeoisie montante (la classe moyenne capitaliste, qui possédait une part de plus en plus grande des moyens de production), faisant place à un

1917
La révolution russe amène Lénine au pouvoir, et conduit à la création de l'URSS

1949
Mao Zedong fonde la République populaire de Chine comme État communiste

1991
Sous Mikhail Gorbatchev, l'URSS se dissout

> **« La théorie du communisme peut se résumer en une seule phrase : abolir la propriété privée. »**
> **Karl Marx**

nouveau conflit entre la bourgeoisie et le prolétariat (la classe ouvrière qui travaille pour elle).

La théorie de la valeur travail est au cœur des théories de Marx. Cette idée, présentée dans *Le Capital*, affirme que la valeur d'un produit est proportionnelle au temps nécessaire pour le fabriquer. Ainsi, par exemple, une veste qui prend deux fois plus longtemps à couper et à coudre qu'un pantalon doit valoir deux fois plus. Cependant, soutient-il, ceux qui possèdent les entreprises empochent des quantités disproportionnées de profits pour eux-mêmes. Selon Marx, les patrons peuvent le faire parce qu'ils possèdent les moyens de production et peuvent ainsi exploiter leurs ouvriers. Il demeure des interrogations sur le degré de validité de la théorie de la valeur travail. Cependant, l'idée générale demeure intacte : en matière de richesse et d'opportunités, il y a un fossé entre ceux qui possèdent la terre et le capital et ceux qui ne les possèdent pas.

N'importe qui lisant aujourd'hui *Le Manifeste du parti communiste* pourrait s'étonner que le monde qu'il décrit existât il y a un peu plus d'un siècle et demi. C'est un monde très moderne, mondialisé, de réductions d'effectifs, de grandes sociétés multinationales, etc. Marx a peint un tableau dans lequel la concurrence entre les capitalistes deviendrait si féroce qu'à la fin la plupart d'entre eux feraient faillite ou seraient absorbés par d'autres, laissant un petit nombre de monopoles contrôler le système de production presque tout entier et disposer ainsi d'un pouvoir presque sans limites pour exploiter les ouvriers. Il a également prévu que, puisque le capitalisme était par nature chaotique, il serait sujet à des périodes d'expansion et de récession de plus en plus marquées, provoquant une série de crises majeures et de fortes hausses du chômage. Ceci – couplé à la servitude que représente le fait d'accomplir toujours le même travail répétitif – deviendrait par la suite trop difficile à supporter pour le prolétariat, et la révolution s'ensuivrait.

Le communisme dans le monde moderne À un moment du XXe siècle, la moitié environ de la population mondiale vivait dans des pays dont les gouvernements affirmaient que Marx était la lumière politique qui les guidait. Pourtant, à la fin du siècle, seules deux dictatures rétrogrades demeuraient des nations communistes pures. Pourquoi la théorie marxiste n'a-t-elle pas résisté à l'épreuve du temps ?

En partie, parce que Marx se trompait au sujet de l'évolution finale du capitalisme. Il ne s'est pas transformé en système monopolistique – au moins pas encore – grâce en partie à la régulation des États, et en partie à la main invisible (voir n° 1). Le monde n'est pas envahi par les chômeurs, et, bien que les périodes d'expansion et de récession aient continué à se succéder (voir n° 31), l'action des gouvernements en est autant responsable que les forces capitalistes débridées.

Parmi les pays qui ont adopté le communisme après des révolutions socialistes, la plupart sinon tous ne répondaient pas aux critères de Marx – c'étaient le plus souvent des pays agraires et peu développés, tels la Russie et la Chine.

Les expériences du XXe siècle ont également souligné les failles inhérentes du marxisme. La plus importante de toutes est que le contrôle central de l'économie s'est avéré une tâche extrêmement difficile sinon impossible à mener à bien. Avec la chute du rideau en fer dans les années 1990, les anciens États soviétiques se sont ouverts aux yeux occidentaux. Il est alors apparu clairement qu'en dépit de toute la grandiloquence des années de guerre froide, ils étaient douloureusement sous-développés.

Tandis que les forces de l'offre et la demande créaient des économies dynamiques qui produisaient de la richesse à grande vitesse, les systèmes centralement commandés de l'Union soviétique et de la Chine étouffaient l'innovation. Sans concurrence entre les entreprises – la force d'entraînement fondamentale du marché libre – l'économie avançait à pas lent, poussée en avant par des bureaucrates. Les Soviétiques excellaient vraiment dans un seul secteur : l'innovation militaire et aéronautique. Il est révélateur que c'était aussi le seul domaine dans lequel la concurrence était totale – dans ce cas-ci avec l'Ouest dans le cadre de la guerre froide.

l'idée en une phrase

Une société égalitaire, entièrement dirigée par l'État

12 L'individualisme

C'est une expression que Karl Marx a utilisée le premier avec dégoût : « Le culte de l'individu ». Mais, à la fin du XXe siècle, l'idée que les choix individuels ont une importance primordiale dans l'élaboration de la politique économique est devenue dominante. Cette philosophie portait en germe le thatchérisme et le reaganisme, et elle provenait d'une petite nation : l'Autriche.

Bien que la théorie économique soit l'étude des raisons qui font que les individus prennent certaines décisions, la théorie économique classique a tendu, par souci de simplification, à souligner que les gens agissent typiquement à l'unisson. Par exemple, quand un nouveau type de pommes chips arrive sur les rayons et a du succès, c'est parce qu'il attire les consommateurs. L'école autrichienne, toutefois – qui est née à la fin du XIXe siècle et a pris de la vigueur au XXe siècle – s'est concentrée sur les raisons spécifiques qu'a chaque individu de décider d'acheter un produit particulier.

> **« La société n'existe pas : il y a des individus, hommes et femmes, et il y a des familles. »**
>
> **Margaret Thatcher**

La théorie économique traditionnelle raisonnait – et raisonne toujours – principalement du haut vers le bas. Elle examine la performance économique d'un pays dans son ensemble, ou d'un sous-ensemble de ce pays. Elle emploie pour cela des mesures agrégées comme le produit intérieur brut ou l'inflation (en d'autres termes, elle additionne les différents éléments pour parvenir à un total général). L'école autrichienne souligne au contraire que la prise de décision individuelle doit être placée au premier rang. Après tout, seuls les individus peuvent agir ; les pays, les entreprises et les institutions n'ont pas de cerveaux en propre – ce sont des entités collectives, mais qui comportent chacune de nombreux individus différents les uns des autres.

Les phénomènes économiques – la richesse ou le niveau d'inégalité d'un pays par exemple – sont le produit des choix faits par des millions

chronologie

1871 Publication des *Principes d'économie* de Carl Menger

1944 Publication d'un texte clé de l'école autrichienne, *La Route de la servitude*, de Friedrich Hayek d'individus, plutôt que le résultat de politiques concertées des gouvernements ou des grandes entreprises. La conséquence est qu'il n'y a, par exemple, aucun moyen de ramener l'inégalité à un certain niveau, puisque ce n'est pas le produit d'un projet humain mais la manifestation de l'action humaine.

Art ou science ? L'idée que la théorie économique est plus un art qu'une science est fondamentale pour la théorie autrichienne de la primauté de l'individu. Une telle idée peut surprendre ceux qui sont familiers de la théorie économique académique conventionnelle, avec ses diagrammes et ses équations. En utilisant des modèles économiques, soutiennent-ils, il est possible de calculer la probabilité de pratiquement n'importe quel événement, qu'il s'agisse d'un changement des taux d'intérêt ou d'une période de récession jusqu'à des phénomènes apparemment en dehors du champ économique comme la fréquence des grossesses d'adolescentes ou même le risque de déclenchement d'une guerre.

Cependant, en dépit de la confiance de ceux qui les pratiquent, de telles prévisions scientifiques se révèlent trop souvent fausses. Comme le gouverneur de Banque d'Angleterre Mervyn King en avertit ses auditeurs quand il présente ses prévisions, la seule chose dont il soit sûr à 100 % est qu'elles se révéleront fausses – il n'y a aucun moyen de prévoir avec précision le futur.

Le père de l'école autrichienne, Carl Menger publie ses *Principes d'économie* en 1871. Il conserve l'idée que l'économie est une science sociale, visant à classifier les actions humaines dans un cadre logique et un ensemble de modèles. Mais l'idée principale sur laquelle il insiste est la nature chaotique de l'économie. Avec ceci en tête, les économistes autrichiens évitent autant que possible d'insérer des chiffres et des équations dans leurs études. Cela a conduit au rejet de nombre de leurs articles par les journaux professionnels parce qu'ils ne contenaient pas assez de faits, de chiffres ou d'équations.

« Une société qui ne reconnaît pas que chaque individu a ses propres valeurs et qu'il est autorisé à les suivre ne peut avoir aucun respect pour la dignité de l'individu et ne peut pas vraiment être libre. »

Friedrich Hayek, économiste autrichien

1955

Fondation de l'Institut of Economics Affairs – un *think-tank* qui a fourni une grande partie de l'appui intellectuel à Margaret Thatcher

1974

Friedrich Hayek reçoit le Prix Nobel d'économie

Un Martien à la gare Saint-Lazare

Imaginez que vous êtes un Martien qui a atterri sur terre et se retrouve à la gare Saint-Lazare à Paris. Chaque matin, vers 8 heures, vous voyez arriver de grandes boîtes rectangulaires sur des roues, des personnes en descendent, se dirigent vers le hall puis sortent dans la rue. Ensuite, le soir, vous voyez des milliers de personnes retourner dans ces boîtes. En observant ce comportement tous les jours, vous pourrez imaginer quelques règles « scientifiques » fiables sur le comportement humain, et même prévoir avec précision quelles personnes arriveront et repartiront chaque jour. Mais vous ne comprendrez rien à ce qui peut bien les pousser à prendre part chaque jour à cette migration collective. Vous aurez une vue de l'humanité tronquée par des œillères. C'est précisément la critique que l'école autrichienne fait à la théorie économique orthodoxe. Les modèles complexes que celle-ci conçoit tiennent peu compte de la façon dont les êtres humains prennent leurs décisions. Le risque est que les économistes fassent tellement confiance à leurs modèles qu'ils ne voient pas les motifs dissimulés derrière les décisions des êtres humains.

Le piège de la généralisation Comme le successeur de Menger, le Prix Nobel autrichien Friedrich Hayek l'observe, les êtres humains sont tous différents les uns des autres. C'est pourquoi leurs réactions peuvent différer considérablement, même quand ils sont traités exactement de la même manière. La seule façon d'assurer qu'ils sont égaux, soutient-il, « serait de les traiter différemment. L'égalité devant la loi et l'égalité matérielle sont donc non seulement différentes mais en conflit l'une avec l'autre ; nous pouvons réaliser l'une ou l'autre, mais pas les deux en même temps. »

Prenons, par exemple, un commerçant. Une des premières hypothèses de la théorie économique orthodoxe est qu'il cherche pendant sa journée à maximiser son profit – après tout, cet élément d'intérêt personnel est l'une des règles les plus importantes formulées par Adam Smith (voir n° 1). Cependant, un économiste autrichien préciserait que la quantité qu'il vend pourrait tout aussi bien être déterminée par le fait qu'il décide d'ouvrir plus tard, ou qu'il refuse de vendre à un individu particulier parce qu'il a une dent contre lui. Les facteurs personnels de ce type déterminent son comportement, et, globalement, déterminent le comportement des commerçants.

Aux yeux d'un économiste autrichien, la confrontation de l'offre et la demande n'est qu'une description abstraite des raisons qui font monter ou baisser les prix – et non pas une cause en elle-même. Les économistes conventionnels ripostent en affirmant que toutes les sciences sociales ont besoin de telles abstractions et généralisations. Mais l'accomplissement majeur de la théorie économique autrichienne est de forcer la science à considérer que les valeurs, les plans, les attentes et la compréhension de la réalité de chacun sont subjectifs.

« Une fois que l'on a bien perçu que la division du travail est l'essence de la société, rien ne demeure de l'opposition entre l'individu et la société. La contradiction entre le principe individuel et le principe social disparaît. »

Ludwig von Mises, économiste autrichien

L'individualisme est-il justifié ? Mais pourquoi est-ce si important ? Une école de pensée qui met en garde contre les hypothèses générales sur les comportements humains peut sembler moins utile que la théorie économique orthodoxe, qui essaye de prévoir et de fournir des solutions pour ceux qui décident de la politique économique en faisant de telles hypothèses. Cependant, le scepticisme de l'école autrichienne s'est révélé justifié. Une des raisons principales était qu'Hayek et son collègue autrichien Ludwig von Mises ont été parmi les premiers à prévoir la fin du communisme. Leur argument était qu'un État centralement planifié échouerait parce que les planificateurs n'auraient jamais assez d'informations sur ce qui pousse les citoyens à prendre leurs décisions.

Les économistes autrichiens soulignent qu'il est important de laisser l'individu faire ses propres choix. Cet idéal de laissez-faire a finalement inspiré certaines des plus grandes réformes économiques du XXe siècle. C'est en effet, en partie au moins, les idées de l'école autrichienne qui ont inspiré Ronald Reagan et Margaret Thatcher quand ils ont fait avancer la libéralisation des marchés, et qui ont donné forme à leurs réformes favorisant l'offre (voir n° 13). Ils ont reconnu qu'il ne fallait pas se concentrer sur une théorie économique raisonnant du haut vers le bas, mais sur les besoins et les désirs des individus.

l'idée en une phrase
Les choix individuels sont primordiaux

13 L'économie de l'offre

Le gouvernement augmente les impôts, mais l'effet n'est pas de faire entrer davantage d'argent dans les caisses de l'État mais d'en faire entrer *moins*. À l'inverse, réduire les impôts *augmente* les recettes. La logique économique est sens dessus dessous. Mais ce n'est pas de la magie noire ; c'est au contraire le principe de l'économie de l'offre.

L'économie de l'offre fait partie des théories économiques les plus controversées. Le débat à son sujet résume le désaccord entre ceux qui sont favorables à une plus grande redistribution des revenus par l'État et ceux qui croient, par-dessus tout, à la liberté individuelle et au marché libre.

> **« Si l'on réduit les plus hauts taux d'imposition [qui pèsent] sur les titulaires des plus hauts revenus, l'État recevra davantage d'argent de leur part. »**
>
> **Arthur Laffer**

L'expression ne s'applique pas qu'aux taux d'imposition. Plus largement, l'économie de l'offre renvoie à la réforme du côté « offre » de l'économie – à savoir les entreprises et les autres institutions qui produisent les biens que les gens consomment. Dans ce sens traditionnel, les tenants de l'économie de l'offre sont ceux qui aimeraient que les entreprises soient plus libres et plus efficaces ; ils défendent la privatisation de la production et de la distribution d'eau et d'électricité, la réduction des subventions aux secteurs en difficulté (tels que l'agriculture et les mines), et l'abolition des monopoles (dans les télécommunications par exemple). Rares sont en fait les économistes qui contesteraient ses objectifs.

Pourtant, depuis les années 1980, « l'économie de l'offre » tend à renvoyer plus spécifiquement à des arguments en faveur de la réduction des taux d'imposition élevés. Cette idée a été en particulier proposée par l'économiste américain Arthur Laffer à la fin des années 1970. Plus les gens ont à payer d'impôts, soutient-il, plus ils sont incités à chercher à éviter d'en payer, ou à travailler moins.

chronologie

Années 1940

Les gouvernements partout dans le monde augmentent les impôts jusqu'à un niveau sans précédent pour rembourser les dettes de guerre et financer la création de l'État-providence

Années 1970

Arthur Laffer développe l'idée de courbe de Laffer

La courbe de Laffer Laffer raisonne ainsi : si un État ne prélevait aucun d'impôt, il ne recevrait (logiquement) aucun revenu ; de même, aucune somme ne s'inscrirait sur ses comptes si le taux d'imposition était de 100 % (parce que personne n'aurait d'incitation à travailler). Laffer dessine alors (au dos d'une serviette de table, selon la légende) une courbe en forme de cloche qui montre qu'il y a un point quelque part entre 0 % et 100 % correspondant au maximum de revenu potentiel pour l'État. Cet argument – selon lequel réduire les taux d'imposition peut en fait accroître les rentrées fiscales – trouve des supporters fervents en Ronald Reagan et Margaret Thatcher.

L'impôt à taux unique

L'apothéose de l'économie de l'offre est l'impôt à taux unique, système dans lequel tout le monde est soumis au même taux. C'est une idée qui a été reprise avec une vigueur particulière par certaines des républiques ex-communistes, dont l'Estonie et la Lettonie. Le résultat est que les contribuables sont plus nombreux à payer maintenant leurs impôts, ce qui a fait grimper les recettes fiscales – en dépit de la réduction du taux global d'imposition.

La théorie se concentre particulièrement sur le *taux marginal d'imposition* – la part payée sur le revenu procuré par une heure de travail supplémentaire. Dans la plupart des grands pays, y compris les États-Unis et le Royaume-Uni, les taux marginaux d'imposition étaient d'environ 70 %. Dans la mesure où les salariés ne ramenaient chez eux que 30 % de leur supplément de salaires, leur incitation à travailler davantage en était clairement affectée.

Un exemple frappant de cette situation se produit quand, en 2008, le Trésor britannique promet d'élever, pour la première fois depuis les années 1970, le taux maximal de l'impôt : le taux d'impôt pour tout revenu supérieur à 150 000 livres passerait à 45 %, alors que le taux maximum d'imposition était jusque-là de 40 %. Pourtant, les meilleurs spécialistes du sujet calculent que cette mesure n'apporterait aucune recette supplémentaire, car elle découragerait les gens de travailler davantage. En effet, ils avertissent qu'elle pourrait tout aussi bien réduire les recettes fiscales.

Le problème n'est pas seulement que les gens trouveront des moyens d'éviter de payer le supplément d'impôts, par exemple en allant s'installer dans des paradis fiscaux comme Monaco ou les îles Cayman. Il est aussi que des taux marginaux d'imposition plus élevés peuvent porter tort à

Début des années 1980
Les idées de Laffer sont adoptées par Thatcher et Reagan

Fin des années 1980
Les impôts sont réduits dans tout le monde occidental

1994
L'Estonie introduit l'impôt à taux unique

1995
La Lettonie fait de même

Positivement négatif

Une autre idée radicale a été émise de Milton Friedman (voir n°10). Il a plaidé pour la création d'un impôt négatif. L'idée est que l'État doit déjà redistribuer de l'argent aux familles les plus pauvres sous forme de prestations de sécurité sociale et d'allocations-chômage. Si, à la place, existait un système d'impôt négatif sur le revenu, ceux qui gagnent plus qu'un certain seuil paieraient leurs impôts normalement, alors que ceux qui gagnent moins recevraient en réalité du fisc une certaine somme – un impôt négatif. Ainsi serait éliminée l'infrastructure lourde et coûteuse de la sécurité sociale et des prestations-chômage.

l'ensemble de l'économie. Décourager ceux qui génèrent le plus d'argent (habituellement ceux qui ont les salaires les plus élevés) les pousse à fuir le pays ou à quitter leur emploi, ce qui réduit la création globale de richesse de l'économie. Si cela se produit, c'est un signe que le gouvernement du pays doit soit envisager de réduire les impôts, soit trouver d'autres incitations pour encourager les entreprises à rester.

En revanche, lorsque les taux d'imposition sont faibles, les gens sont encouragés à travailler davantage, mais la part respective que le gouvernement prend sur chaque dollar gagné supplémentaire est moindre. La courbe de Laffer illustre le fait que le gouvernement doit trouver un équilibre entre les deux. Elle rappelle la maxime d'un ministre des Finances de Louis XIV, Jean-Baptiste Colbert, selon laquelle la fiscalité est l'art de « plumer l'oie de manière à obtenir le plus de plumes avec le moins de grincement de dents ».

À quelle hauteur le taux est-il trop haut ? La courbe de Laffer montre qu'au-delà d'un certain niveau, les taux d'imposition génèrent de moins et moins de recettes fiscales. La grande question est alors de savoir où se situe le point de rupture. Certainement pas aux taux marginaux de plus de 90 % atteints dans certains pays dans les années 1960, ni à un taux de 15 %, qui mettrait le gouvernement dans l'incapacité de financer l'État-providence et les dépenses sociales.

Le débat continue de faire rage aujourd'hui, de nombreux économistes de gauche suggérant que le plafond serait supérieur à 50 %, tandis que ceux qui se situent à l'autre bout du spectre politique considèrent qu'il pourrait être inférieur à 40 %.

Partout dans le monde, le consensus a été en faveur de taux marginaux moins élevés. Le nombre de pays ayant un taux marginal d'imposition supérieur à 60 % est passé de 49 en 1980 à seulement trois en l'an 2000 – la Belgique, le Cameroun et la République démocratique du Congo.

Des problèmes avec la courbe de Laffer Bien qu'il soit difficile de contester l'élégante logique du raisonnement de Laffer, il reste

> **« Plus l'État prélève d'impôts, moins les contribuables ont d'incitation à travailler. Quel mineur de charbon, quel travailleur à la chaîne sautera sur une proposition d'heures supplémentaires s'il sait qu'Oncle Sam prendra 60 % ou plus de son salaire supplémentaire ? »**
>
> **Ronald Reagan**

trois questions majeures pour à savoir s'il fonctionne réellement dans la pratique. En fait, au début des années 1980, les réductions d'impôts de Reagan ont été raillées par George Bush senior comme de « l'économie vaudou ». Selon le professeur de Harvard Jeffrey Frankel, la théorie, « quoique théoriquement valable sous certaines conditions, ne s'applique pas aux taux d'imposition sur les revenus américains : une réduction de ces taux réduit les rentrées fiscales, précisément comme le bon sens l'indique ».

En fait, l'expérience a montré que les réductions d'impôts de Reagan et celles de George Bush junior en 2001-2003 ont réduit les rentrées fiscales et accru le déficit budgétaire. En d'autres termes, elles n'étaient pas financées, et les emprunts qu'elles ont nécessités devront être remboursés. Les économistes de l'offre soutiennent que les présidents se sont trompés sur le choix des impôts à réduire, plutôt que sur la décision de réduire le niveau global de la fiscalité.

Bien que le raisonnement reste extrêmement populaire aujourd'hui (peut-être parce qu'il promet aux hommes politiques quelque chose pour rien), de nombreuses études ont contredit sa validité. C'est seulement dans des cas extrêmes – quand les taux sont très élevés – qu'une réduction des taux d'imposition peut se traduire par une augmentation des rentrées fiscales.

Cela dit, il y a peu de doute que des taux d'imposition excessifs peuvent freiner la croissance économique. En mettant en lumière cette idée, l'économie de l'offre a été à l'origine d'une refonte globale de la façon dont les impôts sont conçus et perçus partout dans le monde.

l'idée en une phrase

Des impôts plus élevés signifient une croissance plus faible

14 La révolution marginaliste

En 2007, David Beckham révolutionne la planète lorsqu'il signe un contrat d'une durée de cinq ans pour être transféré du Real Madrid au Los Angeles Galaxy, contre la somme annoncée de 250 millions de dollars. C'est cette somme fabuleuse qui a provoqué le plus de remous. Beckham est sans doute une star incontestée du football ; il a sans doute aussi été un outil de marketing puissant, à la fois pour le club et la Ligue de football américaine, qui ont du mal à rivaliser avec le football américain, le basket et les autres sports typiquement américains. Mais, tout de même… 250 millions de dollars pour un seul homme ?

Aussi absurde qu'il puisse paraître d'un point de vue économique, le prix payé semble en fait avoir été correct. Le club de football ne l'aurait pas accepté s'il n'espérait pas tirer de cette transaction des profits substantiels. Indirectement donc, c'est le public qui considère que la valeur de Beckham, et celle d'autres footballeurs, atteignent ce genre de sommet. Des fans sont prêts à payer cher des produits de toute sorte ayant un lien avec Beckham – depuis les maillots portant son nom jusqu'aux vêtements et aux rasoirs dont il fait la promotion.

La marge Pourquoi attachons-nous à un être humain une valeur tellement plus élevée qu'à un de ses semblables ? Les grands sportifs peuvent exceller dans leur discipline, mais pourquoi gagnent-ils bien plus que ceux dont la fonction est essentielle à notre bien-être – les enseignants ou les médecins par exemple ? La réponse doit être cherchée dans ce que les économistes appellent la *valeur marginale*.

Il y a plus de deux cents ans, Adam Smith mentionne un paradoxe analogue à celui de Beckham dans *La Richesse des nations*. Pourquoi,

chronologie

1700
Les premiers mercantilistes commencent à apercevoir l'idée d'utilité marginale

1776
Adam Smith expose le paradoxe de l'eau et des diamants dans *La Richesse des nations*

demande-t-il, existe-t-il un tel écart de prix entre les diamants et l'eau ? Contrairement à l'eau, les diamants ne sont pas indispensables à la vie humaine ; ce ne sont que des morceaux de carbone cristallisés – certes très attrayants. Sa réponse est qu'il faut moins de travail pour fournir de l'eau que pour fabriquer un diamant – l'extraire, le tailler, le polir, etc. De plus, les diamants sont rares, alors que l'eau est abondante pour la plupart des habitants dans le monde occidental.

« C'est à la marge, et non avec une vue d'ensemble, que nous prenons nos décisions économiques. »

Eugen von Böhm-Bawerk,
économiste autrichien

De la même façon, seul un petit nombre de joueurs a la même capacité que David Beckham à marquer des buts sur coup franc en faisant contourner le mur adverse par le ballon. La rareté fait monter le prix. Toutefois, ce n'est que la moitié de l'explication. Après tout, les escrimeurs de grand talent sont tout aussi rares dans le monde, et pourtant ils ont peu de chances de gagner en plusieurs années le salaire hebdomadaire de Beckham.

La réponse à ce paradoxe a été proposée par les économistes à la fin du XIXe siècle (dont Carl Menger de l'école autrichienne, voir n° 12). C'est que la valeur d'un bien donné – qu'il s'agisse de David Beckham, d'un diamant ou d'un verre d'eau – est subjective. Elle dépend entièrement de la façon dont que les gens le valorisent à un moment donné. Cette idée semble simple, mais elle s'est avérée révolutionnaire. Auparavant, les économistes supposaient que chaque chose avait une valeur intrinsèque ; après la révolution marginaliste, il est devenu clair que les biens n'ont de valeur que dans la mesure où ils trouvent des acquéreurs.

L'utilité marginale Revenons à notre verre d'eau. Pour quelqu'un qui a souffert de la soif pendant plusieurs jours dans un désert, ce verre a une valeur inestimable ; il paierait probablement n'importe quelle somme d'argent pour l'obtenir, il donnerait même un diamant s'il en avait un. Mais plus cette personne aura déjà de verres à sa disposition, moins elle sera disposée à payer pour un verre supplémentaire. Nous devons déterminer la valeur non de n'importe quel verre d'eau dans le monde mais celle de chaque verre particulier. Et la satisfaction que quelqu'un retirerait d'un verre d'eau supplémentaire est ce que les économistes appellent l'utilité marginale de chaque verre. Dans ce cas, l'*utilité marginale* est décroissante.

Les exemples sont nombreux de prix qui ont augmenté ou diminué, parce que l'utilité marginale du produit concerné augmentait ou diminuait. Le

1871
Carl Menger expose la théorie marginaliste

1890
Alfred Marshall popularise l'idée d'utilité marginale dans ses *Principes d'économie politique*

prix du pétrole était descendu à environ 20 dollars le baril au début des années 2000, mais quelques années plus tard seulement, il a bondi au-dessus de 100 dollars le baril, frisant un moment 140 dollars le baril. Les craintes sur l'offre, exacerbées par la demande venant des économies à croissance rapide, ont fait que les acheteurs étaient prêts à payer des prix plus élevés. Puis, au bout de seulement quelques mois, le prix est revenu à nouveau à moins de 40 dollars le baril, l'économie mondiale étant en récession.

L'idée d'utilité marginale s'épanouit chez un autre grand économiste, Alfred Marshall (1842-1924), qui avance l'idée que les consommateurs prennent des décisions fondées sur des considérations marginales. Auparavant, l'attention avait porté davantage sur l'offre que sur la demande, mais Marshall fait valoir que cette approche unilatérale était comparable à essayer de couper un morceau de papier (le papier étant le prix) avec une seule des deux lames d'une paire de ciseaux. Au lieu de considérer qu'une chose – disons, un verre d'eau – a un prix particulier, déterminé par le coût pour le fournisseur de le puiser à la source et de le mettre en bouteille, Marshall souligne qu'il faut aussi tenir compte des désirs des consommateurs.

Tout ce que vous pouvez manger

Beaucoup parmi vous ont sans doute été tentés, un jour ou l'autre, par un buffet à volonté et à prix fixe proposé par un restaurant. Vous payez le prix à l'avance – disons 10,95 euros – et vous commencez à manger. En termes économiques, le coût global reste le même – 10,95 euros – mais le coût marginal, en d'autres termes pour chaque portion supplémentaire, est nul parce que cette portion supplémentaire ne vous coûte rien. Toutefois, la quantité effective de plaisir et de satisfaction fournie par ce que vous mangez (ce que les économistes appellent « l'utilité ») diminue avec chaque portion, à mesure que vous êtes de plus en plus rassasié et peut-être même que vous vous sentez de plus en plus mal.
Ainsi, alors que coût marginal d'une portion supplémentaire est égal à zéro, l'utilité marginale est au début élevée mais baisse ensuite. Ce principe a une validité générale dans la théorie économique. Nous avons tendance à tirer plus de plaisir de la première consommation d'un bien particulier, mais par la suite ce plaisir diminue – tout comme pour un collectionneur de timbres, l'acquisition d'un premier Penny Black apporte une plus grande satisfaction que l'acquisition du deuxième, du troisième ou du quatrième.

Selon lui, ceux-ci n'achèteront un produit que si : (1) il leur paraît attrayant, (2) son prix est abordable, et (3) son prix est raisonnable en comparaison de celui des autres produits. Chacun de ces facteurs influe sur le prix marginal, que ce soit pour un verre d'eau ou un joueur de football mondialement célèbre.

Penser à la marge Marshall insistait sur le fait de penser à la marge ; les gens ne font quelque chose – qu'il s'agisse de fabriquer des ampoules ou de « bachoter » pour un examen ayant lieu le lendemain – qu'aussi longtemps que la valeur de cette ampoule ou de ce travail supplémentaire est suffisante. À un certain stade, la somme retirée d'une nouvelle ampoule deviendra moins élevée que son coût de production ; de la même façon, aller dormir deviendra plus sensé que de travailler jusqu'aux premières heures de la matinée. Nous pensons tous à la marge – c'est notre façon concrète de nous comporter. Les économies, donc, avancent par étapes plutôt que par bonds de géant. La révolution marginaliste est ce qui a mis en lumière la véritable nature de l'évolution économique.

Alors que tous les humains sont par nature marginalistes, il a fallu attendre Marshall pour établir l'idée de l'utilité marginale comme partie du soubassement de la théorie économique. Maintenant, de telles idées donnent leur forme aux plans des entreprises à travers le monde. Ils sont essentiels à l'activité économique.

La parabole de Beckham ne s'arrête pas à son transfert. Deux ans plus tard, il est engagé dans un bras-de-fer impliquant aussi un club italien, le Milan AC. La querelle souligne à nouveau l'importance des considérations relatives à l'utilité marginale. Les Italiens considèrent qu'un montant forfaitaire serait suffisant pour le joueur. Mais Tim Leiweke, le directeur général du Los Angeles Galaxy déclare : « Ce que Milan ne comprend pas, c'est que derrière cette histoire il y a des fans qui résilieront leurs abonnements et des sponsors qui réclameront des dommages et intérêts. » Ceci est un exemple classique de pensée marginale.

l'idée en une phrase
Les individus rationnels pensent à la marge

15 La monnaie

L'économie n'est pas seulement une question d'argent, mais l'argent fait de chacun d'entre nous un économiste. Demandez à quelqu'un de payer un prix pour quelque chose – plutôt que de lui offrir gratuitement, ou de l'échanger contre une faveur – et vous faites fonctionner un interrupteur interne invisible.

Le spécialiste de l'économie comportementale Dan Ariely a imaginé une expérience pour le prouver. Il a proposé à des étudiants des bonbons Starbucks à un centime pièce. En moyenne, ils en ont pris quatre. Puis il a refait l'expérience en réduisant le prix à zéro – autrement dit, les bonbons étaient gratuits. La théorie économique traditionnelle suppose qu'avec la baisse du prix, la demande augmenterait (voir n° 2). Il n'en a rien été. Une fois l'argent retiré de l'équation, quelque chose d'étrange se produisit. Pratiquement aucun étudiant n'a pris plus d'un bonbon.

La monnaie fait tourner le monde Les économistes donnent au mot « monnaie » un sens particulier : c'est l'ensemble des moyens de paiement, billets et pièces, mais aussi dépôts sur les comptes bancaires à vue. La monnaie est l'un des éléments clés dans une économie. Sans elle, nous serions forcés de troquer, c'est-à-dire d'échanger des biens ou d'offrir à quelqu'un une faveur ou un service contre quelque chose. De même que la communication devient beaucoup plus facile lorsque les deux participants à une conversation ont une langue commune, plutôt que de compter sur des gestes et des bruits, de même la monnaie fournit un moyen simple d'échange sans lequel chaque transaction devient tout simplement insupportablement compliquée.

Quand, dans un pays, les habitants perdent confiance dans la monnaie – peut-être en raison d'une hyperinflation – ils ont souvent recours à une économie de troc. Lorsque l'Union soviétique s'est effondrée dans les années 1980, de nombreux Russes ont commencé à utiliser la cigarette comme monnaie. Toutefois, les économies de troc sont très inefficaces – imaginez que vous ayez à présenter une offre attractive différente de services ou de biens chaque fois que vous vous rendez dans une boutique.

chronologie

Autour de 10 000 av. J.-C.	3000 av. J.-C.	600 av. J.-C
Premiers signes de l'existence du troc dans certaines parties de l'Afrique	Les shekels servent de moyen d'échange en Mésopotamie	Premières pièces en argent et en or, en Lydie

Vous feriez aussi bien de rester chez vous.

En plus de cette première fonction de moyen d'échange, la monnaie en a deux autres. D'abord, il s'agit d'une unité de compte, ce qui signifie qu'elle constitue une référence par rapport à laquelle chaque chose a un prix, nous aidant à juger de sa valeur. Ensuite, il s'agit d'une réserve de valeur, ce qui signifie qu'elle ne perdra pas sa valeur au fil du temps – bien que l'on puisse se demander si les monnaies modernes remplissent cette fonction. Nous sommes tous familiers avec ce qui constitue la monnaie ; mais, techniquement, tout type de produits échangeables peut être utilisé comme monnaie : par exemple, les coquillages, les bijoux, les cigarettes et les drogues (de fait, cigarettes et drogues servent souvent de monnaie dans les prisons). Et, plus que jamais, la monnaie prend aujourd'hui la forme de flux invisibles de crédit – l'argent emprunté – entre prêteurs et emprunteurs.

Liquidité

La liquidité d'un actif – par exemple une maison, un lingot d'or ou un paquet de cigarettes – est une mesure de la facilité avec laquelle il est possible de l'échanger contre de la monnaie. Par exemple, les actions de la plupart des grandes entreprises sont généralement très liquides – elles peuvent être facilement vendues parce qu'il y a habituellement un grand nombre d'acheteurs. Les logements sont moins liquides, car il faut du temps pour organiser une vente. Lorsque les entreprises organisent une liquidation, cela signifie simplement qu'elles tentent de vendre leurs produits contre de l'argent frais.

Divers types de monnaie Il est possible de distinguer entre deux catégories de monnaie.

La monnaie marchandise Elle a une valeur intrinsèque, même si elle n'est pas vraiment une forme de monnaie. L'or est peut-être l'exemple le plus évident, car il peut être utilisé pour fabriquer des bijoux et c'est aussi un métal indispensable dans l'industrie. Mais il existe d'autres types de monnaie marchandise : l'argent métal, le cuivre, des denrées alimentaires comme le riz ou les grains de poivre, l'alcool, les cigarettes et les drogues.

La monnaie fiduciaire C'est de la monnaie sans valeur intrinsèque. L'expression signifie simplement que les pouvoirs publics ont décrété que des pièces et des billets dont la valeur intrinsèque est négligeable ont légalement une certaine valeur. C'est le système en place dans les économies modernes. Les billets de banque sont émis par la Banque centrale européenne dans la zone euro, par la Réserve fédérale et le Trésor

Années 800
La Chine invente le premier billet de banque

1816
Introduction de l'étalon-or, qui fixe la valeur des monnaies comme un certain poids d'or

L'histoire de la monnaie

Pendant des milliers d'années, les civilisations humaines ont eu tendance à troquer des marchandises, échangeant des coquillages et des pierres précieuses contre de la nourriture et d'autres produits de base. Pour avoir la première preuve de l'usage de la monnaie comme moyen d'échange, il faut remonter 5 000 ans en arrière, là où se situe l'actuel Irak, pour trouver le shekel.

Bien que ce soit la première forme de moyen d'échange, ce n'est pas la monnaie telle que nous la connaissons et la comprenons aujourd'hui. Un shekel représentait en fait un certain poids d'orge équivalent en or ou en argent. Le shekel est devenu ensuite une véritable monnaie sous forme de pièce. D'une manière très analogue, la devise britannique est appelée la livre parce qu'elle était à l'origine équivalente à une livre d'argent-métal. Les anciens Grecs et Romains ont utilisé des pièces d'or et d'argent comme monnaie, le *denarius* latin donnant finalement naissance au dinar dans divers pays, dont la Jordanie et l'Algérie, et fournissant le « d » qui a servi d'abréviation pour le penny britannique avant la décimalisation de 1971. Il a aussi donné le mot désignant la monnaie en espagnol et en portugais – *dinero* et *dinheiro*.

Les tout premiers billets ont été émis au IXe siècle en Chine, mais il a fallu encore près de 1 000 ans pour que l'idée de papier-monnaie soit adoptée en Europe, par la Stockholms Banco suédoise en 1661.

aux États-Unis, par la Banque d'Angleterre au Royaume-Uni. À l'origine, le papier-monnaie était convertible en monnaie marchandise, de sorte qu'en principe, les citoyens pouvaient exiger une certaine quantité d'or en échange de leurs billets. Ce n'est plus le cas, les monnaies fiduciaires sont tributaires pour leur stabilité de la confiance des citoyens dans le système légal et dans la crédibilité économique des États.

> **« Ainsi, vous pensez que l'argent est la racine de tout mal. Vous êtes-vous déjà demandé quelle est la racine de tout l'argent ? »**
>
> **Ayn Rand**

Mesurer la quantité de monnaie Mesurer quelle quantité de monnaie circule dans l'économie est l'un des principaux moyens pour déterminer la santé de cette économie. Quand les gens disposent de plus d'argent, ils se sentent plus riches et ont tendance à dépenser davantage. Les entreprises, dont les ventes augmentent, réagissent en commandant plus de matières premières et en augmentant la production. Il en résulte une hausse du cours des actions et une croissance économique plus forte.

Les banques centrales mesurent la quantité de monnaie de plusieurs façons. La plus courante est ce que l'on appelle M1 : c'est la somme de la quantité de billets en circulation en dehors des banques et du montant des comptes bancaires à vue. En d'autres termes, M1 représente la quantité de moyens de paiement immédiatement à la disposition des particuliers et des entreprises. Il existe aussi d'autres mesures plus larges de la quantité de monnaie : M2, qui comprend des actifs moins liquides (non directement utilisables) tels que les comptes d'épargne qui nécessitent une opération de retrait ; M3, qui comprend aussi des instruments financiers que beaucoup considèrent comme des substituts proches de la monnaie, tels que l'épargne à long terme et les fonds de placement monétaires.

Au début des années 2000, il y avait environ 580 milliards de dollars en circulation, ainsi que 599 milliards sur les comptes bancaires à vue. Si vous divisez le total par le nombre d'adultes aux États-Unis – 212 millions – cela implique que chaque adulte possédait environ 2 700 dollars, ce qui est clairement plus que ce que la plupart des gens détenaient dans leurs portefeuilles.

« L'argent n'a encore jamais rendu un homme heureux, et il ne fera jamais. Plus un homme en a, plus il en veut. Au lieu de remplir un vide, il en crée un. »

Benjamin Franklin

Le montant apparent par habitant est si élevé parce qu'une grande partie des dollars en circulation est en fait détenue à l'étranger, puisque le dollar est utilisé comme monnaie dans de nombreux pays autres que les États-Unis, et aussi parce que certaines personnes – par exemple ceux qui travaillent sur le marché noir, et les criminels – préfèrent garder leur argent en espèces plutôt qu'en le déposant sur un compte bancaire.

La monnaie est plus qu'un simple moyen de paiement. C'est plus, même, que les billets en circulation et les dépôts sur les comptes bancaires à vue. C'est aussi un état d'esprit. Les billets en papier et les pièces que nous transportons dans nos poches ne valent qu'une fraction du montant qui y figure – et le transfert électronique de fonds d'un compte bancaire à l'autre a encore moins de valeur intrinsèque. C'est pourquoi la monnaie doit être soutenue par la confiance – confiance à la fois que le payeur a le crédit nécessaire et que les pouvoirs publics feront en sorte que la monnaie aura de la valeur dans l'avenir.

l'idée en une phrase

La monnaie est un signe reposant sur la confiance

16 La micro et la macroéconomie

La théorie économique comprend en réalité deux sujets. Le premier est technique, c'est l'étude de la façon dont les individus prennent certaines décisions, et des raisons pour lesquelles ils les prennent. Le deuxième est l'étude de la façon dont les gouvernements favorisent la croissance, luttent contre l'inflation, gèrent les finances publiques et s'assurent que le chômage n'atteint pas un niveau trop élevé. La distinction entre microéconomie et macroéconomie est centrale pour la compréhension de la théorie économique.

« Micro ou macro ? » est généralement la première question que deux économistes qui ne se connaissent pas se posent l'un à l'autre quand ils sont présentés. La distinction entre ces deux approches est en effet au cœur de la théorie économique. Les économistes purs et durs les considèrent généralement comme deux domaines d'étude totalement distincts, au point qu'un grand nombre d'entre eux passent leur vie entière spécialisés dans l'une ou l'autre, sans avoir l'impression de manquer quelque chose.

Quelle est la différence ? Issu de *mikros*, du grec ancien pour « petit », le mot « microéconomie » est utilisé pour l'étude de la façon dont les ménages et les entreprises prennent leurs décisions et interagissent avec les marchés. Par exemple, un spécialiste de microéconomie pourra se concentrer sur la façon dont un type particulier de culture s'est développé puis a périclité au cours des dernières années.

Le mot macroéconomie vient du grec *makros* – « grand » ; c'est l'étude de la façon dont les économies fonctionnent dans leur globalité. Un macroéconomiste se demandera par exemple pourquoi le taux de croissance d'un pays est si élevé et l'inflation si faible (comme ce fut le cas des États-Unis

chronologie

1930
La grande dépression provoque un écart entre le comportement individuel et le comportement d'ensemble

1933
Première utilisation du terme macroéconomie, par un économiste norvégien Ragnar Frisch

> **« Microéconomie : l'étude de qui possède l'argent et comment je peux mettre la main dessus. Macroéconomie : l'étude de l'agence gouvernementale qui possède le fusil, et comment nous pouvons mettre la main dessus. »**
>
> **Gary North, journaliste américain**

pendant la majeure partie des années 1990) ; ou bien il s'interrogera sur les causes de l'inégalité croissante (comme en témoignent par exemple, à la fois le Royaume-Uni et les États-Unis au cours des dernières décennies).

Les racines de la distinction Pourquoi cette scission ? Cette question est tout à fait pertinente. Jusqu'au milieu du XXe siècle, cette distinction n'existe pas. Un économiste est juste un économiste. Ceux qui s'intéressent aux phénomènes globaux se disent économistes monétaires, tandis que ceux qui étudient les phénomènes à petite échelle sont appelés théoriciens des prix. En fait, les économistes ont tendance à penser beaucoup plus à petite échelle. Puis vient John Maynard Keynes, qui transforme la perception du sujet (voir n° 9). En substance, il crée la macroéconomie, qui met l'accent sur le rôle des pouvoirs publics : sur le plan intérieur, ils sont responsables de l'utilisation des fonds publics et de la gestion des taux d'intérêt pour essayer de maintenir l'économie sur les rails ; sur le plan international, ils doivent surveiller les échanges avec les autres nations.

La microéconomie quant à elle s'est développée pour devenir un domaine d'étude propre. Elle s'est plus particulièrement concentrée sur la manière dont l'offre et la demande interagissent selon les circonstances (voir n° 2). Elle examine la réaction des individus aux impôts et aux règlements, aux changements de prix ou de goûts, mais s'abstient de tirer des conclusions sur les effets pour l'économie dans son ensemble. C'est là le travail du macroéconomiste. Les deux sujets sont intimement liés, bien sûr, mais ce qui les différencie, c'est que la micro se concentre sur un seul marché à la fois alors que la macro examine tous les marchés en même temps.

Années 1950

La macroéconomie devient populaire en même temps que le keynésianisme

Années 1990

La microéconomie se développe pendant une période relativement calme sur le plan macroéconomique

Cela signifie nécessairement que les macroéconomistes ont souvent à faire des hypothèses très générales sur le comportement de l'économie ; ils supposent notamment qu'elle tend à long terme vers l'équilibre entre l'offre et la demande – une hypothèse en fait très controversée.

Une différence d'approche Dans la presse de qualité, les articles sur l'économie se concentrent habituellement sur la macroéconomie : une modification des taux d'intérêt ou de l'inflation dans un pays ; la production globale (le produit intérieur brut) d'un autre pays ; des nouvelles concernant une récession ou un boom économique majeur ; le message du ministre de l'Économie lors de la présentation du budget, et ainsi de suite. Généralement, il est facile de raconter une histoire macroéconomique dans la mesure où l'approche va du haut vers le bas.

Toutefois, d'autres articles s'intéressent aux finances personnelles – sur l'effet que les impôts ou d'autres mesures gouvernementales sont susceptibles d'avoir sur la vie quotidienne. Ils sont plus solidement enracinés dans la microéconomie. Ils examinent les problèmes du bas vers le haut.

Économie positive et normative

L'économie positive est l'étude empirique de ce qui se passe dans le monde. Elle examine, par exemple, pourquoi certains pays deviennent plus riches, pourquoi certaines familles s'appauvrissent, et ce qui risque de leur arriver dans l'avenir. Elle évite tout jugement de valeur quant à savoir si certains phénomènes devraient se produire, étant concernée simplement par l'étude scientifique des raisons pour lesquelles ils le font.

L'économie normative, de son côté, prend part à ce qui se passe dans le monde et cherche à esquisser la façon dont la situation économique pourrait être améliorée. De ce fait, elle implique la formulation de jugements de valeur sur des phénomènes particuliers.

Prenez, par exemple, l'affirmation suivante : « Un milliard d'habitants de la planète vivent avec moins de 1 dollar par jour. Cette somme est inférieure à ce que tout homme devrait avoir pour vivre, elle doit être augmentée grâce à l'aide et l'assistance des autres pays – en particulier les plus riches. » La première phrase est une affirmation économique positive ; la deuxième est normative.

Par exemple, Gordon Brown, quand il était chancelier de l'Échiquier, a souvent été critiqué pour avoir tenté de gérer l'économie au niveau micro. Ce que cela veut dire, c'est qu'il a évité les grandes modifications de l'impôt sur le revenu et des taux d'intérêt. Il a préféré s'appuyer sur des mesures de portée plus restreinte telles que les crédits d'impôt accordés très spécifiquement à certains types de familles, ou celles destinées à encourager les entreprises à investir.

Alors qu'il existe relativement peu d'écoles en macroéconomie, les spécialistes de la microéconomie ont la chance d'avoir de nombreux domaines d'études sur lesquels se concentrer. Dans ce qui est appelé *économie appliquée*, on trouve une grande variété de spécialistes : ceux qui étudient l'évolution de l'emploi et du marché du travail ; les experts des finances publiques dont la tâche est d'examiner les comptes de l'État ; les experts des questions de fiscalité en rapport avec les produits, les types de revenus ou les taxes sur les entreprises ; les spécialistes de l'agriculture et des droits de douane ; les spécialistes des salaires ; et ainsi de suite.

La microéconomie s'appuie aussi beaucoup plus sur les statistiques que la macroéconomie. Ceux qui la pratiquent créent souvent des modèles informatiques complexes pour montrer comment l'offre et la demande réagiront à une évolution particulière : comment, par exemple, les coûts des constructeurs automobiles augmenteront si le prix du pétrole (et donc les coûts de l'énergie) fond un bond soudain. Un macroéconomiste sera beaucoup plus préoccupé par l'effet que cette hausse du prix du pétrole aura sur le taux de croissance global de l'économie, et par la recherche des causes de cette hausse et des moyens de ramener le prix du pétrole sous contrôle.

Néanmoins, bien que les deux sujets soient souvent traités séparément, ils sont sous-tendus par les mêmes règles fondamentales : l'interaction entre l'offre et la demande, l'importance des prix et d'un fonctionnement correct des marchés, la nécessité de déterminer comment les gens agissent lorsqu'ils sont confrontés à une pénurie ou à toute une gamme de mesures incitatives.

l'idée en une phrase

La micro pour les entreprises, la macro pour les pays

17 Le produit intérieur brut

S'il est une donnée économique qui mérite d'être connue, c'est certainement le produit intérieur brut (PIB). C'est, au sens littéral du terme, la statistique économique la plus importante, éclipsant toutes les autres, de l'inflation et du chômage au taux de change et au prix du logement.

Le PIB d'un pays est tout simplement la mesure de l'ensemble de ses revenus (produit = production économique ; intérieur = à l'intérieur d'une zone géographique donnée, le plus souvent un pays ; brut = l'amortissement du capital utilisé pour la production n'est pas déduit). C'est la mesure la plus largement reconnue de la puissance économique d'un pays et de ses performances.

La plupart des gens sont bien conscients que la Chine a fait des progrès remarquables en matière de prééminence économique au cours des dernières décennies. Les statistiques du PIB (voir page ci-contre) montrent bien qu'elle a rapidement dépassé la France, le Royaume-Uni et l'Allemagne ces dernières années. Si elle maintient son rythme actuel de croissance, elle dépassera en 2010 le Japon comme deuxième puissance économique mondiale. Toutefois, sa production économique demeure toujours une fraction de celle des États-Unis.

Que comprend le PIB ? Le produit intérieur brut mesure à la fois le revenu total d'un pays et ses dépenses totales. En effet, pour l'ensemble de l'économie, le revenu et les dépenses sont égaux entre eux. Si vous devez payer un euro pour un journal, cette somme – votre dépense – devient instantanément le revenu de quelqu'un d'autre. Le PIB prend en compte à la fois les biens (comme les produits alimentaires) et les services (comme les coupes de cheveux), y compris les éléments invisibles (comme les services de logement – le montant que les gens payent pour vivre dans leur logement, qu'ils le louent ou qu'ils l'aient acheté).

chronologie

Années 1950

Le monde entame une période de croissance après la Seconde Guerre mondiale

Qu'est-ce qui n'est pas inclus ? L'exclusion principale concerne tout ce qui est produit dans l'économie dite informelle. Cela inclut le trafic de marchandises illicites, comme les drogues et tout ce qui s'échange sur le marché noir ; on estime qu'il représenterait près d'un dixième du PIB dans la plupart des pays riches. Par ailleurs, le PIB ne comprend pas à la fois les composants des produits et les produits eux-mêmes. Par exemple, un moteur ne sera pas comptabilisé séparément de la voiture dont il est l'un des éléments. Si le moteur est vendu isolément, la situation est différente.

PIB par pays

(milliards de dollars, 2008)

• États-Unis	14 334
• Japon	4 844
• Chine	4 222
• Allemagne	3 818
• France	2 987
• Royaume-Uni	2 878
• Italie	2 399
• Union européenne	19 195
• Monde	60 109

Source : *Fonds monétaire international*

Qu'en est-il des entreprises étrangères ? Le PIB prend en compte tout ce qui est produit à l'intérieur d'un pays, quel que soit le propriétaire de l'entreprise concernée. Ainsi, si une entreprise américaine possède une usine en France, la production de cette usine contribue au PIB français. Cependant, il existe une statistique voisine qui mesure la production économique des citoyens d'un pays, qu'ils soient basés dans ce pays ou à l'étranger. Le produit national brut (PNB) de la France, par exemple, comprend les revenus des citoyens français en France et en dehors de France, mais exclut les revenus obtenus en France par les citoyens et les entreprises des autres pays. Le montant du PIB et celui du PNB sont très proches pour presque tous les pays.

Comment le PIB est-il évalué ? Les statisticiens publient les chiffres de PIB à intervalles réguliers (tous les trois mois). Le chiffre le plus intéressant n'est pas le montant du PIB, mais son taux de croissance.

Il est bon de garder à l'esprit que les taux de croissance du PIB les plus fréquemment cités par les journaux et par les hommes politiques concernent le *PIB réel* – en d'autres termes, les effets de l'inflation ont été éliminés. Lorsque les effets de l'inflation ne sont pas éliminés, le chiffre obtenu est appelé le *PIB nominal.*

Quelles sont les contreparties du PIB ? Un peu comme une mandarine, le PIB est constitué de plusieurs tranches, dont chacune apporte

1972
Le Bhoutan commence à développer son indice du bonheur national brut

2007
La plus longue période de croissance ininterrompue depuis des décennies s'achève

une contribution importante à la croissance économique. Les dépenses d'un pays peuvent être décomposées de cette façon :

consommation + investissement + dépenses publiques + exportations nettes

Par *consommation*, on entend tout ce que les ménages dépensent en biens et services. Dans les pays riches, la consommation a été, ces dernières décennies, la tranche la plus importante. En 2008, les dépenses de consommation des ménages représentaient 56 % de toutes les dépenses en France, et à peu près la même chose dans les autres pays développés.

L'*investissement* est l'argent dépensé par les entreprises dans une perspective de relativement long terme, par exemple pour construire de nouvelles usines ou de nouveaux bâtiments. Il comprend également ce que les familles dépensent pour acheter des logements neufs. Il représentait 22 % du PIB français en 2008.

Les *dépenses publiques* comprennent ce que les administrations centrales et locales dépensent en produits et services. Elles représentent 18,9 % du PIB américain, mais nettement plus dans la plupart des pays européens, où les services de santé sont majoritairement financés par la sécurité sociale. En Grande-Bretagne, les dépenses publiques représentaient environ 40 % du PIB pendant la plus grande partie des années 1990 et 2000. Mais dans ce pays et dans presque tous les pays riches, cette proportion a fortement augmenté dans le sillage de la crise financière et économique de 2008. Les gouvernements ont en effet mis en œuvre des solutions keynésiennes pour combattre la récession (voir n° 9), injectant des sommes supplémentaires dans l'économie.

Dans le cas des États-Unis, en additionnant ces composantes, il apparaît que les Américains dépensent effectivement plus de 100 % de leur PIB – 5,8 % de plus pour être précis. Comment est-ce possible ? Pour dire les choses brièvement, c'est parce que depuis de nombreuses années les États-Unis ont fait face à l'insuffisance de biens produits localement en faisant appel aux importations. En 2005, les exportations représentaient 10,4 % du PIB, et les importations 16,2 %. La différence entre les deux – en d'autres termes, les *exportations nettes* – correspond au déficit de 5,8 %. Ce déficit commercial a fait naître des inquiétudes sur le fait que les États-Unis vivaient au-dessus de leurs moyens (voir n° 24).

Mesurer les performances économiques en utilisant le PIB Étant donné que le PIB est la mesure la plus complète des performances d'une économie, il joue un rôle absolument central. Les hommes politiques sont souvent jugés sur son montant, et les économistes font de leur mieux pour prédire quelle sera sa croissance. Une contraction de l'économie va généralement de pair avec une hausse du chômage et une baisse des salaires. Si le PIB recule pendant deux trimestres consécutifs, l'économie est techniquement en récession. Bien qu'il s'agisse d'une définition largement acceptée, aux États-Unis le mot ne s'applique pas, officiellement, tant que la situation économique n'a pas été jugée telle par le National Bureau of Economic Research. Les récessions les plus graves sont généralement appelées dépressions. Il n'existe pas de définition largement acceptée de la dépression, bien que, selon beaucoup d'économistes, il faille que le PIB ait baissé de quelque 10 % entre son point haut et son point bas. Ils conviennent généralement qu'une dépression suppose bien plus d'un an de baisse de la production. Durant la grande dépression des années 1930, le PIB américain a diminué d'un tiers.

« On peut dire sans exagération qu'à long terme, rien n'est sans doute aussi important pour le bien-être économique que le taux de croissance de la productivité. »

William J. Baumol, Sue Anne Blackman et Edward N. Wolff

Néanmoins, cette statistique économique polyvalente a des limites importantes. Que se passe-t-il si, par exemple, un pays ouvre tout à coup ses portes à un grand nombre d'immigrants, ou exige que ses habitants passent plus d'heures à travailler ? Cela pourrait faire augmenter le PIB de façon spectaculaire, même si les travailleurs du pays ne se sont pas devenus individuellement plus productifs. Ainsi, lorsqu'il s'agit de juger la santé économique d'un pays, les statisticiens préfèrent se pencher sur la productivité – calculée en divisant le PIB par le nombre d'heures travaillées par ses habitants. Une autre façon de visualiser le PIB est de le diviser par la population totale. On obtient ainsi le chiffre du PIB par habitant, que les économistes utilisent souvent comme mesure du niveau de vie d'un pays.

Bien que le PIB soit souvent considéré comme reflétant le bien-être d'une nation, les économistes modernes sont conscients de ses limites à cet égard. Par exemple, le PIB ne tient pas compte des inégalités entre les membres de la société. Il ne prétend pas davantage mesurer la qualité environnementale ou sociale, ni le bonheur des individus. Pour cela, il faut regarder ailleurs (voir n° 49).Toutefois, aucune statistique ne peut rivaliser avec le PIB pour montrer immédiatement si l'économie d'un pays est en plein essor ou si elle stagne.

l'idée en une phrase

La principale mesure des performances économiques d'un pays

18 Les banques centrales et les taux d'intérêt

Le travail d'un banquier central, selon William McChesney Martin, est d'« emporter le bol de punch juste au moment où la fête commence à dégénérer». L'ancien et légendaire Président de la Réserve fédérale américaine voulait dire que c'est à l'homme ou à la femme responsable de la politique monétaire d'un pays – ses taux d'intérêt – d'assurer que l'économie ne soit pas en surchauffe et ne s'enfonce dans la dépression.

Quand l'économie est en pleine expansion et que les entreprises font des bénéfices record, il y a un risque de perte de contrôle de l'inflation. C'est alors à la banque centrale que revient la tâche peu enviable de faire en sorte que la fête se termine de façon civilisée, habituellement en augmentant les taux d'intérêt. Et si tout tourne mal et que l'économie entre en récession, c'est son rôle d'empêcher qu'elle ne souffre d'une gueule de bois trop prononcée, en abaissant les taux d'intérêt. Si cela vous semble déjà difficile, gardez à l'esprit que la banque centrale ne peut même pas savoir avec précision quel est le rythme de croissance de l'économie à un moment donné.

Comment fonctionnent les banques centrales Le problème est que la plupart des statistiques sur lesquelles les banques centrales fondent leurs décisions sont, par définition, périmées au moment où elles sont publiées. Les chiffres sur l'inflation – qui sont parmi les plus rapidement disponibles partout dans le monde – se rapportent au mois précédent. Plus fondamentalement, les effets réels de certains changements dans l'économie ne se voient pas immédiatement dans les statistiques (par exemple, il faut des semaines ou même des mois pour qu'une augmentation du prix des métaux se répercute sur les prix à la consommation). Les banques centrales sont de ce

chronologie

1668
La Riks bank, première banque centrale au monde, est créée en Suède

1694
La Banque d'Angleterre est créée

Les quatre grandes

• **La Banque centrale européenne (zone euro)** Ses taux sont décidés par un conseil des gouverneurs de 21 membres, bien qu'en fait son président (actuellement Jean-Claude Trichet) prenne la décision finale.

• **La Réserve fédérale (États-Unis)** Son organe de décision principal est le Federal Open Market Committee. Présidé par le président de la Fed (Ben Bernanke, au moment de la rédaction de cet ouvrage), ce comité de douze membres, représentants des banques de réserves régionales et fonctionnaires fédéraux, décide des taux d'intérêt de la plus grande économie du monde. Son président précédent, Alan Greenspan, était si respecté que, vers la fin de son mandat de près de 20 ans, il a été surnommé l'« oracle » ou le « maestro ».

• **La Banque du Japon** Elle décide des taux d'intérêt dans la deuxième plus grande économie du monde. Bien qu'elle ait été indépendante depuis la fin de la Seconde Guerre mondiale, certaines économistes pensent qu'elle est davantage influencée par les forces politiques que les autres banques centrales.

• **La Banque d'Angleterre** Bien que ce soit historiquement la deuxième banque centrale, elle a été parmi les dernières à devenir indépendante, après la décision du chancelier de l'Échiquier Gordon Brown en 1997 de la libérer du contrôle du gouvernement. Les taux sont décidés par un Comité de politique monétaire de neuf hommes et femmes. Elle est surnommée « la vieille dame de Threadneedle Street », en référence à la rue de Londres où elle est située.

fait obligées de conduire l'économie en regardant le rétroviseur plutôt que le pare-brise.

Presque tous les pays ayant leur propre monnaie et un gouvernement capable de lever des impôts ont une banque centrale, depuis la Fed (comme la plupart des spécialistes appellent la banque centrale américaine) et la Banque d'Angleterre (qui détermine en fait les taux d'intérêt pour tout le Royaume-Uni) jusqu'à la très respectée Banque nationale suisse et l'innovante Reserve Bank de Nouvelle Zélande. La Banque centrale européenne fixe les taux d'intérêt pour tous les pays de l'Union européenne qui font partie de la zone euro.

La plupart des banques centrales sont indépendantes du pouvoir politique, bien que leurs principaux dirigeants soient habituellement nommés – ou au moins leur nomination confirmée – par les gouvernements. Pour s'assurer que ces dirigeants non élus sont contrôlés, ils reçoivent habituellement un

1913
La Réserve fédérale américaine est mise en place par Woodrow Wilson

1998
La Banque centrale européenne est créée en préparation du lancement de l'euro

mandat, qui peut être spécifique, comme dans le cas de la zone euro (une cible de croissance des prix à la consommation de 2 %) ou plus vague, comme aux États-Unis (enraciner la croissance et la prospérité).

Comment les taux d'intérêt influencent l'économie Les cibles ont changé au cours du temps. Pendant la vogue du monétarisme, dans les années 1980, certaines banques centrales ont essayé de faire en sorte que la masse monétaire croisse à un taux fixe. De nos jours, la plupart des banques centrales se préoccupent davantage de maintenir l'inflation sous contrôle. Dans l'un et l'autre cas, le premier outil à la disposition d'une banque centrale est son taux d'intérêt.

Des taux d'intérêt plus bas signifient généralement une croissance plus rapide et en conséquence une inflation potentiellement plus élevée, puisqu'épargner est moins lucratif, et qu'emprunter et dépenser sont des options plus attrayantes. La situation est inverse quand les taux sont élevés.

En général, la plupart des banques centrales fixent un taux de base à partir duquel les banques privées déterminent leurs propres taux d'intérêt. Pour fixer ce taux de base, ceux qui prennent les décisions dans les banques centrales ont divers leviers à leur disposition. D'abord, ils annoncent qu'ils changent leur taux, et les banques privées suivent habituellement le mouvement et changent leurs propres taux pour les prêts immobiliers, les autres prêts et la rémunération de l'épargne. En second lieu, ils emploient les opérations d'open-market, c'est-à-dire qu'ils vendent ou achètent des obligations d'État afin d'influencer les taux d'intérêt pour toutes les obligations (voir n° 27). Troisièmement, ils tirent partie du fait que toutes les banques commerciales sont obligées de déposer un pourcentage de leurs propres fonds dans les coffres de la banque centrale (ce sont les réserves obligatoires). Les banques centrales peuvent changer le taux d'intérêt qu'elles payent sur ces réserves obligatoires, ou ordonner aux banques de détenir plus ou moins de réserves. Celles-ci en tiennent compte pour déterminer combien elles sont disposées à prêter à leurs clients, ce qui aura une influence le taux d'intérêt.

La grande majorité de ces leviers sont invisibles pour les consommateurs ; ce qui importe est la réaction en chaîne qu'elles déclenchent instantanément, en poussant les banques à changer le coût des emprunts. Le détail des leviers n'importe vraiment que quand un ou plusieurs d'entre eux sont cassés, comme lorsque les marchés monétaires fonctionnent mal (voir n° 33).

Bien que les banques centrales tendent à prendre une décision sur les taux d'intérêt une fois par mois ou tous les deux mois, elles ont des centaines d'employés qui surveillent en permanence les taux effectifs sur le marché pour s'assurer que le remède qu'elles prescrivent fonctionne réellement. Durant la crise financière de la fin des années 2000, les banques centrales partout dans le monde ont dû trouver un certain nombre de nouveaux moyens d'injecter de l'argent supplémentaire dans l'économie.

Mais l'inflation n'est pas la seule chose sur laquelle agissent les taux d'intérêt. Des taux d'intérêt plus élevés renforcent souvent la monnaie d'un pays, les investisseurs partout dans le monde dirigeant leurs fonds vers ce pays. Le côté défavorable est qu'une devise plus forte renchérit les exportations.

Aider le système financier Le rôle des banques centrales n'est pas simplement de contrôler les taux d'intérêt, il est aussi, plus largement, de s'assurer que le système financier est en bonne santé. C'est pourquoi elles agissent également en tant que prêteur de dernier ressort en période de turbulence économique. Quand tout va bien à Wall Street ou dans la City, par exemple, un tel rôle est rarement nécessaire, puisque les banques peuvent généralement emprunter entre elles à un meilleur taux et plus facilement. D'autres fois, cependant, les prêts de secours des banques centrales deviennent des gilets de sauvetage essentiels.

« Dans les opérations des banques centrales comme en diplomatie, le style, une tenue vestimentaire traditionnelle, et une relation facile avec les riches, comptent énormément et les résultats beaucoup moins. »

John Kenneth Galbraith

Une des nombreuses répercussions de la crise financière de 2008 a été de forcer les banques centrales à augmenter leur rôle de prêteur en dernier ressort afin de sauver les banques malades. Ainsi, en rupture avec une convention qui avait été respectée pendant des décennies, la Réserve fédérale américaine a commencé à prêter directement aux fonds spéculatifs parce que chacun – à part l'État – se trouvait dans la quasi-impossibilité d'emprunter. Ils ont également commencé à acheter des actifs et à injecter de l'argent supplémentaire dans l'économie par un processus appelé détente quantitative (voir n° 20).

Cependant, comme toujours en économie, il n'y a pas de « déjeuner gratuit » – pour les consommateurs comme pour les banques. Cette plus grande générosité se traduira par une réglementation plus rigoureuse à l'avenir. Les taux d'intérêt continueront à être un outil majeur pour les banques centrales, mais leur capacité à surveiller et à réguler le système financier va être renforcée.

l'idée en une phrase

Les banques centrales éloignent les économies des expansions et des récessions

19 L'inflation

Selon la personne que vous écoutez, l'inflation « nettoie les dents ou les fait sauter ». L'ancien président américain Ronald Reagan l'a décrite comme « aussi violente qu'un agresseur, aussi effrayante qu'un voleur à main armée et aussi mortelle qu'un tueur à gages ». Karl Otto Pöhl, un ancien président de la Bundesbank allemande, avait déclaré : « L'inflation est comme la pâte dentifrice : une fois qu'elle est sortie [du tube], il est difficile de l'y faire rentrer. »

En fait, le plus souvent, l'inflation – la hausse des prix – n'est rien de tout cela. Faire en sorte que les prix augmentent lentement et de façon prévisible est devenu l'un des rôles les plus importants – si ce n'est le plus important – des banques centrales et des gouvernements dans la gestion de l'économie. Mais l'inflation peut avoir une tendance désagréable à échapper à leur contrôle.

Les niveaux d'inflation L'inflation est généralement exprimée en termes annuels. Ainsi, un taux d'inflation de 3 % signifie que les prix, pour l'économie dans son ensemble, sont 3 % plus élevés que 12 mois plus tôt.

L'inflation fait partie des statistiques économiques les plus significatives. Elle peut aider à montrer si une économie est en bonne santé, en surchauffe ou si elle ralentit fortement. Si les prix augmentent trop vite, l'économie risque d'être prise dans le piège d'une spirale inflationniste – quand les prix augmentent de façon exponentielle – ou même dans l'hyperinflation ; la différence entre les deux dépend de l'ampleur de la hausse des prix. L'hyperinflation a atteint l'Allemagne dans les années 1920 et le Zimbabwe dans les années 2000 ; elle suppose des hausses de prix d'au moins 50 % – et souvent beaucoup plus – en un seul mois. La République de Weimar dut recourir à un moment à l'émission de billets de 100 000 milliards de marks quand l'hyperinflation a atteint son pic en 1923.

Même une inflation plus faible, de l'ordre de 20 %, peut être très néfaste – notamment lorsque, comme aux États-Unis et en France dans les années

chronologie

1873-1896
La grande déflation fait suite à la guerre de Sécession

Années 1920
L'Allemagne subit une hyperinflation après la Première Guerre mondiale

Différentes mesures de l'inflation

L'IPC : l'indice des prix à la consommation est la mesure la plus courante de l'inflation partout dans le monde développé, en Europe, aux États-Unis et ailleurs. Les statisticiens le calculent en se rendant chaque mois dans les magasins et les entreprises à travers tout le pays, en notant à quelle vitesse augmente le prix d'un panier fictif de biens et de services.

Le RPI : le Retail Price Index (indice des prix de détail) est utilisé au Royaume-Uni pour mesurer le coût de la vie de manière plus complète. Il prend en compte les coûts liés à l'achat de logements, comme les remboursements de prêts et les intérêts.

Déflateur du produit intérieur brut : Cette mesure des prix - qui est la plus complète de toutes - évalue le coût de tous les produits dans l'économie. Toutefois, il est calculé beaucoup moins régulièrement que l'indice des prix à la consommation.

IPP : l'indice des prix à la production mesure à la fois le coût des matières premières pour les entreprises et le prix qu'elles facturent aux détaillants pour leurs produits finis. C'est un signal précurseur de l'évolution de l'inflation.

Autres indices : il y a de nombreux autres indices plus spécifiques, en particulier les indices des loyers et des produits de base.

1970, elle se combine avec une faible croissance économique ou une récession. Le résultat est communément appelé « stagflation » (*stag*nation de la croissance et forte in*flation*), avec pour conséquence, aux États-Unis et en France, une augmentation du chômage et des faillites pendant de nombreuses années. L'inflation, en un mot, a le pouvoir de ruiner des économies auparavant fières et saines.

Causes et effets L'inflation nous renseigne sur la situation économique et sociale. En rapprochant le taux de croissance du coût de la vie et celui du revenu des ménages, on peut calculer le taux de croissance du niveau de vie. Si les prix augmentent plus vite que les salaires, le niveau de vie des ménages chute : ils ne peuvent pas se permettre d'acheter autant de biens et de services qu'auparavant. Mais si les salaires croissent plus vite que les prix, les ménages disposent de plus d'argent.

Quand une économie se développe rapidement, les salariés reçoivent des augmentations généreuses, ce qui signifie qu'ils dépenseront davantage pour acheter des biens et des services. Les prix auront tendance à

1930
Les États-Unis et la plus grande partie du monde sont pris dans la déflation pendant la grande dépression

Années 1970
Les chocs pétroliers provoquent une inflation supérieure à 10 % dans tout le monde développé

2008
En pleine hyperinflation, le Zimbabwe émet des billets de 100 milliards de Zimdollars.

augmenter en réponse à cette augmentation de la demande, qu'il s'agisse de logements ou de coupes de cheveux. De même, si l'économie ralentit, la demande va faire de même et les prix baisseront ou, tout au moins, augmenteront à un rythme plus lent.

« L'inflation est une forme de taxation qui peut être rendue obligatoire sans avoir à légiférer. »

Milton Friedman

Le prix des biens est affecté non seulement par la demande mais aussi par les sommes que les gens ont à leur disposition. Si l'offre de monnaie augmente (soit parce que la quantité de monnaie imprimée augmente, soit parce que les banques prêtent davantage), il y aura davantage d'argent pour la même quantité de biens, ce qui poussera les prix vers le haut. Le débat sur la manière précise d'influer sur ce processus a été l'une des batailles intellectuelles majeures du XXe siècle, entre monétaristes et keynésiens (voir nos 9 et 10).

L'inflation, toujours ? Une question souvent posée est de savoir si les prix doivent toujours augmenter : ne peuvent-ils pas rester stables ? En fait, ils *peuvent* ne pas augmenter et, à divers moments dans le passé, ils sont restés stables. Bien que l'inflation ne soit théoriquement pas nécessaire pour que les économies fonctionnent, les responsables politiques ont eu tendance, surtout au siècle passé, à favoriser une faible inflation dans leurs économies, pour un certain nombre de raisons.

Tout d'abord, et surtout, l'inflation incite à dépenser plutôt qu'à épargner, car elle érode lentement la valeur de l'argent que chacun a dans sa poche. Cette dynamique est essentielle, jusqu'à un certain point, dans les économies capitalistes modernes parce que, dans le long terme, elle encourage les entreprises à investir dans les nouvelles technologies. Cependant, l'inflation érode aussi la dette, les gouvernements endettés lui ont donc, dans le passé, trop souvent permis d'enfler toujours plus, ce qui avait effectivement pour effet de réduire la valeur de leur dette.

De même, les niveaux d'inflation sont généralement proches des taux d'intérêt (voir n° 18), et les gens sont habitués à des taux d'intérêt positifs plutôt que négatifs. Il y a eu quelques exemples dans l'histoire de banques faisant payer les clients qui épargnaient et payant ceux qui empruntaient (comme cela se passerait dans un monde de taux d'intérêt négatifs). Mais c'était seulement en période de crise, quand il était essentiel d'encourager les gens à dépenser plutôt qu'à épargner.

« La première panacée pour un pays mal géré est l'inflation de sa monnaie ; la seconde est la guerre. Les deux apportent une prospérité temporaire ; les deux apportent une ruine permanente. Mais l'une et l'autre sont le refuge des opportunistes économiques et politiques. »

Ernest Hemingway

Enfin, les gens se sont habitués à la hausse des salaires. C'est la nature humaine – les gens s'efforcent de s'améliorer, et ont souvent du mal à accepter un gel des salaires, même si les prix dans les magasins sont plus ou moins stables.

Spirales inflationnistes Les prix peuvent parfois augmenter de façon exponentielle dans ce qui est communément appelé une spirale inflationniste. Plus l'inflation accélère, plus elle provoque de mécontentement chez les salariés, qui voient leur niveau de vie se dégrader. Ils exigent des salaires plus élevés et, s'ils réussissent, ils dépensent leur revenu supplémentaire, ce qui incite les commerçants à augmenter leurs prix. Cela pousse l'inflation encore plus haut, et les salariés retournent chez leurs patrons pour demander de nouvelles augmentations de salaire.

Le problème fondamental que pose une inflation excessive – ou d'ailleurs la déflation (voir n° 20) – est qu'elle peut dangereusement déstabiliser l'économie. Lorsque les entreprises et les familles ont un sentiment d'insécurité à cause d'une hausse ou d'une baisse des prix trop rapide, les unes et les autres repoussent les investissements et épargnent, et la vie normale s'arrête peu à peu. C'est pourquoi les gouvernements et les banques centrales sont déterminés à maintenir l'augmentation des prix à un taux prévisible. S'ils échouent, alors – comme Ronald Reagan l'a souligné à juste titre – les gens vivent une expérience extrêmement désagréable.

l'idée en une phrase

Faire en sorte que les prix n'augmentent que lentement

20 Dette et déflation

Contrairement à aujourd'hui, la déflation – quand les prix diminuent tous les ans au lieu d'augmenter – n'a pas toujours été considérée comme une menace. Pendant 200 ans, jusqu'au début du XXe siècle, les économies en expansion ont souvent vécu des périodes de baisse des prix. De fait, Milton Friedman a soutenu qu'en théorie les gouvernements devraient avoir pour objectif une déflation modérée.

Quand les prix des articles dans la rue principale et au-delà diminuent lentement, la valeur de chaque euro que vous avez dans votre poche augmente. Même si votre revenu n'augmente pas chaque année, son pouvoir d'achat augmente. Vous n'avez pas à craindre, donc, que votre argent puisse devenir presque sans valeur au bout de quelques années, comme c'est le cas quand l'inflation est élevée.

Définitions

La **déflation** implique que les prix des biens et des services diminuent.
La **désinflation** est la situation dans laquelle l'inflation ralentit mais reste positive.

Déflation et dépression La déflation bénigne, cependant, a été éclipsée au XXe siècle par des expériences plus douloureuses de prix en baisse – surtout pendant la grande dépression des années 1930. Celle-ci suit une période de forte augmentation du cours des actions qui dure tout au long des années 1920. Une grande partie des actions est achetée non pas avec de l'épargne mais avec de l'argent emprunté. Les gains sont spectaculaires (le Dow Jones est multiplié par cinq en six ans) ; mais quand, en 1929, les investisseurs se rendent compte que ces gains reposent non pas sur la réalité mais sur un excès d'optimiste et la spéculation, c'est le crack.

La période qui suit est la plus sombre vécue par l'économie américaine – et par beaucoup d'autres pays partout dans le monde : les banques s'effondrent

chronologie

Années 1800
La révolution industrielle est à l'origine d'une longue période de déflation

1930
Les États-Unis subissent une spirale déflationniste provoquée par la dette pendant la grande dépression

sous le poids de leurs dettes, le prix des logements chute, des entreprises ferment et des millions de personnes perdent leur emploi. Un des problèmes au cœur même de la crise est la déflation.

Les prix commencent à baisser quand les gens réalisent qu'ils ont été artificiellement gonflés par l'avidité et l'obsession qui ont dominé l'économie au cours des « hurlantes années 1920 ». Mais alors que le cours des actions et le prix des logements chutent, la valeur des dettes que les gens ont contractées pour se les procurer ne change pas. Ainsi, avec des prix chutant de 10 % par an, le coût de 100 dollars de dette atteint 110 dollars – en termes de ce qu'une telle somme permet désormais effectivement d'acheter. Des millions de ménages qui n'ont pas immédiatement succombé au crack boursier sont victimes de la déflation, à mesure que la valeur de leurs dettes augmente arbitrairement.

Une spirale plus douloureuse La déflation affecte non seulement ceux qui sont endettés mais l'économie toute entière. Pendant que les prix commencent à baisser, les gens tendent à amasser de l'argent, sachant que les biens seront meilleur marché dans quelques mois. Leur peu d'ardeur à dépenser fait que les prix baissent encore. En outre, parce que les salaires sont habituellement fixés dans des contrats ayant force légale, les entreprises se trouvent soudainement avec une masse salariale en hausse. Ce qui était précédemment une facture de 1 000 dollars leur coûte maintenant l'équivalent de 1 100 dollars. C'est un désastre pour l'employeur, qui vend ses produits à des prix en baisse mais doit faire face aux mêmes coûts salariaux. Et tandis que cela peut apparaître au début comme une bonne nouvelle pour les salariés, dans la pratique le résultat est que les entreprises doivent licencier davantage pour se maintenir à flot. De même, bien que les banques reçoivent des remboursements de prêts accrus de quelques emprunteurs – par rapport aux autres prix, qui chutent – d'autres emprunteurs ne sont plus en mesure de leur rembourser quoi que ce soit.

Plusieurs de ces symptômes sont très semblables à ceux prévalant dans une période d'inflation élevée. Dans les deux cas, le prix de certains articles augmente, en termes réels, à un taux incontrôlable. Cependant, alors que

Années 1990
Le Japon plonge dans la déflation après l'explosion de sa bulle immobilière

2009
Les grandes économies, y compris les États-Unis et la France, font l'expérience de la déflation pour la première fois depuis la Seconde Guerre mondiale

> **« Je voudrais souligner le corollaire important de la théorie de la déflation provoquée par la dette : les grandes dépressions peuvent être surmontées par la reflation et la stabilisation. »**
>
> **Irving Fisher**, économiste américain

l'inflation a l'effet de rendre les produits plus chers dans les magasins, la déflation gonfle le coût des dettes et des autres engagements.

Le plus grand risque avec la déflation est que les prix chutent à un rythme toujours croissant, les entreprises réduisant leurs effectifs et voyant leurs pertes s'accroître, ce qui pousse à nouveau les prix vers le bas. On peut défendre l'idée qu'il est encore plus difficile d'y échapper que d'échapper à une spirale inflationniste – en grande partie parce que les économies modernes ont développé certains mécanismes pour traiter plus efficacement cette dernière (voir n° 18).

Diagnostic et solutions L'explication économique de la déflation est que la quantité de monnaie dans l'économie chute, ou que l'offre de biens et services augmente. Ainsi, tandis que l'inflation implique trop d'argent pour trop peu de produits, l'opposé est vrai dans le cas de la déflation. Dans le cas de la grande dépression et de l'expérience japonaise des années 1990 et 2000, la cause était une contraction de la quantité de monnaie (liée à une bulle de dette – quand les gens épargnent plus et dépensent moins après des années d'excès et de vie au-dessus de leurs moyens) ; la déflation bénigne du XIXe siècle était, en revanche, davantage le résultat d'une augmentation de l'offre de biens due aux progrès de la productivité.

Les banques centrales se servent principalement des taux d'intérêt pour contrôler l'inflation. Cependant, elles ne peuvent pas les rendre négatifs. Ainsi, quand les prix chutent, il n'y a pas grand-chose qu'elles puissent faire, excepté avoir recours à des outils non conventionnels. La plupart d'entre eux reviennent, selon l'expression de Ben Bernanke, alors président de la Réserve fédérale américaine, à activer la « planche à billets ». En d'autres termes, contrairement aux épisodes inflationnistes pendant lesquels elles essayent de garder constante la quantité de monnaie, les banques centrales commencent à injecter davantage d'argent dans l'économie. Elles peuvent le faire de nombreuses façons – par exemple, en

La déflation et la décennie perdue

La grande dépression est considérée comme la pire spirale déflationniste vécue dans les temps modernes – aux États-Unis, par exemple, le chômage a atteint un quart des personnes aptes au travail, et le PIB a diminué d'un tiers. Mais le phénomène s'est reproduit récemment à plusieurs reprises. La plus notable a atteint le Japon dans les années 1990, où les prix ont baissé, forçant la Banque du Japon à amener les taux d'intérêt à zéro. Cette spirale a contribué à ce qui a été appelé « la décennie perdue » : une croissance anémique et des prix en baisse dont le pays ne parvenait pas s'échapper.

achetant directement des actifs tels qu'obligations et actions, ou en augmentant la quantité d'argent que les banques commerciales ont dans leurs coffres-forts – tous ces moyens sont regroupés sous les termes *détente quantitative*.

De tels schémas ont été mis en œuvre par les Japonais au tournant de l'année 2000, et par la Banque centrale européenne, la Réserve fédérale et la Banque d'Angleterre après la crise financière de 2008, quand elles ont essayé de combattre la crise financière provoquée par un excès de dette. Il reste à voir si leurs efforts seront couronnés de succès.

l'idée en une phrase
La baisse des prix peut paralyser une économie

21 Les impôts

« Dans ce monde, rien n'est certain, excepté la mort et les impôts », a déclaré Benjamin Franklin en 1789. Ce n'est certainement pas la première personne à se plaindre des impôts. Depuis qu'ils existent, les gouvernements ont imaginé de nombreux moyens ingénieux de collecter des fonds. Quand Joseph et Marie se rendent à Bethléem, la Bible nous dit qu'ils le font pour que leurs biens soient enregistrés à des fins fiscales. En 1086, Guillaume le Conquérant ordonne l'élaboration du *Domesday Book Survey of England* essentiellement pour savoir qui il pourra imposer. Et dès l'an 10 après Jésus-Christ, les citoyens chinois ont à payer un impôt sur le revenu.

Même aujourd'hui, les impôts demeurent l'une des questions les plus controversées en politique. La promesse électorale du futur président George Bush Sr est encore aujourd'hui dans les mémoires : « Lisez sur mes lèvres : pas de nouveaux impôts ». Malheureusement pour lui, l'état des finances publiques est allé à son encontre, tout comme les électeurs quatre ans et plusieurs augmentations d'impôts plus tard.

> **« La chose au monde la plus difficile à comprendre est l'impôt sur le revenu. »**
>
> **Albert Einstein**

Depuis l'aube de l'histoire, les gens n'aiment pas que l'argent qu'ils ont durement gagné leur soit repris – et ils ont souvent de bonnes raisons. Les percepteurs étaient beaucoup plus brutaux qu'ils ne le sont aujourd'hui. Dans les premiers temps, les paysans et les ouvriers pouvaient s'attendre à devoir vendre en esclavage leur épouse ou leur fille s'ils n'avaient pas les moyens de payer leurs impôts. Le mécontentement de devoir payer des impôts sans avoir en retour le droit d'influer sur les choix politiques (à travers, par exemple, le droit de vote) a déclenché la signature de la Grande Charte en 1215, la Révolution française, ainsi que le Boston Tea Party et la Guerre d'indépendance américaine.

chronologie

3000 av. J.-C.
Première trace d'un impôt dans l'ancienne Égypte

1789
Début de la Révolution française, en partie en opposition à une augmentation des impôts

Toutefois, dans la quasi-totalité de ces cas, les impôts perçus étaient faibles par rapport à ceux que les citoyens de la plupart des pays ont à acquitter aujourd'hui. Ils étaient souvent inférieurs à 10 % des revenus, et c'était des prélèvements occasionnels pour financer les guerres, ce qui ne se produisait pas chaque année. Aujourd'hui, même en Suisse, un pays neutre, le salarié moyen paye environ 30 % de son salaire en impôts.

L'art de la fiscalité Qu'est-ce qui a changé ? Principalement l'avènement de l'État-providence et des systèmes de sécurité sociale dans la seconde moitié du XXe siècle. Les États du monde entier se sont subitement engagés à financer la santé, l'éducation, les allocations pour les chômeurs et les personnes âgées, et la sécurité publique. Ils ont dû de ce fait dépenser beaucoup plus qu'auparavant, et ils devaient donc se procurer l'argent supplémentaire nécessaire. Les prélèvements obligatoires sont la réponse.

Et pas seulement l'*impôt sur le revenu* (dont le montant est calculé sur les revenus des contribuables). Les gouvernements peuvent maintenant choisir parmi tout une panoplie d'impôts : la *TVA* (taxe à la valeur ajoutée, perçue sur les produits au point d'achat) ; l'*impôt sur les gains en capital* (sur les plus-values réalisées lors de la vente d'un placement qui a augmenté en valeur) ; les *impôts sur les bénéfices* des sociétés ; les *droits de succession* (sur la succession d'une personne décédée) ; des *droits d'enregistrement* (lors de l'achat d'un appartement) ; les *droits de douane* et les *taxes à l'exportation* ; les *taxes environnementales* (sur les émissions polluantes) ; et l'*impôt sur la fortune*.

Dans la plupart des pays, tant le pouvoir central que les autorités locales ont le droit de prélever des impôts. Les autorités locales ont tendance à utiliser les impôts fonciers, le pouvoir central l'impôt sur le revenu.

Ainsi, depuis le milieu du XXe siècle, les systèmes fiscaux ont eu un double rôle : financer les institutions qui protègent les citoyens (c'est le rôle de l'armée, de la police et des services d'urgence, de la justice et des hommes politiques) ; redistribuer les richesses de ceux qui en ont plus que le nécessaire vers ceux qui en ont besoin. Et, généralement, quand un pays s'enrichit, le montant des impôts prélevés sur ses citoyens augmente.

1798

William Pitt le jeune introduit pour la première fois l'impôt sur le revenu en Angleterre

Années 1980

Margaret Thatcher et Ronald Reagan mettent en œuvre d'importantes réductions d'impôt au Royaume-Uni et aux États-Unis

Les règles sur la fiscalité énoncée par Smith Dans la *Richesse des nations*, Adam Smith a énoncé quatre règles sur la fiscalité.

1. *Les gens doivent contribuer en proportion de leur revenu.* Cela signifie que ceux dont les revenus sont les plus élevés, doivent payer plus d'impôts. La plupart des pays utilisent un système d'impôt progressif dans lequel les contribuables ayant les plus hauts revenus paient une plus forte proportion de leurs revenus en impôts que les plus pauvres. Ils sont soumis à des taux d'imposition ainsi qu'à un montant d'impôt plus élevé. L'impôt peut aussi être proportionnel (ce qui comprend les impôts à taux unique, où tout le monde paie le même taux) ou régressif (où les gens riches paient une proportion plus faible de leurs revenus ou de leur richesse). Typiquement, dans les systèmes actuels d'impôt progressif sur le revenu, les personnes ne payent aucun impôt jusqu'à un certain niveau de revenu. Ensuite, ils paient un certain pourcentage sur une autre partie de leur revenu, jusqu'à un certain niveau, puis une proportion plus élevée sur la tranche suivante, et ainsi de suite.
2. *L'impôt doit être connu, non arbitraire, avec des modalités de paiement et des délais clairs pour tous.*
3. *L'impôt doit être payable au moment opportun.* Par exemple, les taxes sur les loyers devraient être versées lorsque les loyers ont été payés.

L'équivalence ricardienne

La théorie de l'équivalence ricardienne (du nom de David Ricardo, l'économiste qui a élaboré la théorie de l'avantage comparatif, voir n° 7) suggère que les gouvernements ne devraient pas financer les réductions d'impôts en empruntant.

Les réductions d'impôts sont souvent considérées comme un bon moyen de stimuler l'économie : elles donnent aux gens plus d'argent, qu'ils devraient théoriquement dépenser. Toutefois, si les réductions fiscales sont financées par des emprunts d'État, elles ne peuvent avoir que peu d'effet, car elles ne seront que temporaires, devant être remboursées plus tard en prélevant des impôts plus élevés ou en réduisant les dépenses publiques.

Bien que cette loi de l'équivalence ricardienne soit un argument contre les réductions d'impôts « non financées », elle a rarement empêché les hommes politiques de les utiliser.

4. *Les impôts ne doivent pas coûter plus que nécessaire – tant au citoyen qu'à l'État.* En d'autres termes, ils doivent interférer le moins possible avec les choix que les contribuables font dans leur vie quotidienne. Il est trop facile de décourager les gens de travailler davantage en augmentant le taux marginal d'imposition (c'est-à-dire le taux s'appliquant au revenu tiré d'une heure supplémentaire de travail). Toutefois, cette idée est largement débattue, puisque certains soutiennent que le système fiscal devrait être utilisé comme outil pour encourager les citoyens à faire certaines choses souhaitables et les dissuader de faire d'autres choses. Par exemple, la plupart des gouvernements imposent des taxes élevées sur les cigarettes et l'alcool pour des raisons de santé publique.

« L'art de l'imposition consiste à plumer l'oie pour obtenir le plus possible de plumes avec le moins possible de cris. »

Jean-Baptiste Colbert, ministre français des Finances (de 1665 à 1683)

Les limites de la fiscalité Plus les impôts sont élevés, plus les gens sont incités à éviter de les payer. Telle est l'expérience vécue par de nombreux gouvernements à travers le monde dans les années 1970 et 1980. Certains contribuables subissaient à des taux marginaux d'imposition de plus de 70 % – en d'autres termes le taux d'imposition sur chaque euro ou dollar supplémentaire de revenu dépassait 70 %. Plutôt que de travailler davantage, ils avaient tendance à travailler moins, ou à éviter de payer l'impôt en exploitant les niches fiscales, en allant vivre à l'étranger ou en envoyant leur argent dans des paradis fiscaux. À une époque où l'argent peut être transféré partout dans le monde en appuyant simplement sur un bouton, il est devenu très difficile d'empêcher ce transfert. La plupart des gouvernements n'ont donc d'autre choix que de maintenir leurs impôts à un niveau aussi compétitif que possible.

Néanmoins, au fil du temps, les impôts ont eu tendance à s'accumuler et s'empiler les uns sur les autres, rendant le système toujours plus complexe et plus contraignant. Fait révélateur, quand, en 1798, William Pitt le jeune introduisit le premier impôt sur le revenu en Grande-Bretagne, il avait insisté sur le fait que ce n'était qu'une mesure temporaire destinée à financer les guerres contre Napoléon. Peut-être même pensait-il ce qu'il disait !

l'idée en une phrase
Aussi inévitable que la mort

22 Le chômage

En économie, tout se ramène finalement au chômage. Quelle que soit l'attention que les experts et les hommes politiques accordent au produit intérieur brut, à l'inflation, au taux d'intérêt ou à la richesse, la simple question de savoir si les gens ont ou n'ont pas d'emploi reste centrale. L'objectif de plein-emploi est l'un des premiers engagements que les partis politiques du monde entier placent en tête de leur programme – bien qu'ils tiennent ensuite cette promesse à des degrés extrêmement variables.

La volonté des gouvernements de s'attaquer au chômage est compréhensible, étant donné le traumatisme que provoque la perte d'un emploi. Pourtant c'est la possibilité pour les entreprises d'embaucher ou de licencier quand les conditions changent qui fait du marché libre une façon si dynamique de faire fonctionner l'économie. Si un agent immobilier voit ses affaires se tarir à cause d'une récession sur le marché du logement, il peut essayer de diminuer ses dépenses de marketing et ses coûts d'administration, mais il peut réduire bien davantage ses frais en licenciant du personnel. Ainsi, deux forces interagissent : le désir du gouvernement de voir autant de personnes au travail que possible et la nécessité pour les entreprises de rester à flot ; cette interaction conditionne non seulement le marché du travail mais aussi le devenir de l'économie dans son ensemble.

Un conte de deux marchés du travail Comparez l'expérience de l'Europe et celle des États-Unis. Dans la majeure partie de l'Europe, les lois régissant le marché du travail limitent la capacité d'une entreprise à licencier ses salariés et assurent qu'elle leur paye un salaire minimum. Mais, comme l'économiste américain Thomas Sowell l'a écrit dans son livre *Basic Economics*, « les politiques de sécurité de l'emploi protègent les emplois de ceux qui en ont, mais le prix est une réduction de la flexibilité et de l'efficacité de l'économie dans son ensemble, empêchant de ce fait la création de nouveaux emplois pour les chômeurs ». Pour cette raison, l'Europe a tendu à créer des emplois à un taux bien plus lent que les États-Unis, où le marché du travail est sensiblement plus flexible.

chronologie

1933

Le taux de chômage atteint 25 % aux États-Unis pendant la grande dépression

Être chômeur « rapporte »

Trop souvent, les gouvernements encouragent implicitement les chômeurs à ne pas chercher de travail en rendant leurs indemnités de chômage plus attrayantes qu'elles ne devraient l'être.
Une étude de l'économiste de Harvard Martin Feldstein a prouvé que le travail ne rapporte pas toujours suffisamment. Il considère un chômeur qui peut travailler pour 10 dollars l'heure ou toucher une allocation de chômage équivalente à 8 dollars par heure. Sur cette allocation, il paye un impôt de 18 %, et il reçoit ainsi 6,56 dollars nets. Si cette personne travaillait, elle paierait un impôt sur le revenu de 18 % et 7,5 % de cotisations de sécurité sociale, ce qui lui laisserait un salaire net de 7,45 dollars. Comparant ceci avec ce qu'elle recevrait si elle était au chômage, elle peut très bien décider qu'il ne vaut pas la peine de travailler pour le gain supplémentaire de 89 cents par heure que rapporterait un emploi. Les gouvernements essayent constamment de trouver un équilibre entre encourager les chômeurs à retrouver du travail et leur donner une allocation pour compenser la perte de leur emploi.

Les définitions du chômage Dans son sens le plus large, le chômage signifie simplement le fait de ne pas avoir de travail. Cependant, pour les économistes, cette définition n'est pas satisfaisante. La différence est grande entre un employé de bureau intérimaire qui est simplement entre deux emplois pour quelques semaines (le « chômage frictionnel ») et un mécanicien d'usine dont les qualifications ne sont plus demandées parce que son secteur d'activité a délocalisé la majeure partie de sa production à l'étranger. Le premier retournera bientôt au travail, contribuant à la production du secteur privé ; le second devra sans doute être formé à un nouveau métier, souvent aux frais de l'État, sur une longue période.

Pour essayer de distinguer les différentes situations, les économistes ont conçu diverses définitions du chômage. Selon l'Organisation internationale du travail (OIT), un chômeur est une personne en âge de travailler, sans emploi et qui cherche activement un nouvel emploi. Selon cette définition, le taux de chômage en mai 2009 était de 8,8 % en France, de 7,7 % aux États-Unis et au Royaume-Uni. Certains pays décomptent

Années 1970
Le chômage augmente fortement à la suite des chocs pétroliers

1979
Le Parti conservateur arrive au pouvoir au Royaume-Uni avec à sa tête Margaret Thatcher

Taux de chômage

(en % de la population active) en mai 2009

France	8,8
États-Unis	7,7
Royaume-Uni	7,7
Allemagne	7,4
Japon	5,2

Source : BIT (Bureau international du travail)

aussi ceux qui sont sans emploi à long terme : cette catégorie représente habituellement une proportion bien plus forte (21 % au Royaume-Uni) puisqu'elle inclut les étudiants, les retraités, des mères de familles sans activité professionnelle et les personnes trop malades ou trop handicapées pour travailler. Les économistes distinguent également ceux qui sont sans emploi selon l'âge – à juste titre. Les études montrent que ceux qui sont privés d'emploi pendant une longue période durant leurs années de l'adolescence ou quand ils ont 20 ans ou un peu plus risquent bien plus que les autres de grossir ensuite les rangs des sans-emploi à long terme ou de manière permanente.

Les mesures du chômage Une manière de mesurer le chômage serait de compter le nombre de personnes bénéficiaires d'une allocation de chômage. Le problème est que ceux qui sont sans emploi et en recherchent un n'ont pas toujours droit à une allocation – ou parfois ne la réclament pas, par ignorance ou par fierté. La façon moderne, et sans doute plus complète, de mesurer le chômage est d'interroger un échantillon représentatif de la population sur leur situation par rapport à l'emploi (en France, un échantillon de 75 000 personnes est interrogé chaque trimestre).

Le taux du chômage tend à augmenter et diminuer avec la situation économique. Aux États-Unis, il a atteint 25 % pendant la grande dépression. Cependant, le taux de chômage ne descend jamais à zéro. En fait, quelles que soient les bonnes intentions de tous les gouvernements de le faire baisser, le taux de chômage est rarement passé au-dessous de 4 % de la population active, même lorsque l'économie était en forte croissance.

En pratique, le plein-emploi est impossible. Les gens ont besoin de temps pour chercher un emploi qui leur convient même lorsqu'il en est de disponible. Par ailleurs, quand une économie se développe et que la technologie progresse, il est inévitable que certains salariés n'aient plus les compétences nécessaires pour occuper les emplois existants. Certains économistes pensent que le chômage pourrait être moins élevé. Ils soutiennent qu'en raison des lois sur le salaire minimum et de la puissance de négociation des syndicats sur les salaires, les entreprises doivent payer à leurs ouvriers des salaires plus élevés qu'elles n'en ont vraiment les moyens. De même, l'existence des allocations de chômage encourage certains chômeurs à demeurer sans emploi. Pour chaque pays existe ainsi ce que les économistes appellent un taux de chômage naturel – tout simplement, le taux de chômage moyen sur le long terme.

« La relation macroéconomique la plus importante est probablement la courbe de Phillips. »

George Akerlof, Prix Nobel d'économie

Un des économistes travaillant en Angleterre les plus célèbres, A.W. Phillips, a détecté un rapport accablant entre le niveau du chômage et la croissance des salaires. Si le chômage tombe au-dessous d'un certain niveau, les entreprises sont prêtes à payer davantage pour retenir et attirer les salariés. Les salaires auront tendance à augmenter, et par conséquent l'inflation à s'accélérer. L'inverse est vrai quand le chômage est élevé, ce qui tend à ralentir la hausse des salaires et l'inflation. Dans le langage économique, il y a une corrélation négative entre l'inflation et le chômage. La courbe de Phillips, qui illustre graphiquement cette corrélation négative, a donné naissance à un des modèles les plus durables de la théorie économique. Ainsi, selon ce modèle, si on veut maintenir le chômage, par exemple, à 4 % alors – il faut accepter une inflation à 6 %, alors que si on veut limiter l'inflation à 2 %, il faut accepter un taux de chômage de 7 %.

En même temps qu'Edmund Phelps, le célèbre économiste Milton Friedman a poussé cette idée plus loin, concevant la théorie du « taux de chômage n'accélérant pas l'inflation » (NAIRU, non-accelerating inflation rate of unemployment). L'idée maîtresse de cette notion est que, bien que les responsables politiques puissent suivre la courbe de Phillips pour réduire le chômage à court terme, le chômage reviendra finalement à son taux naturel (entre-temps, les efforts pour relancer l'économie en réduisant les taux d'intérêt généreront une inflation supplémentaire, mais ceci est une autre histoire).

Les hommes politiques promettent toujours plus d'emplois et moins de chômage qu'il n'est réaliste de l'espérer. Cependant, il appartient aux économistes de fournir la lugubre réplique que le plein-emploi est en pratique impossible.

l'idée en une phrase
Le plein-emploi est impossible

23 Les taux de change

Il y a quelques années, les experts de la Réserve fédérale américaine ont conçu un modèle ayant pour but de prévoir les tendances futures des grandes monnaies mondiales. Ils ont eu accès à plus d'informations sur les marchés des changes que les économistes dans n'importe quel autre pays et ils étaient sûrs de la réussite de l'opération. Pendant des mois, ils ont travaillé sur le projet, jusqu'à ce qu'enfin, la machine soit mise en route…

Quelques jours plus tard, il est clair que l'expérience est un flop complet. Selon l'ancien président de la Réserve fédérale, Alan Greenspan, « le taux de rendement de cet investissement en temps et en effort humains était égal à zéro. » Un tel résultat n'est peut-être pas surprenant. Les marchés des changes attirent des milliers de milliards d'euros de placements chaque année de la part de spéculateurs qui essaient de deviner les mouvements sur ces marchés. Mais ce sont sans doute les plus volatiles et les plus imprévisibles de tous les marchés.

Nous devenons en quelque sorte un spéculateur sur les devises, lorsque nous voyageons à l'étranger. Dès que nous échangeons des euros contre des dollars, des livres ou des pesos, nous investissons dans une monnaie étrangère, dont la valeur est susceptible d'avoir augmenté ou diminué quand nous serons rentrés chez nous.

Les marchés de devises Les marchés de devises (quelquefois appelés Forex, abréviation de foreign exchange) sont ceux où les investisseurs achètent et vendent des devises. Ils font partie des plus anciennes institutions financières : ils remontent à l'époque romaine et même avant, et ils existent depuis qu'existent la monnaie et le commerce international. Mais les Romains auraient le vertige devant la taille, la sophistication et l'extension internationale des marchés d'aujourd'hui.

chronologie

1944 Accord de Bretton Woods

1966 Début du dysfonctionnement du système de Bretton Woods

L'euro et les unions monétaires

Dans une union monétaire, différents pays partagent la même monnaie. La plus célèbre est la zone euro, qui regroupe 15 membres de l'Union européenne (en 2009). Précédé par le mécanisme de change européen, qui a permis aux futurs membres de garder leurs économies en synchronie les unes avec les autres, l'euro a été introduit en 1999 en remplacement de la monnaie de chaque État membre (en 2002 pour les transactions courantes). Les tentatives passées d'unions monétaires avaient échoué parce que les gouvernements de chaque pays aspiraient à l'indépendance en matière de politique économique. Mais les fondateurs de l'euro ont résolu ce problème en créant une banque centrale unique chargée de fixer les taux d'intérêt pour l'ensemble de la zone, et se mettant d'accord sur les limites dans lesquelles les gouvernements pouvaient emprunter et dépenser.
Plus récemment, des pourparlers ont eu lieu entre pays du golfe Persique d'une part et entre pays d'Amérique latine d'autre part à propos d'éventuelles unions monétaires.

Chaque année des milliers de milliards d'euros (de dollars, de livres) sont achetés et vendus par les investisseurs. Parfois, ces investisseurs sont des entreprises, soucieuses de s'assurer que leurs profits ne disparaîtront pas si, par exemple, la valeur du dollar fait un bond, ce qui renchérirait leurs importations en provenance des États-Unis. Elles cherchent à se prémunir contre ce risque. Parfois, c'est un gouvernement qui intervient sur les marchés de devises afin de faire en sorte que sa monnaie reste à un certain niveau. D'autres fois, ce sont des investisseurs et des gestionnaires de fonds spéculatifs, quand ils ont le sentiment qu'une monnaie est sur le point de s'effondrer. Et parfois, ce sont de simples touristes comme vous et moi.

Montagnes russes La valeur des monnaies monte et descend pour de multiples raisons, mais deux sont particulièrement importantes. Tout d'abord, et surtout, la valeur d'une monnaie tend à évoluer en liaison avec la façon dont est perçue la santé économique du pays ou des pays où elle circule. Ensuite, les investisseurs ont tendance à rechercher la monnaie offrant le meilleur rendement. Si dans un pays les taux d'intérêt sont élevés, le rendement des obligations d'État et des autres instruments de

1979
Introduction du mécanisme de change européen

1999
Début de l'euro (2002 pour les transactions courantes)

2005
La Chine assouplit l'ancrage de sa monnaie, le renminbi

placement sera plus élevé que dans un pays où les taux d'intérêt sont bas. Les investisseurs partout dans le monde les achètent, et cette demande supplémentaire pour les placements dans le pays fait augmenter la valeur de sa monnaie. En sens inverse, celle-ci diminue si les taux d'intérêts sont bas et que les investisseurs se détournent des placements libellés dans cette monnaie.

« Le dollar est peut-être notre monnaie, mais c'est votre problème »

John Connally, secrétaire au Trésor de Nixon, s'adressant aux banquiers centraux européens

Fixes ou flottants ? Depuis les années 1970, presque tous les pays dans le monde occidental laissent leur monnaie flotter : sa valeur par rapport aux autres devises augmente et diminue, et ce sont les marchés qui la déterminent. Toutefois, il existe de notables exceptions, certains pays fixant la valeur de leur monnaie par rapport à une autre monnaie ou un panier de monnaies. La Chine est l'exemple le plus connu : son gouvernement contrôle soigneusement la valeur du renminbi par rapport au dollar, en achetant autant que nécessaire des actifs libellés en dollars.

D'autres pays interviennent occasionnellement s'ils estiment que leur monnaie est sur- ou sous-évalué. Le Japon et la zone euro ont tous deux agi ainsi depuis le début des années 2000. En ce qui concerne les pays émergents vulnérables, il est amplement prouvé qu'il est hautement bénéfique pour eux de contrôler les mouvements de leurs monnaies, car cela améliore la stabilité, encourage les gens à investir et facilite les relations commerciales.

Les taux flottants n'étaient pas la norme dans le monde jusqu'à une date relativement récente. Pendant une grande partie du XIXe et du XXe siècles, les gouvernements maintiennent le taux de change de leurs monnaies fixes. À l'époque de l'étalon-or, ils fixent la valeur de leurs monnaies en fonction de la quantité d'or qu'ils ont dans leurs coffres. L'idée était que l'or est une monnaie universelle, dont la valeur est la même partout dans le monde.

Le système est favorable au commerce mondial, puisque les entreprises n'ont pas à s'inquiéter des effets que les fluctuations des devises des pays vers lesquels elles exportent pourraient avoir sur leurs profits. Le problème est que la quantité d'or qui pouvait être extraite des mines ne pouvait pas suivre le rythme de croissance du commerce et des investissements. L'étalon-or finit par devenir un frein majeur pour les économies en croissance rapide, et il est abandonné à l'époque de la grande dépression.

Bretton Woods Après la Seconde Guerre mondiale, un groupe d'économistes et de décideurs se réunissent dans le superbe hôtel Mount Washington dans la ville américaine de Bretton Woods dans le New Hampshire, pour concevoir un nouveau système de régulation des taux de change. Ils élaborent un système de taux de change fixes, cette fois aligné sur le dollar américain, puisque les États-Unis étaient clairement à ce moment la superpuissance économique mondiale, et que le dollar était stable, et sa valeur fixée par rapport à l'or. Les autres pays s'engageaient à accrocher leur monnaie au dollar.

Cependant, quand un pays fixe le cours de sa monnaie par rapport à une autre, il perd une partie de sa capacité à contrôler son économie. Quand un pays dans une union monétaire augmente ses taux d'intérêt, les autres doivent le faire également, sous peine de risquer de déclencher une spirale inflationniste majeure. Le système de Bretton Woods a commencé à mal fonctionner en 1966, mais, comme nous allons le voir, ce n'était pas le dernier des systèmes de régulation de devises majeures.

Spéculation monétaire Certains soutiennent que le système de taux de change fixes peut masquer la véritable valeur d'une monnaie. De fait, à plusieurs reprises au cours des dernières décennies, les spéculateurs ont lancé des assauts contre la monnaie d'un pays – la vendant avec la conviction que les taux fixes ne pourraient être maintenus. Ceci est arrivé à divers pays d'Asie pendant la crise financière de la fin des années 1990 et, plus notoirement encore, à la livre sterling. Le « mercredi noir » de septembre 1992, le Royaume-Uni a été contraint de renoncer à sa brève adhésion à l'ERM (European Exchange Rate Mechanism, mécanisme de change européen), face aux attaques contre la livre des spéculateurs, dirigés par le milliardaire George Soros. En dépit de taux d'intérêt dépassant 10 %, le Trésor britannique a été incapable d'empêcher que les investisseurs fuient la livre, et, finalement, il rendit les armes, permettant à la livre sterling de se déprécier face aux autres devises du monde entier. Ce fut une journée traumatisante pour l'économie britannique, qui montre précisément que la valeur d'une monnaie reflète les perceptions de la politique économique du pays où elle a cours.

l'idée en une phrase

Le baromètre de la réputation d'un pays

24 La balance des paiements

Jusqu'à une date relativement récente, les statistiques sur la balance des paiements faisaient partie des nouvelles économiques les plus impatiemment attendues. Les informations détaillées sur les interactions financières et économiques d'un pays avec le reste du monde étaient considérées comme parmi les plus importantes pour évaluer sa santé, à côté de son produit intérieur brut. Bien que nous ne soyons plus aussi obsédés que par le passé par la balance des paiements, elle reste la référence ultime dans les relations économiques internationales d'un pays.

L'importance de la balance des paiements peut difficilement être exagérée. Elle retrace en effet tous les échanges d'un pays avec l'extérieur, y compris l'argent venant de l'extérieur ou, par exemple, celui envoyé aux familles et aux correspondants d'affaires dans des pays étrangers. La balance des paiements permet de savoir si un pays emprunte exagérément au cours d'une certaine période de temps – accumulant, ainsi, potentiellement, des problèmes pour l'avenir – ou s'il prête de l'argent à d'autres pays en échange de marchandises. En définitive, elle indique si un pays se prépare un avenir prospère ou si, à l'inverse, il devra chercher de l'aide, par exemple auprès du Fonds monétaire international, afin de rester à flot.

La balance courante et le compte de capital La balance des paiements se compose de deux parties principales : la balance courante et le compte de capital.

• *La balance courante* La balance courante retrace les flux de marchandises et de services entrant et sortant du pays. Les flux de services (conseil juridique, publicité, ingénierie…) sont souvent appelés « invisibles ». Si

chronologie

1901-1932
L'étalon-or est encore en vigueur

1944
Accord de Bretton-Woods sur les taux de change fixes

un pays importe sensiblement plus de biens et de services qu'il n'en exporte, il aura un déficit courant élevé. Depuis les années 1980, les États-Unis et le Royaume-Uni ont ainsi eu des déficits courants presque chaque année, car ils importaient invariablement du reste du monde plus qu'ils n'exportaient vers lui. À l'inverse, les pays ayant eu d'importants excédents commerciaux étaient les grands exportateurs : l'Allemagne et le Japon, historiquement, et, plus récemment, la Chine, qui a été étiquetée atelier du monde en raison de la quantité massive de biens de consommation qu'elle envoie partout dans le monde. La balance courante retrace également les transferts unilatéraux, par exemple l'aide étrangère ou les sommes que les travailleurs immigrés envoient à leur famille. La situation de la France a varié : sa balance courante a été généralement excédentaire dans les années 1990 et au début des années 2000, déficitaire en dehors de cette période.

Deux déficits à ne pas confondre

La balance des paiements enregistre les flux économiques et financiers entre un pays et d'autres parties du monde au cours d'une période donnée – habituellement un trimestre ou une année. Elle inclut à la fois les flux du secteur privé et du secteur public. Le déficit de la balance courante ne doit pas être confondu avec le déficit budgétaire, qui est égal à la différence entre les dépenses et les recettes de l'État.

• *Le compte de capital* Bien qu'un pays puisse avoir un déficit courant, ce déficit est nécessairement équilibré par d'autres flux (d'où l'expression « balance des paiements »). Si le Japon vend des voitures aux États-Unis pour un million de dollars, il disposera de ces dollars et devra les utiliser, par exemple, en investissant aux États-Unis ou en les déposant dans une banque américaine. De même, la Chine a dégagé au cours des années 1990 et 2000 un excédent massif de son commerce avec les États-Unis et les autres pays occidentaux ; elle a placé la montagne de dollars qu'elle a ainsi récoltée aux États-Unis sous diverses formes – depuis des titres de la dette publique jusqu'à des actions dans les grandes entreprises.

Déficits bénins Un déficit de la balance courante déficitaire indique qu'un pays a besoin d'emprunter auprès des autres pays pour le financer, son appétit de consommation ayant été supérieur à sa capacité à produire des

Années 1970
Richard Nixon abandonne Bretton-Woods

1998
La Russie est confrontée à une crise de balance des paiements et ne peut pas honorer sa dette souveraine

2008
L'Islande, l'Ukraine et la Lettonie sont parmi les pays forcés de demander l'assistance du FMI

biens pour satisfaire la demande interne. Cette situation pourrait sembler assez inquiétante, mais ce n'est pas forcément le cas – au moins tant que le déficit reste limité. Jusqu'à un certain point, un déficit de la balance courante peut être un phénomène entièrement sain pour un pays.

Tout au long des années 1980, et encore au début des années 2000, le déficit courant américain était largement commenté. Il est vrai qu'il oscillait autour d'une hauteur record de 6 % du produit intérieur brut – plus de 750 milliards de dollars. Le déficit de Royaume-Uni atteignait le même niveau en termes de pourcentage du PIB.

Certains ont averti que ces pays pourraient traverser une véritable crise de balance des paiements. Une telle crise se produit quand une partie de la balance des paiements – généralement la balance courante – ne peut pas être financée par l'autre partie. Ceci s'est produit souvent, par exemple vers la fin des années 1990 lors de la crise financière asiatique, et en même temps en Russie. Ces pays avaient des déficits courants très élevés et, quand les investisseurs autour du monde se sont rendu compte qu'ils allaient tout droit vers un effondrement brutal, ils ont commencé à refuser d'acheter tous les placements libellés en roubles, bahts, etc. En conséquence, le compte de capital ne pouvait plus équilibrer le déficit courant. Dans une telle situation, une crise économique sérieuse était inévitable.

Cependant, la plupart des déficits peuvent perdurer sans risque pendant de nombreuses années. Il en résulte habituellement non pas une crise mais une baisse de la valeur de la devise du pays concerné. Ses exportations deviennent alors moins coûteuses et donc plus attrayantes pour les étrangers ; cela relance les ventes du pays à l'extérieur, ce qui devrait réduire le déficit courant. Ainsi, dans un système international de changes flottants, les

Équilibrer les comptes

Si la balance courante d'un pays est en déficit, ce déficit doit être compensé par un excédent égal de son compte de capital, qui retrace les sommes placées et celles gagnées grâce à des placements existants. Ainsi, par exemple, les Britanniques et les entreprises britanniques tendent à tirer des gains substantiels de leurs placements à l'étranger, ce qui compense en partie le déficit courant considérable du pays.
La seule manière pour un pays d'avoir les moyens d'importer plus qu'il n'exporte est de vendre des actifs libellés dans sa monnaie.

« Notre pays s'est comporté comme une famille extraordinairement riche qui possède une immense ferme. Afin de consommer 4 % de plus que nous produisons... nous avons, jour après jour, vendu des morceaux de notre ferme et augmenté les hypothèques sur ceux que nous possédons encore... »

Warren Buffett

balances courantes déficitaires sont inévitables, mais elles sont également sensées s'autocorriger.

Garder un œil sur des déficits Ce n'est pas toujours le cas. Comme cela est rappelé dans le chapitre précédent, des systèmes de taux de change fixes ont régné à diverses époques de l'histoire, les plus célèbres étant l'étalon-or or au XIXe et au début du XXe siècles, et plus tard le système de Bretton Woods de 1945 aux années 1970. Pendant ces périodes, les pays ayant une balance courante déficitaire devaient ralentir leur économie pour la ramener à l'équilibre. Les hommes politiques et les économistes scrutaient les statistiques de balance des paiements pour savoir ce qu'elles auguraient pour l'économie.

Même si le monde ne revient pas à un système de taux de change fixes, il reste important de surveiller si les pays ont des déficits ou des excédents dans leurs comptes courants, et d'analyser la structure de leur balance des paiements – de telles statistiques fournissent une indication sur la future prospérité de la nation.

l'idée en une phrase

Le grand-livre des relations économiques internationales d'un pays

25 La confiance et la loi

Combien pèse un kilogramme ? Cette question peut sembler étrange : la plupart d'entre nous savent ce qu'ils perçoivent quand ils soulèvent un objet pesant un kilo. Cependant, un seul objet dans le monde pèse officiellement exactement un kilogramme, et il est gardé dans une chambre forte près de Paris. Le kilogramme-étalon international, un petit cylindre de platine et d'iridium, a été fabriqué en 1889, et c'est en référence à lui que toutes les balances dans le monde sont calibrées.

Le morceau du métal est soigneusement gardé, parce que d'aucuns craignent que, s'il était endommagé ou volé, l'activité économique s'arrêterait partout dans le monde. Une entreprise commandant une tonne d'acier à une usine de l'autre côté de la planète ne pourrait plus être certaine de recevoir la quantité correcte et de n'être pas lésée par l'utilisation de balances mal calibrées.

Fixer des normes L'économie ne peut pas fonctionner au mieux de ses possibilités sans normes officielles, légalement établies à l'échelon national et international. D'ailleurs, même les plus ardents défenseurs du marché libre acceptent l'idée que nous avons besoin d'un État pour garantir le respect des lois et de la propriété – même ceux qui pensent que toutes les entreprises devraient être privatisées, depuis les banques centrales et les producteurs d'électricité jusqu'aux constructeurs de route. Sans un État efficace, le marché libre ne pourrait pas fonctionner correctement et nous vivrions dans l'anarchie – un danger qu'Adam Smith, le père de la théorie économique, avait souligné dès le XVIIIe siècle.

chronologie

529 av. J.-C.
L'empereur byzantin Justinien pose les fondations du droit civil moderne dans son *Corpus Juris Civilis*

1100-1200
Le système de la *common law* voit le jour dans l'Angleterre médiévale

Nous avons besoin d'un État pour faire respecter les contrats entre les personnes et les entreprises et pour fixer les normes que les citoyens doivent suivre. Les gens ont besoin d'être sûrs que ce qu'ils possèdent ne leur sera pas confisqué arbitrairement, et que la fraude et le vol ne resteront pas impunis.

Le capitalisme est fortement dépendant de la confiance. Quand une banque envisage d'accorder un prêt, sa décision dépend du jugement qu'elle porte sur la capacité de remboursement de l'emprunteur. De même, un pays peut accumuler les dettes si les investisseurs internationaux pensent qu'il ne risque pas d'être défaillant à l'avenir.

Dans une transaction, chaque partie doit faire confiance à l'autre partie, mais aussi à la structure qui encadre la transaction. Ainsi, le rôle primordial de l'État n'est pas d'assurer le bien-être de tous, de déterminer les taux d'intérêt ou de redistribuer la richesse – il est de préserver un système stable et juste pour la propriété et les autres droits légaux, grâce auquel il peut demander des comptes à ceux qui violent leurs lois.

Une des principales raisons qui ont permis à la Grande-Bretagne de prospérer tout au long de la révolution industrielle est que son système légal était considéré comme très fiable. La situation était très différente dans plusieurs pays européens, où les guerres et les conflits remettaient souvent en question les droits de propriété. De ce fait, les propriétaires fonciers ne pouvaient jamais être sûrs d'avoir vraiment la pleine propriété de leurs terres, et qu'ils pourraient compter sur l'État pour les soutenir si on leur faisait du tort.

Droits de propriété intellectuelle Ce n'est pas simplement les droits de la propriété matérielle et visible qui doivent être protégés ; la propriété « invisible » telle que celle des idées et des créations artistiques exige également une protection. Un inventeur n'est guère incité à innover s'il sait que son invention lui échappera dès qu'elle sera au point – le privant de toute récompense pour son travail.

Ainsi, pour qu'une économie fonctionne correctement, l'État doit mettre en place un système stable de brevets et d'autres droits de propriété intellectuelle. Le copyright, par exemple, protège les auteurs contre le plagiat pendant une période fixée.

1700-1800

Le droit commercial commence à apparaître dans les systèmes juridiques nationaux

Fin des années 1900

Création de la Communauté puis de l'Union européenne établissant une nouvelle couche de lois en Europe

Droits de propriété dans les bidonvilles

Les pauvres sont-ils vraiment aussi pauvres que nous le pensons ? L'économiste péruvien Hernando de Soto a affirmé que, parmi les plus pauvres familles du monde, certaines le sont simplement parce qu'elles n'ont pas de droits légaux sur leur lieu d'habitation. Une famille peut avoir vécu dans la même petite baraque dans les favelas près de Rio pendant des années, mais parce que seuls une propriété et des droits légaux informels existent chez les pauvres, ils sont à la merci des criminels locaux et des vigiles (qui peuvent essayer de voler ou détruire leur maison) ou des autorités (qui peuvent essayer de déplacer les habitants des bidonvilles).

La solution, selon Soto, est de donner à ces personnes des droits légaux pour leurs biens. De cette manière, ils auront non seulement une incitation à y faire davantage attention, mais ils pourront aussi emprunter en les donnant en garantie. Il soutient que la valeur totale des maisons « possédées » par les pauvres dans le monde en voie de développement représente plus de 90 fois toute l'aide étrangère octroyée à ces pays au cours des 30 dernières années.

Le droit de la propriété intellectuelle a été examiné de près ces dernières années en raison de la montée des économies émergentes telles la Chine et l'Inde. Dans ces pays, les règlements et les lois sur la propriété intellectuelle et sur les normes se sont avérés difficiles à faire respecter. En conséquence, les entreprises ont pu fabriquer, par exemple, des versions bon marché mais non autorisées de médicaments issus de recherches menées par des sociétés occidentales. Bien que les consommateurs aient d'abord fait bon accueil à de telles pratiques, des doutes sont apparus plus tard sur la confiance à accorder aux produits venant de ces pays. Par exemple, certains médicaments contrefaits produits en Chine se sont révélés n'avoir aucun effet, ou même être en fait nocifs.

Partage de fichier La discussion sur la propriété intellectuelle s'est envenimée ces dernières années, parce que la technologie moderne a facilité la diffusion très rapide des idées intangibles. Il suffit d'allumer un ordinateur pendant quelques minutes pour télécharger illicitement sur un MP3 une chanson du hit parade ou un film sorti récemment. Le chanteur ou la société productrice n'obtient aucune rétribution, et le divertissement est gratuit – mais, compte tenu de la règle économique selon laquelle il n'y a pas de déjeuner gratuit, qui paye réellement ?

La réponse est que c'est nous tous – quoique indirectement. Les artistes ayant moins de revenus, ils sont moins incités à produire de nouvelles œuvres ; les gens se dirigent en moins grand nombre vers ce secteur, et par la suite la qualité de la musique et des films se détériore. La théorie économique traditionnelle soutient avec force que les États ont le devoir d'assurer qu'une telle piraterie sera aussi rare que possible, bien que certains affirment que de nombreux artistes sont suffisamment bien payés pour supporter une petite baisse de leurs royalties.

La tragédie des communs Des droits de propriété insuffisants et mal garantis peuvent faire un tort considérable à l'économie. L'octroi aux individus de droits légaux de propriété les libère pour investir davantage dans leurs biens, dans l'espoir d'accroître leur valeur. Vous consacrez plus facilement du temps et de l'argent pour peindre votre appartement si vous en êtes propriétaire que si vous vous contentez de le squatter. Le scénario alternatif est la « tragédie des communs » – une situation où les gens ne se préoccupent pas de préserver une ressource parce qu'ils n'en sont pas propriétaires (voir n°1).

Quand les économistes occidentaux visitaient l'Union soviétique à l'époque du communisme, ils découvraient qu'alors même que le pays souffrait de graves pénuries alimentaires, les paysans laissaient des terres fertiles en jachère, et des récoltes moisir dans les champs ou dans des entrepôts. Le problème était que dans le système communiste, ils n'avaient aucun droit direct de propriété sur leurs récoltes, et qu'ainsi ils étaient peu incités à travailler dur dans les champs et à produire davantage. De vastes étendues en Afrique sont désertiques non pas simplement en raison du climat ou de l'état du sol – ces zones pourraient redevenir des prairies avec un travail dur et des investissements. Mais la terre est utilisée par des nomades et leurs troupeaux, qui ont peu d'incitation à s'occuper de la terre puisqu'ils partiront au bout d'un moment. Le résultat est souvent le surpâturage.

Ainsi, les États doivent non seulement s'assurer que les gens respectent les lois et les contrats, mais ils doivent aussi mettre en place les lois qui conviennent pour que tous contribuent à la prospérité de l'économie. En même temps, ils doivent s'assurer que demeurent en place certaines normes non modifiables – pour les poids, les longueurs et d'autres grandeurs.

l'idée en une phrase
Les fondations irremplaçables de la société

26 Énergie et pétrole

Toutes les matières premières sont importantes pour l'économie mondiale. Le secteur du bâtiment et des travaux publics s'arrêterait dans le monde entier s'il était privé d'acier ou de béton, tandis que les réseaux qui transportent notre électricité dépendent des fils en cuivre. Pourtant, au cours du siècle précédent, aucune matière première n'a joué un rôle aussi crucial, et à l'occasion n'a provoqué autant de trouble, que le pétrole brut.

Trois fois au cours des cinquante dernières années, le prix du pétrole a augmenté fortement, faisant significativement progresser le coût de la vie à travers tout le monde développé. Les deux premières fois, la hausse des prix survient pour des raisons largement politiques, alors que la troisième fois elle est due principalement aux forces économiques. Mais, chaque fois, elle a forcé les hommes politiques à se poser des questions délicates sur les relations complexes de l'humanité avec ses sources d'énergie.

Cette relation peut difficilement être qualifiée de nouvelle. Depuis les temps préhistoriques, les hommes utilisent les ressources naturelles pour améliorer leur existence – d'abord en brûlant du bois et de la tourbe pour survivre. Ensuite, avec la révolution industrielle, le charbon est brûlé dans les machines à vapeur. Au XXe siècle, les combustibles fossiles à base de carbone tels que le pétrole et le gaz naturel sont devenus les sources d'énergie essentielles (leur nom vient de ce qu'ils sont issus de restes de plantes et d'animaux morts fossilisés dans la croûte terrestre). L'usage des produits à base de pétrole est désormais si enraciné dans nos sociétés qu'il est facile d'oublier qu'il n'y aurait ni voitures ni voyages en avion sans eux, et que la grande majorité de nos centrales électriques fermeraient leurs portes. Mais le pétrole n'est pas utilisé seulement pour produire de l'énergie ; 16 % de sa consommation totale sert à la fabrication de plastiques, de produits pharmaceutiques, de solvants, d'engrais et de pesticides.

chronologie

Années 1900

La voiture particulière commence à se diffuser, provoquant une forte hausse de la demande de pétrole

Un bien qui n'a rien d'ordinaire

Comme les autres matières premières, tels le blé ou l'or, le pétrole (et le gaz naturel, qui lui est lié de près et se comporte de la même façon) est un actif qui peut être échangé sur les marchés à terme (voir n°30), et son prix augmente et diminue avec l'offre et la demande. Pourtant, les matières premières énergétiques diffèrent des autres matières premières pour deux raisons principales.

D'abord, l'énergie est si importante pour le fonctionnement de l'économie que les gouvernements tendent à considérer la sécurité énergétique comme une question de sécurité nationale ; or, quand les gouvernements sont impliqués, les hypothèses habituelles sur l'offre, la demande et les prix tendent à ne plus s'appliquer.

Ensuite, c'est seulement dans les années récentes que les prix de l'énergie ont commencé à refléter les coûts à long terme de la pollution pour la société. La combustion des combustibles fossiles émet un cocktail de gaz, dont beaucoup de scientifiques estiment qu'ils sont directement liés au réchauffement climatique. Les économistes nomment des « externalités » ces répercussions indirectes d'une activité, quand des gens peuvent nuire à la santé de spectateurs innocents, ou leur occasionner des dommages élevés, sans avoir à payer ou à répondre pour cela (voir n°45).

L'OPEP et les deux premiers chocs pétroliers Bien que certains pays développés comme les États-Unis, le Royaume-Uni et la Norvège aient des réserves pétrolières importantes, une part beaucoup plus importante du pétrole mondial se trouve au Moyen-Orient et dans d'autres zones politiquement instables. En tête, l'Arabie saoudite, qui possède un cinquième des réserves mondiales prouvées. Dans les années 1970, en réponse à un certain nombre de problèmes politiques au Moyen-Orient, les pays producteurs détenteurs d'importantes réserves se réunissent pour former l'Organisation des pays exportateurs de pétrole. Cette organisation est conçue comme un cartel, c'est-à-dire un groupe de vendeurs se mettant d'accord pour contrôler les prix. Entre 1973 et 1975, ils réduisent fortement leur production, et l'insuffisance de l'offre mondiale qui en résulte fait doubler le prix du pétrole.

En conséquence, l'inflation dépasse 10 % par an dans la plupart des pays développés, la croissance économique s'interrompt : c'est la stagflation

1973-1975	Début des années 1980	2007-2008
Premier choc pétrolier	Deuxième choc pétrolier	Le prix du pétrole atteint des niveaux record, puis baisse brutalement quand la récession mondiale débute

(voir n°19). Le taux chômage aux États-Unis passe de 4,9 % à 8,5 % durant cette période. En France, il passe de 2,7 % fin 1973 à 4,4 % fin 1975.

Le même scénario se reproduit aux débuts des années 1980, avec des conséquences encore plus graves. Á cette occasion, la Réserve fédérale américaine, sous la présidence de Paul Volcker, entreprend de combattre l'inflation par une forte hausse des taux d'intérêt, poussant le taux de chômage au-delà de 10 %. La crise s'apaise finalement après des négociations politiques avec les Saoudiens, alors qu'en même temps l'OPEP est frappée par la réalité économique : des acheteurs de pétrole moins nombreux signifient des revenus moindres pour elle. Aussi les membres du cartel commencent-ils à produire au-delà de leurs quotas pour essayer d'accroître leurs revenus.

Une troisième crise pétrolière ? Entre le début des années 2000 et 2008, le prix du pétrole est multiplié par sept. En termes réels (c'est-à-dire après prise en compte de l'inflation), il dépasse le pic atteint au cours des années 1970. Pourtant, alors que les précédentes crises étaient spécifiquement politiques, provoquées par l'action de l'OPEP, celle-ci est davantage de nature spéculative.

> **« Nous avons un problème sérieux : les États-Unis souffrent d'une addiction au pétrole, qui est souvent importé des régions instables du monde. »**
>
> **George W. Bush, junior, 2006**

Les investisseurs, tels les gestionnaires de fonds à risque, ont acheté des millions de barils de pétrole, anticipant sur le fait que son prix allait continuer à monter en flèche. Ils pensaient en particulier que la Chine et les autres pays en croissance rapide achèteraient des quantités importantes de pétrole dans les années à venir ; une autre justification était que le pétrole est une ressource en quantité finie qui risque, dans l'avenir, de s'épuiser. En effet, de nombreux experts pensent que la production de pétrole a dépassé son maximum, et que dans les années qui viennent, il ne sera plus possible d'en produire autant qu'aujourd'hui. Si une telle théorie est exacte, les pays auront soit à trouver de nouvelles sources d'énergie, soit à accepter une baisse inévitable de leur niveau de vie.

Les terroristes attaquent de plus en plus les puits de pétroles et les raffineries au Moyen-Orient, au Nigéria et ailleurs, dans le prolongement de l'invasion de l'Irak et du renversement de Saddam Hussein en 2003. Les acheteurs y trouvent une autre raison de s'inquiéter au sujet de l'offre. Pendant ce temps, de l'autre côté de l'équation offre-demande, avec la croissance rapide de la Chine et des autres nations en développement, la demande d'énergie atteint des niveaux records. L'effet combiné est d'amener le prix du brut juste en dessous de 150 dollars le baril dans la première moitié de 2008.

Ces prix plus élevés du pétrole relance à nouveau l'inflation dans le monde entier. Mais la crise financière mondiale provoque une récession majeure, qui fait rapidement baisser le prix du brut en dessous de 40 dollars le baril à la fin de l'année.

Bien que le monde développé continue à consommer des quantités record de pétrole, la quantité de pétrole nécessaire pour générer une unité supplémentaire de produit intérieur brut a baissé depuis les années 1970. Selon le département américain de l'Énergie, la consommation d'énergie par dollar de produit intérieur brut a diminué à un taux annuel moyen de 1,7 % au cours du dernier quart de siècle.

Énergies alternatives Les chocs pétroliers des années 1970 incitent les entreprises et les gouvernements à rechercher de nouveaux moyens d'utiliser l'énergie plus efficacement et de réduire la dépendance au pétrole. Les constructeurs automobiles s'efforcent de faire en sorte que leurs voitures parcourent davantage de kilomètres avec la même quantité de carburant – en particulier au Japon et en Europe, où les impôts élevés sur le carburant font de l'efficacité énergétique un objectif attrayant. Un certain nombre de pays se tournent de plus en plus vers l'énergie nucléaire – malgré une chute de son utilisation après la catastrophe de Tchernobyl en 1986. Ils commencent aussi à examiner les autres sources d'énergie qui ne reposent pas directement sur les combustibles fossiles. La plupart des pays occidentaux, par exemple, développent désormais des projets restreints mais croissants pour développer l'énergie solaire, éolienne et géothermique. Dans le sillage de la récente crise de l'énergie, la recherche de technologies alternatives s'intensifie. Les grands constructeurs automobiles fabriquent des voitures hybrides ou entièrement électriques dont les batteries peuvent être rechargées sur des prises ordinaires. Bien que bon nombre de ces technologies soient encore à un stade embryonnaire, leur adoption montre comment, lentement mais sûrement, les êtres humains s'adaptent et modifient leur comportement lorsque l'équilibre entre l'offre et la demande se modifie (même sur un marché inélastique, c'est-à-dire, où les consommateurs réduisent relativement lentement leur demande en réponse à une hausse des prix).

l'idée en une phrase

Régler le problème du manque de pétrole grâce à l'innovation

27 Les marchés obligataires

« Je pensais autrefois que, si la réincarnation existait, je voudrais revenir comme président, comme pape, ou comme champion de baseball » a dit un jour James Carville, le directeur de campagne de l'ancien Président américain Bill Clinton. « Mais maintenant je voudrais revenir comme marché des obligations. Vous intimidez tout le monde. »

Les marchés obligataires internationaux où les entreprises et les États recueillent des fonds sont beaucoup moins connus et moins bien compris que les marchés d'actions – et pourtant, à bien des égards, ils sont beaucoup plus importants et ont une plus grande influence. En déterminant si un pays peut ou non se procurer des liquidités à un taux avantageux, les marchés obligataires ont contribué à déterminer l'issue des guerres, des révolutions et des luttes politiques; ils ont eu de profondes répercussions sur presque tous les aspects de la vie depuis des siècles. Même en temps de paix, l'aptitude d'un gouvernement à se procurer des fonds est d'une très grande importance pour les citoyens du pays : plus les taux d'intérêt qu'il a à payer sont élevés, plus les coûts d'emprunt sont élevés dans toute l'économie. Ignorer le marché obligataire n'est donc pas sans risques.

Le taux des emprunts d'État révèle le degré de solvabilité du pays, la facilité avec laquelle il trouve à lever des fonds, et le jugement porté sur sa politique économique. Si un gouvernement n'est plus en mesure de faire appel au marché des obligations, il aura du mal à survivre.

Une obligation est essentiellement une reconnaissance de dette qui promet de verser au titulaire une somme déterminée à une date donnée, ainsi que des intérêts pendant toute la durée de vie de l'obligation – en général une fois par an. Une obligation d'État typique, pour, disons 100 000 euros,

chronologie

1693
Le gouvernement britannique émet la première obligation souveraine de style moderne – la tontine

1751
La Grande-Bretagne augmente la taille de sa dette nationale avec l'aide de la phénoménale popularité de sa « consol » (obligation perpétuelle)

durera entre deux et cinquante ans, et paiera un taux d'intérêt nominal d'environ 4-5 %. Une fois les obligations émises, elles peuvent être négociées sur les marchés obligataires internationaux de grande taille qui se trouvent dans les centres financiers, de New York à Londres, Paris et Tokyo.

Le taux est ce qui compte La puissance réelle des marchés obligataires réside dans le fait que le taux d'intérêt qu'ils déterminent pour une obligation peut être très différent du taux auquel l'obligation a été émise. Si les investisseurs croient qu'un pays (a) risque de ne pas pouvoir rembourser (b) ou que l'inflation risque de s'y accélérer (ce qui, à bien des égards, est aussi une sorte de défaut de remboursement, puisque l'inflation érode la valeur de l'obligation), ils auront tendance à vendre les obligations de ce pays. L'effet sera double : faire baisser le prix de l'obligation et en conséquence faire augmenter le taux d'intérêt qu'elle rapporte effectivement. Cela a un sens économique : plus un actif est risqué, moins les investisseurs seront prêts à l'acheter, et plus grande doit être la compensation (c'est-à-dire le taux d'intérêt) pour ceux qui le conservent.

> **« Je me fiche des actions et des obligations, mais je ne veux pas les voir baisser le premier jour où je serai président. »**
>
> **Theodore Roosevelt**

Supposons qu'une obligation du Trésor américain de 10 000 dollars rapporte 4,5 % d'intérêt. Pendant sa durée de sa vie (qui peut être de 10 ans, de 20 ans, ou plus), elle rapportera 450 dollars à son titulaire chaque année. Pour toute personne qui achète l'obligation à son prix initial, le taux d'intérêt est de 4,5 %. Mais que se passe-t-il si les investisseurs se posent des questions sur la solvabilité de l'État américain et commencent à vendre leurs obligations ? Le prix descend à 9 000 dollars. A ce prix, le rendement de 450 dollars par an correspond en fait à un taux de 5 % pour les nouveaux détenteurs.

Le taux de marché des obligations est très important car il influe sur les taux auxquels un pays peut proposer les milliers d'obligations nouvelles qu'il émet chaque semaine. S'il veut leur trouver des acheteurs, il doit adapter leur taux d'intérêt initial au taux du marché pour les obligations existantes. Plus le taux qu'il doit payer est élevé, plus il devient difficile d'emprunter et plus il est forcé de réduire les dépenses. Il n'est pas étonnant que James Carville ait trouvé le marché si intimidant.

1914
Effervescence après que le marché des obligations n'a pas réussi à prédire le début de la Première Guerre mondiale

1998
Le prix des obligations monte en flèche après l'effondrement du fond spéculatif LTCM

Notes de AAA à C

Les obligations – qu'elles soient émises par un pays ou une entreprise – sont considérées comme faisant partie des placements les plus sûres disponibles. Quand une entreprise s'effondre, les détenteurs d'obligations sont parmi les plus proches de l'avant de la file d'attente de ceux qui attendent d'avoir leurs placements remboursés Les actionnaires doivent attendre davantage, quand une grande partie de l'argent disponible a déjà été versée. Toutefois, le risque de défaillance est une considération essentielle pour les investisseurs et, par conséquent, un appareil complexe a été construit pour les guider quant à la sécurité de chaque obligation. Les agences de notation, comme Standard & Poors ou Moody's and Fitch, existent pour noter les obligations d'État et les obligations de sociétés privées en se fondant sur la probabilité de défaillance.

Les obligations sont cotées de AAA, la meilleure qualité, à C. En général, les obligations notées BAA ou mieux sont considérées comme de « haute qualité » (« investment grade ») et celles notées en dessous sont appelées obligations pourries (« junk bonds »). En compensation du risque de défaillance plus important, les taux d'intérêt des « junk bonds » sont généralement beaucoup plus élevés.

Puisque les gouvernements à travers le monde ont généralement besoin d'emprunter afin de compenser leur déficit budgétaire (voir n°38), ils émettent régulièrement de nouvelles obligations.

L'origine des obligations Les obligations ont leur origine dans l'Italie médiévale, où les cités-États, souvent en guerre les unes contre les autres, forçaient leurs citoyens les plus riches à leur prêter certaines sommes en échange de paiements d'intérêts réguliers.

Bien que les investisseurs modernes ne soient pas contraints d'acheter des obligations, aux États-Unis et au Royaume-Uni la plus grande partie de la dette publique est détenue par les citoyens, en grande partie par l'intermédiaire de leurs fonds de pension. Ceux-ci sont obligés d'utiliser une grande partie des fonds qu'ils ont recueillis pour acheter des titres la dette publique, car celle-ci est considérée comme le placement le moins risqué disponible.

Il a fallu attendre l'ère napoléonienne pour que le marché devienne vraiment influent. C'est à cette époque que le gouvernement britannique a émis une série d'obligations souveraines, y compris les plus anciennes – les obligations avec loterie (« tontine ») – et les plus populaires, les obligations perpétuelles (« consol »), qui existent encore aujourd'hui. Pendant la première moitié du XIXe siècle, Nathan Rothschild est devenu l'un des hommes les plus riches du monde, et sans doute le banquier le plus puissant de l'histoire, en accaparant efficacement les marchés obligataires dans toute l'Europe. Le fait qu'il approuve ou non l'endettement d'un pays avait de lourdes conséquences. Certains historiens considèrent aujourd'hui que la défaite finale de la France dans les guerres napoléoniennes doit plus à sa tendance à ne pas pouvoir honorer ses dettes, et donc à la difficulté à lever l'argent nécessaire pour ses campagnes, qu'à des décisions stratégiques militaires.

La courbe des taux Le signe le plus révélateur de l'importance du marché obligataire est peut-être le fait que la façon dont se comportent les obligations puisse fournir d'excellentes indications sur l'avenir économique d'un pays. La courbe des taux retrace tout simplement les taux d'intérêt sur les obligations émises par les autorités de ce pays au cours du temps. Toutes choses égales par ailleurs, le taux d'intérêt des obligations dont l'échéance est proche devrait être plus bas que celui des obligations qui viennent à échéance dans plusieurs années – cela reflète le fait que l'économie va probablement croître, et que l'inflation va s'accélérer. Parfois, cependant, la courbe des taux est inversée, ce qui signifie que les taux d'intérêt sur les obligations dont l'échéance est la plus proche sont les plus élevés.

C'est un signe assez fiable que l'économie se dirige vers la récession, car cela implique que les taux d'intérêt et l'inflation diminueront dans les années à venir – deux phénomènes habituellement associés à un marasme économique. C'est un autre exemple de la façon dont le sort économique de chacun est inextricablement lié à l'état du marché obligataire.

l'idée en une phrase

Les obligations sont la base du financement du déficit budgétaire

28 Les banques

Les entreprises, à la différence des êtres humains, ne sont pas créées égales. Il existe des entreprises qui seraient regrettées si elles cessaient d'exister, mais la vie continuerait. Il en est d'autres dont l'effondrement provoquerait l'implosion de vastes pans du système productif et de l'économie. C'est à cette deuxième catégorie qu'appartiennent les banques.

Les entreprises qui composent le secteur bancaire et financier ne font pas que détenir notre épargne et nous prêter de l'argent quand nous en avons besoin, elles agissent aussi comme un système d'artères transportant l'argent au sein de l'économie. C'est pourquoi elles sont souvent appelées *intermédiaires financiers*. Leur principale fonction est de transférer de l'argent, massivement, de ceux qui veulent prêter à ceux qui veulent emprunter.

Les banques font partie intégrante du tissu social des sociétés depuis des siècles. En fait, le mot banque vient du latin *banca*, qui désignait les longues tables que, dans la Rome antique, les changeurs de monnaie installaient dans des cours pour exercer leur activité.

Pour qu'une économie, riche ou pauvre, puisse fonctionner correctement, elle a besoin d'un secteur financier bien développé et en bonne santé. Pourquoi ? Parce que les entreprises et les individus ont toujours besoin d'emprunter pour démarrer une activité puis mettre en place une activité de qualité, excitante et innovante. De plus, sans les banques, pratiquement personne ne serait en mesure d'acquérir un logement, puisque la plupart des acheteurs ont besoin d'emprunter pour pouvoir le faire.

De même, les banques jouent un rôle important comme intermédiaires dans les échanges. Essayez d'imaginer une journée de votre vie sans banques. Nous utilisons une carte bancaire ou un chèque pour payer la plupart de nos achats, les banques étant ainsi indirectement impliquées dans presque toutes nos transactions.

chronologie

5 av. J.-C.
Premiers exemples d'activités bancaires dans la Grèce antique

1397
Les Médicis créent leur banque – la première banque mondiale

Avec le temps, les banques sont devenues géantes et elles exercent aujourd'hui toutes sortes d'activités, depuis la gestion des placements des particuliers jusqu'à celle de conglomérats industriels ou d'hôtels. Souvent, ce niveau de puissance a suscité du ressentiment, les gens percevant les banques comme des parasites – se nourrissant de la richesse des autres afin d'accroître la leur. Il arrive que ces critiques ne soient pas dénuées de fondement. Alors que les banques s'écroulaient les unes après les autres à la fin des années 2000, il est devenu évident qu'une grande partie de leur expansion ne reposait pas sur des bases saines. Toutefois, la simple vérité est que, sans les banques, les gens ne seraient pas en mesure d'emprunter ou d'investir – des actes économiques essentiels pour qu'ils puissent mener une vie productive et gratifiante.

Comment les banques gagnent-elles de l'argent ? La structure de base et le modèle économique des banques sont fondamentalement les mêmes partout dans le monde.

« Qu'est-ce que voler une banque par rapport à créer une banque ? »

Bertolt Brecht

Tout d'abord, les banques font des profits en faisant payer sur l'argent qu'elles prêtent un taux d'intérêt plus élevé que celui qu'elle verse sur l'argent qu'elles ont en dépôt. L'écart, le « spread », entre les deux taux leur permet de faire des bénéfices en échange du service qu'elles rendent. Plus un emprunteur représente un risque élevé (c'est-à-dire plus le jugement sur sa solvabilité est défavorable), plus l'écart est élevé. C'est pourquoi ceux qui prennent un prêt hypothécaire représentant plus de 80 % du logement qu'ils acquièrent se voient souvent demander un taux d'intérêt plus élevé que les autres. Ils risquent davantage, après tout, de ne pas pouvoir rembourser, faisant subir à la banque une perte importante.

Ensuite, les banques offrent aux clients des conseils financiers et d'autres services – souvent moyennant une rémunération, parfois simplement pour les encourager à déposer de l'argent chez elles. Aux particuliers, elles proposent des assurances et des conseils pour les placements. Aux entreprises, elles apportent leur aide pour l'émission d'actions et d'obligations (en d'autres termes elles les aident à recueillir des fonds, reliant à nouveau les emprunteurs et les prêteurs), et elle les conseille sur l'opportunité de prendre le contrôle d'autres entreprises. C'est le rôle principal des *banques d'investissement*. Elles utilisent aussi une partie de leur

Années 1800
La famille Rothschild domine le monde bancaire européen

1933
La Federal Deposit Insurance Corporation est créée pour protéger les dépôts des épargnants, à l'origine jusqu'à un maximum de 5 000 dollars

2007
Une ruée sur la Northern Bank au Royaume-Uni est suivie par l'effondrement d'Indymac l'année suivante aux États-Unis

Les réserves des banques

La clé de la finance moderne tient dans le fait que les banques ne gardent en réserve qu'une petite fraction du montant des prêts qu'elles ont consentis. Supposez qu'à un moment donné vous ayez 1 000 euros sur votre compte bancaire. Il est peu probable que vous aurez besoin de les retirer en une seule fois. Bien que vous puissiez avoir besoin à un moment de toute votre épargne, en général vous n'en retirez que des fractions de temps en temps avec votre carte bancaire dans un guichet automatique.
En conséquence, plutôt que de laisser votre argent dormir dans leurs coffres, les banques ont tendance à en garder seulement une fraction en réserve, en faisant varier cette fraction selon ce qu'elles prévoient comme demande. Les banques centrales contrôlent généralement le montant des réserves que les banques sont tenues de conserver – aux États-Unis, par exemple, l'obligation de réserves est généralement de 10 %, ce qui signifie qu'avec un dépôt de 100 dollars une banque peut prêter 90 dollars.
C'est tout à fait logique d'un point de vue économique. Il est beaucoup plus efficace pour les banques d'utiliser l'argent déposé chez elles, maximisant son coût d'opportunité, plutôt que de le laisser inactif. Toutefois, il existe des effets collatéraux importants pour l'économie dans son ensemble. En prêtant cet argent, les banques augmentent l'offre de monnaie, et font accélérer l'inflation.

excédent de trésorerie pour investir elles-mêmes, espérant faire un petit profit supplémentaire.

La banque gère Le système bancaire moderne dans lequel les banques ont moins d'argent dans leurs coffres qu'elles n'en doivent officiellement à leurs clients fonctionne très bien quand tout va bien et que les déposants sont convaincus que leur argent est en sécurité. Toutefois, en période de crise, il peut s'effondrer spectaculairement. Pour une raison quelconque – des rumeurs selon lesquelles une banque est sur le point de faire faillite, par exemple, ou après un vol de grande envergure ou une catastrophe naturelle qui l'affecte – un grand nombre de déposants peuvent vouloir retirer leur argent. C'est ce qu'on appelle une panique bancaire, dont un exemple spectaculaire est celle qui a touché en 2007 la banque britannique Northern Rock. Lorsque les épargnants ont appris qu'elle avait dû recevoir une aide d'urgence de la Banque d'Angleterre – dans son rôle de prêteur en dernier ressort – des milliers de déposants se sont précipités pour faire la queue et retirer leur argent.

Les réserves que doivent détenir les banques ne représentent qu'une partie des dépôts de leurs clients ; elles n'ont donc pas assez de liquidités pour

> **« Un banquier est un gars qui vous prête son parapluie quand le soleil brille et qui vous le redemande au moment même où il commence à pleuvoir. »**
>
> **Mark Twain**

rembourser tous leurs déposants en même temps. Leur activité consiste en fait à utiliser des emprunts à court terme (les dépôts) pour financer des prêts à long terme (prêts hypothécaires et autres prêts de longue durée). Ces derniers sont très peu liquides, donc si tous les clients d'une banque demandent en même temps à récupérer leur argent, elle risque la faillite. C'est ce qui se serait passé avec la Northern Rock si les autorités britanniques n'étaient pas intervenues et ne l'avait pas nationalisée.

Dans les premiers temps, si une banque s'effondrait les épargnants pouvaient perdre tout leur argent. C'est ce qui est arrivé à beaucoup d'entre eux pendant la grande dépression. Toutefois, réalisant que le premier signe qu'une banque était en difficulté provoquait la consternation du public et une ruée sur les dépôts, les gouvernements ont depuis mis en place des systèmes d'assurance-dépôts.

L'expérience de la crise financière qui a éclaté en 2008 a montré que les gouvernements étaient pratiquement prêts à tout pour éviter que les banques ne s'effondrent. Quand elles le font, les conséquences pour l'économie dans son ensemble peuvent être désastreuses. Non seulement la confiance et la richesse des consommateurs sont entamées, mais la masse monétaire chute fortement, les banques utilisant leurs liquidités pour accroître leurs réserves et cessant de prêter, ce qui peut mener à la déflation.

Les banques ont ainsi le pouvoir d'émettre de la monnaie, de s'occuper de l'épargne que les particuliers constituent tout au long de leur vie, de faciliter les investissements et d'offrir les canaux principaux pour les dépenses. Il n'est pas étonnant qu'elles soient plus réglementées que n'importe quel autre type d'entreprises. Leur santé et celle de l'économie sont inextricablement liées.

l'idée en une phrase

Les banques relient les emprunteurs aux prêteurs

29 Les actions

Depuis que l'argent a fait son apparition dans notre monde, certaines personnes ont recherché des placements. Dans les premiers temps de l'investissement financier, de la Renaissance en Italie jusqu'au XVIIe siècle, le principal débouché pour leurs espèces était les obligations d'État, mais tout a changé avec la naissance des premières sociétés. Elles ont inauguré un monde d'actions, de spéculation, de millions gagnés et de millions perdus et, bien sûr, de krachs boursiers.

Chaque jour, les investisseurs achètent et vendent des milliards d'euros d'actions à la Bourse, de Londres à Paris et de New York à Tokyo. Le cours de l'action d'une société peut déterminer si elle va survivre comme entité indépendante, si elle va être rachetée ou si, à l'autre extrême, elle va faire faillite. Le cours des actions peut faire la fortune de certains mais tout aussi aisément en ruiner d'autres.

Pourtant, la Bourse n'est pas un casino. L'argent qui y est directement investi contribue à la croissance des sociétés et, par extension, de toute l'économie. Une Bourse euphorique est très souvent la preuve que l'économie se porte bien, que la croissance est forte. Cela est vrai depuis que les premières sociétés – ou pour leur donner leur nom complet, les sociétés par actions – ont été créées pour tirer parti des empires coloniaux européens en expansion rapide.

Les premières sociétés par actions La première société identifiable est la Virginia Company, créée pour financer le commerce avec les colons en Amérique. Mais la première grande société est la British East India Company, qui avait un monopole garanti par l'État sur les territoires britanniques en Asie. Elle est suivie de près par la Dutch India Company basée à Amsterdam.

Les premières sociétés par actions se distinguent de celles qui les précédaient – guildes, partenariats et entreprises gérées par l'État – sur les points suivants :

chronologie

1600
Création de la British East India Company

1792
Le Buttonwood Agreement pose les fondations pour la création de la Bourse New York

1801
Création de la Bourse de Londres

1. *La façon de se financer*. Les nouvelles sociétés émettaient des actions. À l'inverse des obligations, les actions donnent à leurs détenteurs la propriété formelle d'une part de la société et, pour cette raison, une plus grande influence sur son destin. Les actionnaires peuvent déterminer si la société peut acheter, ou être vendue, à une société concurrente à travers une fusion ou une acquisition. Ils peuvent intervenir sur les questions essentielles, y compris la rémunération des dirigeants.
2. *Le droit donné aux actionnaires de revendre leurs actions*. Ce droit est à l'origine de ce qui est connu comme le second marché, par opposition au marché primaire, dans lequel l'État et les sociétés vendent leurs obligations ou leurs actions directement à des investisseurs.
3. *La responsabilité limitée*. Elle signifie que si une société fait faillite, ses actionnaires ne sont susceptibles de perdre que ce qu'ils ont personnellement injecté dans l'entreprise – et non leur maison, leur voiture ou tout autre chose. Les sociétés ont aussi acquis la personnalité juridique – ce qui leur a donné le droit de signer des contrats, de détenir des biens et de payer des impôts elles-mêmes, indépendamment de leurs actionnaires.

En tant que propriétaires de l'entreprise, les actionnaires ont droit à une part de ses bénéfices. À condition que l'entreprise fasse des excédents, après prise en compte de ses frais de fonctionnement et de ses projets d'investissements, les actionnaires reçoivent un *dividende* annuel.

Ils peuvent également réaliser une plus-value lorsque la valeur de l'action augmente. Mais, si elle chute, ils risquent de perdre leur investissement. Si la société fait faillite, les actionnaires sont plus loin que les détenteurs d'obligations dans la file d'attente pour les remboursements, de sorte que les actions sont généralement considérées comme des placements plus risqués que les obligations.

En termes généraux, les sociétés peuvent être classées dans deux catégories. Il y a celles qui ne sont pas cotées, dont les actions ne sont pas sur le marché. Ce

« Le plus souvent les actions ordinaires sont soumises à des fluctuations de cours irrationnelles et excessives dans les deux directions, comme conséquence de la tendance ancrée chez la plupart des gens à spéculer et à parier... »

Benjamin Graham, **économiste américain**

1929
Krach de Wall Street

1987
« Lundi noir » (19 octobre) – la Bourse de New York chute de 22,6 %

L'influence croissante des marchés

La création des Bourses de valeurs, où les investisseurs peuvent acheter et vendre leurs actions, a été l'un des principaux tournants de l'histoire du capitalisme. Depuis lors, l'importance des actions a augmenté de façon exponentielle, et à la fin 2008, la valeur totale des actions sur les marchés boursiers du monde étaient d'environ 37 000 milliards de dollars. Chaque grand pays dans le monde a sa propre Bourse – le plus souvent dans sa capitale – à laquelle les actions du pays sont négociées.

La performance de ces marchés est généralement mesurée par un indice du cours des actions des plus grandes sociétés qui y sont cotées. Ce sont : à New York, le Dow Jones Industrials Average ou le S&P 500 (le deuxième couvre un champ plus large) ; à Londres, l'indice FTSE 100 ; à Tokyo, l'indice Nikkei ; à Francfort le DAX ; à Paris, le CAC 40 ; et à Shanghai, le SSE Composite Index.

sont généralement des entreprises plus petites, dont les actions sont typiquement propriété seulement de leurs dirigeants et quelquefois de la famille du fondateur, des banques et des investisseurs initiaux. Et puis il y a celles qui sont cotées – en d'autres termes, sur les marchés boursiers.

La Bourse L'image traditionnelle de la Bourse est celle d'une salle de marché animée, chaotique, où des courtiers agressifs crient « j'achète » ou « je vends » le plus fort possible. En fait, il reste très peu de marchés de ce type dans le monde – les principaux sont le London Metal Exchange et le Chicago Mercantile Exchange. Ces salles de marché ont été remplacées par des systèmes informatisés, permettant aux investisseurs de négocier directement où qu'ils soient dans le monde.

Ceux qui croient que le marché va monter sont connus comme *bulls* (taureaux), tandis que ceux qui s'attendent à une chute sont des *bears* (ours). Lorsque les investisseurs s'enthousiasment pour les perspectives d'une société donnée, ils se précipitent tous pour acheter ses actions, ce qui pousse le cours à la hausse. En revanche, si une entreprise est en difficulté, les investisseurs vendent généralement ses actions et ainsi poussent leur cours vers le bas.

Les investisseurs sont mus par un mélange de peur et d'avidité, et parfois l'avidité domine la peur, provoquant une bulle boursière – quand les cours sont surévalués – et parfois la peur surmonte l'avidité, ce qui conduit inévitablement à un krach quand les actions retombent sur terre en faisant un bruit sourd. Les marchés boursiers à New York, Paris, Londres et ailleurs, ont subi des bulles majeures au cours des cent dernières années. Bien que le krach le plus célèbre soit celui de Wall Street en 1929, le cours des actions a chuté encore plus le lundi noir de 1987, quand le Dow Jones a perdu 22,6 % en une seule journée. Les Bourses du monde entier ont également souffert de chutes importantes à la suite de l'éclatement de la bulle internet entre 2000 et 2002, et de la crise financière de 2008.

Les grands investisseurs Ceux qui participent au marché boursier se répartissent entre *investisseurs individuels*, tels que les ménages dotés de portefeuilles et *investisseurs institutionnels*, qui comprennent les fonds de pension, les groupes d'assurances, les gestionnaires de fonds, les banques et d'autres institutions. Depuis que les fonds de pension et les assurances détiennent une part si importante sur le marché boursier, les changements dans le cours des actions affectent indirectement presque tout le monde.

Parmi les plus décriés des autres investisseurs figurent les fonds spéculatifs, qui non seulement achètent des actions, mais les vendent sans les posséder, ce qui veut dire qu'ils parient que leur valeur va baisser. (Ils « empruntent » des actions à un autre investisseur à un certain prix, disons 100 euros, ils les vendent sur le marché à ce prix, espérant que le cours de l'action baissant, disons à 80 euros, ils les achèteront à ce prix inférieur, les rendront à l'investisseur à qui ils les avaient empruntées, et encaisseront au passage une différence de 20 euros par action.) Un autre type d'investisseur est la *société de capital-investissement*, qui rachète des entreprises en difficulté ou sous-évaluées, les remet en état et les revend.

Beaucoup en sont venus à considérer les nouveaux investisseurs comme une menace pour le marché, car ils agissent dans le secret et sont souvent perçus comme exerçant un chantage sur les entreprises. Ils affirment, cependant, qu'ils ont une fonction précieuse sur le marché en rachetant des sociétés sous-évaluées ou sous-performantes et en les remettant en état. Après tout, les marchés boursiers, où les entreprises peuvent être achetées par tout le monde, sont par nature des institutions démocratiques.

l'idée en une phrase

Les marchés boursiers sont au cœur du capitalisme

30 La gestion du risque

« Dans ce bâtiment, c'est tuer ou être tué. » C'est ce que Dan Ackroyd dit à Eddie Murphy dans un film de 1983 *Un fauteuil pour deux*. Ils traversent à grand pas le marché à terme et le marché des matières premières de New York, prêts à réussir le coup du siècle. En achetant puis vendant des contrats à terme sur le jus d'orange concentré surgelé, la paire gagne des millions de dollars et met en faillite ses anciens employeurs vindicatifs.

Pour Barings, la banque d'affaires la plus ancienne de Londres, ce fut « être tué », quand elle s'est effondrée en 1995 après qu'un de ses traders, Nick Leeson, lui a fait perdre à lui tout seul des millions de livres sur le marché à terme de Singapour.

Redistribuer le risque Les marchés à terme et les marchés d'options – souvent appelés aussi marchés de produits dérivés – sont peut-être les plus risqués et les plus lucratifs de tous les marchés. Et pour cause : le risque est précisément leur affaire. C'est là que les entreprises et les traders spéculent sur l'évolution des cours de tous les produits, depuis les actions, les obligations et les devises, jusqu'aux métaux et aux matières premières, et même sur le temps qu'il va faire et le prix des logements.

Les entreprises et les individus ne spéculent pas simplement pour parier mais dans un but économique essentiel : *redistribuer le risque*. Ils doivent planifier dans un monde hautement imprévisible. Si vous êtes un fabricant de boissons à l'orange, vous ne savez pas au début de l'année si la récolte d'oranges sera abondante. Si elle est médiocre, le prix des oranges montera fortement, mais si elle est exceptionnelle, les prix chuteront en raison de l'augmentation de l'offre. Vous pouvez choisir de vous protéger et de passer un contrat vous assurant de pouvoir acheter du jus d'orange à une date donnée en été pour un prix d'ores et déjà fixé. Vous renoncez à la possibilité de faire une économie si la moisson est bonne, mais vous vous

chronologie

Années 1730
Les premiers contrats à terme dont on ait la trace sont passés sur le riz au Japon, sur le marché du riz Dojima

Années 1800
Aux États-Unis, les contrats sur les produits agricoles sont en forte croissance

prémunissez contre le risque de subir une perte si elle est mauvaise ; mais, en échange de cette sécurité, vous déboursez une certaine somme. De l'autre côté de la transaction, le risque est également réduit pour le producteur, qui a au moins la garantie d'un certain revenu pour l'année.

Les marchés à terme et les marchés d'options sont désormais parmi les plus importants et les plus actifs dans le monde. Les entreprises doivent en effet constamment prendre de telles précautions, que ce soit les producteurs de maïs fixant un prix, ou un grand exportateur tel que Ford ou Microsoft prenant une position sur les devises pour s'assurer de ne pas être perdant si le dollar chute brusquement.

Spéculation et investissement Pour que le marché fonctionne, il doit y avoir des opérateurs prêts à prendre des risques. C'est là que les spéculateurs entrent en jeu. Tandis qu'environ la moitié des participants aux marchés à terme se protègent, les autres essayent de gagner de l'argent en pariant sur les mouvements de prix. Ces spéculateurs purs, qui ont leurs propres idées sur les mouvements de prix, jouent un rôle essentiel dans l'économie. Ce sont parfois des individus, parfois des fonds spéculatifs, parfois des fonds de pension cherchant à gagner un peu plus d'argent.

Dans tous ces cas, il ne faut pas les confondre avec les investisseurs, qui adoptent une vue à plus long terme. Comme l'a écrit Benjamin Graham, auteur du livre séminal pour tous les investisseurs, *The Intelligent Investor* :

> La distinction la plus réaliste entre l'investisseur et le spéculateur se situe dans leur attitude envers les mouvements de la Bourse. L'intérêt premier du spéculateur est de prévoir les fluctuations du marché et d'en tirer parti. L'intérêt premier de l'investisseur est d'acquérir des valeurs appropriées à un prix approprié et de les conserver.

Il est possible de devenir riche en suivant l'une ou l'autre route. L'investisseur le plus célèbre du monde, Warren Buffett, tend à prendre des positions à long terme dans les entreprises et à les conserver pendant des années, par l'intermédiaire de sa société d'investissement Berkshire Hathaway. En 2008, le magazine *Forbes* l'a mis en tête de sa liste des hommes les plus riches du monde avec une fortune de 62 milliards de dollars. Toutefois, un peu plus tard sa richesse a été sensiblement érodée par les effets de la crise financière. Le plus célèbre spéculateur, George Soros, a gagné 9 milliards de dollars en spéculant sur tout, depuis le cours des actions et des matières premières jusqu'à celui des devises.

1972
Les contrats à terme sur les devises sont introduits à Chicago, les taux de change devenant très volatils

1982
Les contrats à terme sur les actions sont introduits

2008
La valeur totale des swaps sur les non-remboursements de prêts et des autres produits dérivés atteint 1 144 000 milliards de dollars, soit 22 fois le PNB de l'ensemble du monde

Matières premières, options et échanges à terme

Les matières premières sont tout type de produit qui peut être acheté ou vendu en vrac, depuis les métaux précieux et le pétrole jusqu'au cacao et aux grains de café. Si vous voulez en acheter pour une livraison instantanée, vous le faites au prix spot – prix au moment de l'achat – comme vous le feriez pour une action ou une obligation.

Un contrat à terme est un contrat pour acheter une matière première ou un produit financier à un prix donné à une date fixée (la date de livraison).

Une option est un titre qui donne à son propriétaire le droit, mais non l'obligation, d'acheter ou de vendre un produit financier à un prix donné à une date fixée.

Une brève histoire des marchés à terme Une forme de marché à terme existe depuis plusieurs siècles, dérivant du fait qu'il y a souvent un délai entre commander un produit et le recevoir. Au XIIIe et au XIVe siècles, les éleveurs de moutons vendaient souvent leur laine un an ou deux à l'avance. Au Japon, au XVIIIe siècle, les négociants achetaient et vendaient du riz pour une livraison ultérieure, et les premiers produits dérivés ont été vendus aux samouraïs. Ils étaient habituellement payés en riz et, à la suite d'une série de mauvaises récoltes, ils ont voulu se garantir un certain revenu pour les années suivantes.

Cependant, c'est au XIXe siècle que le marché a vraiment décollé – son berceau étant Chicago, où le marché à terme est appelé Mercantile Exchange. Ainsi, en 1880, l'entreprise de produits alimentaires Heinz signe des contrats avec des agriculteurs pour acheter des concombres les années suivantes à des prix préfixés. Habituellement, cependant, un contrat à terme n'est pas passé directement entre l'acheteur et le vendeur, mais sur le marché à terme, qui agit en tant qu'intermédiaire. Comme les anticipations sur le prix de tous les produits, de la poitrine de porc aux métaux et à d'autres matières premières évoluent, le prix des contrats à terme liés à ces produits fluctuent.

Un jeu à somme nulle C'est cette fluctuation permanente qui rend le marché des produits dérivés si risqué pour les placements. Il suffit de regarder un des marchés les plus importants – celui du pétrole brut – pour comprendre pourquoi. Le prix du pétrole monte et descend en fonction de toute une série de facteurs : des facteurs économiques, liés, par exemple, au taux auquel les économies sont susceptibles de croître, et donc à la demande probable de carburant ; des facteurs géopolitiques, en rapport avec la probabilité d'attaques terroristes sur les plateformes pétrolières ou avec les relations entre le Moyen-Orient et le reste du monde.

« Soyez craintif quand les autres sont avides et avide seulement quand les autres sont craintifs. »

Warren Buffett

En 1999, le magazine *The Economist* prévoyait qu'après être descendu à 10 dollars le baril, le prix du pétrole descendrait encore jusqu'à 5 dollars. Á la fin de l'année, son prix était en fait remonté à 25 dollars. Entre 2000 et 2005, il est resté quelque part entre 20 et 40 dollars le baril. Puis, l'invasion de l'Irak, la croissance économique exceptionnelle d'une grande partie du monde et les craintes sur les réserves de pétrole se sont combinées pour envoyer le prix d'abord à 60 dollars, puis à 80 dollars et puis, en 2008, jusqu'à 140 dollars le baril. Mais, à peine avait-il atteint ce niveau qu'il a commencé à redescendre, revenant plus ou moins à son point de départ, l'économie mondiale étant en récession.

En pariant intelligemment sur les mouvements des prix, de nombreux investisseurs ont gagné des centaines des millions de dollars, mais des investisseurs aussi nombreux en ont perdu autant. À la différence du marché boursier, où les actions peuvent toutes monter pendant que les entreprises se développent et s'épanouissent, les contrats à terme sont à somme nulle : pour chaque gagnant, quelqu'un perd la même somme. C'est pourquoi les marchés de produits dérivés sont souvent comparés à un casino. Mais bien qu'une part de pari intervienne, ce n'est pas un passe-temps futile. Ces marchés sont un rouage essentiel de la machine économique moderne.

l'idée en une phrase

Passez les risques à ceux qui sont les plus disposés à les prendre

31 Expansions et récessions

Peu après sa prise de fonction comme chancelier de l'Échiquier, Gordon Brown affirme dans plusieurs discours qu'il a l'intention de libérer la Grande-Bretagne du vieux cycle des expansions et récessions. C'est une musique agréable aux oreilles. La Grande-Bretagne a supporté une série déplaisante de récessions, provoquées par une économie en surchauffe. Les Anglais sont prêts à renoncer à un peu d'expansion si cela signifie ne pas avoir à subir de récession.

Un peu plus d'une décennie plus tard, Brown, désormais Premier ministre, a cessé de répéter son incantation. L'économie glisse vers une récession et sa plus grave crise du logement de mémoire humaine, sinon de toujours. Le plus gênant est que la récession est plus profonde que celles créées par ses rivaux politiques, les conservateurs, quand ils étaient au pouvoir. Laissant de côté les embarras de Brown, une chose était claire : les rumeurs sur la fin du cycle économique étaient bien trop prématurées.

Les économies par leur nature même sont sujettes à des cycles d'expansion et de récession : les marchés oscillent de la confiance au pessimisme et les consommateurs de l'avidité à la crainte. Il est difficile de comprendre ce qui commande ces variations, parce qu'elles sont sujettes aux caprices de la nature humaine. Et comme l'expérience de Brown l'a montré, les tentatives de maîtriser le cycle ont généralement échoué lamentablement.

En théorie, il devrait exister un niveau optimum d'activité économique auquel un pays pourrait rester indéfiniment. On y fait référence sous le nom de plein emploi ; tous les facteurs de production sont employés à leur capacité optimum. De ce fait, l'inflation n'aurait aucune raison d'accélérer et l'économie pourrait croître à un taux constant.

En pratique, cependant, cette situation optimale n'a jamais été atteinte.

chronologie

1929
Krach de Wall Street

1946
Publication de *Measuring Business Cycles* de Burns et Mitchell

Des cycles de diverses sortes se sont déroulés à travers l'histoire. La Bible, par exemple, rapporte des périodes d'abondance suivies d'années de famine. Les mêmes fluctuations existent dans les économies sophistiquées et de haute technologie du XXIe siècle.

Toutes les grandes économies souffrent de ces vastes oscillations de l'activité économique, qui ont été pour la première fois officiellement documentées en 1946 par Arthur Burns et Wesley Mitchell.

« Le cycle économique est condamné, grâce principalement à l'action des pouvoirs publics. »

Paul Samuelson, économiste américain

Le taux de croissance tendanciel Chaque économie a un taux de croissance tendanciel – la vitesse à laquelle elle a tendu à croître au cours des récentes décennies. Pour les États-Unis ces dernières années, ce taux de croissance à long terme était d'environ 3 %. Au Royaume-Uni et dans beaucoup d'autres pays européens il était légèrement inférieur, de l'ordre de 2,5 %, ce qui veut dire qu'ils ont crû à un rythme plus lent. Le cycle économique est simplement une fluctuation de l'activité économique au-dessus ou au-dessous de ce taux de croissance. La différence entre les deux est connue comme *output gap*. Un cycle économique couvre une phase d'expansion et la phase de récession qui la suit.

Au pic d'un cycle, une économie peut croître en fait très rapidement, mais souvent cette expansion est de courte durée, menant à une chute vers la décroissance – c'est-à-dire une contraction l'économie. Si l'économie le fait pendant deux trimestres successifs, elle est techniquement en récession. Cela va de pair avec un chômage plus élevé et une baisse des profits des entreprises.

Pourquoi des cycles ? Il existe plusieurs explications pour les cycles. Cependant, en vérité, aucune n'est aussi convaincante que le fait fondamental que les êtres humains sont des créatures soumises à leurs émotions, qui peuvent passer très rapidement de l'optimisme au pessimisme, et vice-versa. Une autre explication fait intervenir la politique monétaire : les modifications de taux d'intérêt, par les banques privées ou les banques centrales, se répercutent sur la croissance de l'économie et sur l'inflation, les accélérant ou les ralentissant, ainsi que sur le niveau du chômage. Une autre explication technique fait intervenir le taux auquel les entreprises accumulent les stocks – leurs réserves de produits non encore vendus. Les entreprises tendent à les accumuler quand la croissance

2007

À partir du début des années 2000, l'économie américaine est en expansion, selon le National Bureau of Economic Research

2008

Faillite de Lehman Brothers

Les cycles économiques

Les différentes parties de l'économie passent de la récession à l'expansion selon leur propre rythme. C'est pourquoi les économistes ont conçu des cycles de longueur variable :

- **Cycle de Kitchin (3 à 5 ans)** Il se rapporte au rythme auquel les entreprises accumulent leurs stocks, ce qui peut selon le cas accélérer ou ralentir la croissance.
- **Cycle de Juglar (7 à 11 ans)** Il renvoie à la façon dont les entreprises augmentent et réduisent leurs dépenses d'investissement dans leurs usines et en services – typiquement avec une période grossièrement double de celle des cycles de Kitchin. C'est au cycle de Juglar que la plupart des économistes se réfèrent quand ils parlent de cycles économiques.
- **Cycle de Kuznets (15 à 25 ans)** C'est la durée entre les périodes d'expansion dans les dépenses publiques et privées pour les grandes infrastructures, telles que les routes ou les chemins de fer.
- **Cycle (ou vague) de Kondratiev (45 à 60 ans)** Connu aussi comme « super cycle », il renvoie plus généralement aux phases du capitalisme. L'idée est que tous les 45 à 60 ans, le capitalisme subit une crise qui conduit à une remise en question de la manière dont l'économie est structurée et de sa façon de fonctionner.

est forte, parce qu'elles prévoient que l'expansion va se poursuivre. Elles les réduisent quand l'économie entre en récession. Dans les deux cas, cela rend les oscillations plus violentes qu'elles ne devraient l'être.

L'expérience humaine est également un facteur important.

Certains disent que les graines d'une crise financière sont semées l'année où le dernier banquier qui a vécu la crise précédente prend sa retraite. En d'autres termes, plus le souvenir des graves conséquences des récessions s'effacent, plus augmente la probabilité que des erreurs semblables se reproduisent, et qu'elles provoquent une nouvelle bulle.

De plus, des événements inattendus peuvent faire passer l'économie d'un cycle à l'autre. Clairement, rares sont ceux qui s'attendaient à la crise du crédit qui a commencé en 2007 et à l'effondrement des prix du pétrole un an plus tard. Les deux événements ont ensemble transformé une diminution de l'activité en récession à l'échelle mondiale. Peut-être l'économie se comporterait-elle de façon plus prévisible sans de tels chocs.

D'autres soutiennent que les hommes politiques doivent supporter une partie du blâme. En effet, ils permettent parfois la perte de contrôle des phases d'expansions afin de profiter du sentiment d'euphorie généré, par exemple, par des profits en forte hausse, le prix des logements qui augmente et l'emploi à un niveau élevé. Ils adoptent une politique *pro-cyclique* – envoyant de l'air dans la bulle – au lieu d'une politique *anticyclique* visant à doucement dégonfler la bulle avant qu'elle n'éclate.

Prévoir le chemin Le cycle économique est clairement important. Avoir une certaine idée des moments où l'économie est sur le point d'entrer en récession est crucial, et les gouvernements emploient des équipes d'économistes pour essayer de les diagnostiquer. Aux États-Unis, les experts travaillent au National Bureau of Economic Research, alors qu'en France ils se trouvent en particulier à la DGTPE (direction générale du Trésor et de la Politique économique) et à l'Insee (Institut national de la statistique et des études économiques). Ces experts ont fait de leur mieux dans le passé, redéfinissant souvent leur estimation du moment où un cycle commence et se termine des années (ou même des décennies) après l'événement.

Le problème est que la durée des cycles est très variable (voir encadré page précédente). Ainsi, même si le point de départ est correctement identifié, l'estimation du moment où ils s'achèveront peut être très loin de la réalité.

Nombreux sont ceux – le gestionnaire de fond spéculatif le plus célèbre au monde, George Soros en fait partie – qui ont dit que la crise du début des années 2000 a été déclenchée par la fin d'un « super-cycle », les dettes s'accumulant de plus en plus pendant des décennies. George Soros ajoutait qu'une récession de même durée devait suivre, les débiteurs étant forcés de rembourser leurs dettes.

La plus grande frustration pour les économistes est que les cycles économiques mettent à mal les modèles complexes qu'ils emploient pour prévoir l'évolution de l'économie. Ces modèles informatiques, dans lesquels ils versent toutes les données dont ils disposent sur l'emploi, les prix, la croissance, supposent habituellement que l'économie suivra constamment une ligne plus ou moins droite. L'expérience, cependant, prouve que ce n'est simplement pas le cas.

l'idée en une phrase
Expansions et récessions sont inévitables

32 Les retraites et l'État-providence

Nous sommes en 1861, la guerre de Sécession déchire les États-Unis. Tandis que les Unionistes et les Confédérés luttent pour attirer de nouvelles recrues pour renforcer leurs armées, un plan ingénieux est proposé : offrez des retraites généreuses aux soldats et à leurs veuves. Ce plan fonctionne – les recrues se comptent rapidement par centaines de milliers.

Quand, selon vous, le dernier paiement lié au régime de retraite de la guerre de Sécession a-t-il été effectué ? Les années 30 ou les années 40, quand les combattants les plus âgés approchaient de la fin de leurs vies ? En fait, il a fallu attendre jusqu'en 2004. Une femme entreprenante de 21 ans avait pris sur elle d'épouser un ancien combattant de 81 ans dans les années 20, laissant à l'État une facture remarquablement durable puisqu'elle ne s'est éteinte qu'à 97 ans.

Imaginez ce même problème non seulement pour un pays entier, mais pour l'ensemble du monde développé, les gouvernements ayant promis de subvenir généreusement aux besoins de leurs citoyens âgés, pour réaliser des décennies plus tard que ces citoyens vivent plus longtemps que prévu et absorbent une trop grande part de leurs ressources. Vous aurez ainsi une idée de la crise des retraites et de l'État-providence.

Évolution de l'État-providence Bien que les États aient parfois offert les retraites, l'éducation et d'autres avantages à certains de leurs citoyens depuis l'époque de la Rome antique – habituellement en échange d'un engagement dans l'armée – l'existence dans le monde entier des États-providence et des systèmes de sécurité sociale est un phénomène relativement nouveau. Jusqu'au XXe siècle, les pays ont prélevé des impôts afin d'assurer la sécurité intérieure et extérieure. Cependant, à la suite de la Première Guerre mondiale et de la grande dépression, l'étendue du

chronologie

1880

Bismarck met en place le premier système public de retraite et d'assurance médicale dénuement dont tant de familles ont souffert est devenue claire. Les pays tels que les États-Unis, le Royaume-Uni ou la France ont mis en place des États-providence – où les impôts et les cotisations sociales sont un outil de redistribution vers ceux qui sont jugés les plus nécessiteux, qu'ils soient vieux, infirmes, chômeurs ou malades. Le modèle original a été développé en Allemagne par Bismarck à la fin du XIXe siècle.

La théorie sous-tendant les retraites et la sécurité sociale est aussi simple aujourd'hui que quand le système a été conçu la première fois : les citoyens d'un pays doivent contribuer quand ils travaillent et sont en bonne santé, et en échange il sera pourvu à leur bien-être quand ils seront malades, incapables de travailler ou qu'ils prendront leur retraite.

Les problèmes L'État-providence a sorti bien de familles de la pauvreté, et a spectaculairement amélioré les normes d'enseignement et de santé dans tout le monde occidental. Mais nombreux sont ceux qui

Le rapport Beveridge

Le catalyseur pour la création des États-providence fut le rapport séminal de William Beveridge, rendu public en 1942. Ce *Rapport au Parlement sur la sécurité sociale et les prestations connexes* était conçu pour stopper « la pauvreté, la maladie, l'ignorance, l'insalubrité et l'oisiveté ». Alors que les gouvernements commençaient à s'intéresser au monde d'après-guerre, il est apparu clairement qu'il fallait faire quelque chose pour s'assurer que les gens seraient correctement aidés à l'avenir, et le rapport Beveridge a fourni un modèle idéal. L'épreuve combinée de la grande dépression et de la guerre avait mis en lumière le fait que, dans des circonstances extrêmes, le secteur privé ne pouvait tout simplement pas protéger certaines personnes contre les difficultés. Cependant, le rapport soulignait qu'étant donné la taille de l'État et par conséquent son pouvoir de négociation, il pourrait assurer mieux, à meilleur marché et plus économiquement les soins de santé et les retraites pour ses citoyens. Nulle part les idées de Beveridge n'ont été appliquées avec plus d'enthousiasme qu'au Japon, qui a spectaculairement amélioré l'espérance de vie de ses citoyens et leur niveau d'instruction en mettant en place un vaste système de sécurité sociale, d'hôpitaux et d'écoles après la guerre. La qualité de son État-providence géant est largement considérée comme ayant aidé le pays à rebondir si vigoureusement les années suivantes.

1908
David Lloyd George introduit les retraites au Royaume-Uni

1942
Publication du rapport Beveridge

soulignent qu'il est également à l'origine de problèmes majeurs : l'un socio-économique, l'autre fiscal.

Le problème socio-économique est que les systèmes d'assistance peuvent décourager les bénéficiaires de travailler. De nombreux éléments suggèrent qu'offrir aux travailleurs sans emploi un revenu peut les décourager d'en rechercher (voir n°22). Bien qu'elles aient pris des proportions gigantesques, les dépenses sociales semblent avoir réduit, au cours des dernières décennies, la productivité dans plusieurs pays, y compris le Royaume-Uni et divers pays de l'Europe du nord.

« Les réformes du système de retraite, comme le conseil pour les placements et l'inscription automatique, renforceront la capacité des Américains à épargner et à investir en vue de la retraite. »

Steve Bartlett, ancien membre du Congrès des États-Unis

Le mode de financement de ces systèmes pose aussi problème dans le long terme. La plupart des systèmes d'assistance sociale sont financés par des cotisations : ils fonctionnent en grande partie par répartition, les salariés d'aujourd'hui finançant les pensions des retraités d'aujourd'hui plutôt que leurs propres futures pensions.

Un tel système a bien fonctionné au cours des années d'après-guerre : le *baby boom* de la fin des années 40 et des années 50 a eu pour effet que les jeunes salariés étaient largement assez nombreux pour verser des cotisations tout au long des années 1960, 1970 et 1980. Cependant, la natalité ayant diminué depuis, de nombreux pays, y compris les États-Unis, la France, le Japon et une grande partie de l'Europe devront faire face à une facture très élevée à l'avenir.

Le problème est particulièrement aigu aux États-Unis. Le système américain inclut une pension versée par l'État pour tous (la « sécurité sociale »), Medicare – une assurance maladie gratuite pour les personnes âgées – et un certain nombre d'autres programmes moins importants comprenant Medicaid – couverture santé pour les pauvres – et des indemnités de chômage temporaire. Cependant, le système est confronté à une situation critique avec le départ à la retraite des *baby boomers*. La part de la population des États-Unis âgée de plus de 65 ans doit passer de 12 % à 21 % d'ici 2050, ces nouveaux retraités vivant plus longtemps et ayant besoin de plus de soins médicaux que jamais auparavant.

Le bien-être à l'avenir Selon les économistes qui étudient comment les décisions d'une génération peuvent affecter la génération suivante, les coûts de l'État-providence au cours des années à venir en même temps que la réduction de la taille de la population active signifient que les grands pays occidentaux risquent la banqueroute, selon la plupart

Quelques solutions aux problèmes des retraites et à la crise de l'État-providence

1. Permettre à davantage d'immigrés de venir travailler dans le pays, ce qui augmenterait la taille de la population active.
2. Augmenter les impôts que paieront les futurs contribuables pour aider à payer la facture mais, en conséquence, accepter une croissance économique plus faible.
3. Forcer les futurs retraités à travailler plus longtemps ou à accepter une retraite plus faible.
4. Abandonner les systèmes par répartition en faveur de programmes dans lesquels les contribuables ont à verser une certaine somme à un fonds chaque mois. Déjà un certain nombre de gouvernements se sont engagés dans cette voie – y compris celui du Royaume-Uni. Cependant, les réformes risquent d'arriver trop tard pour empêcher une pression gênante sur les finances publiques dans les années à venir.

des définitions que l'on peut donner de ce terme. Cette prévision peut être faite en particulier pour le Japon, où la population des plus de 65 ans représente déjà plus de 21 % de l'ensemble de la population et, selon les projections, devrait être aussi nombreuse que la population active en 2044.

Les taux de fécondité ont commencé à augmenter légèrement au Royaume-Uni et aux États-Unis, grâce notamment à une surabondance des grossesses d'adolescentes dans le premier cas et à la fécondité des immigrées mexicaines dans le second. Cependant, même ces évolutions sont peu susceptibles d'épargner à l'un ou l'autre pays un choc imminent.

La vérité douloureuse est que soit les retraités devront accepter des pensions moins généreuses soit les citoyens de demain devront payer davantage de cotisations sociales. C'est un problème qui dominera la vie politique et la théorie économique pendant quelques décennies.

l'idée en une phrase

Prenez garde à ne pas promettre l'argent que vous ne pourrez pas donner

33 Les marchés monétaires

Dans un immeuble de bureau n'ayant rien de remarquable, quelque part dans le quartier des docks de Londres, un petit groupe de personnes est chargé de choisir le chiffre peut-être le plus important au monde. Le niveau de ce chiffre, fixé à 11 heures chaque matin, a des conséquences de grande ampleur dans le monde entier : il mettra certains en faillite, permettra à d'autres de gagner des millions. C'est un des éléments des bases mêmes du capitalisme. Mais rares sont ceux qui, en dehors des marchés financiers, en ont entendu parler. C'est le Libor : London Interbank Offered Rate (taux offert interbancaire à Londres).

Le Libor, qui est sous la responsabilité de l'association des banquiers britanniques, est le point névralgique d'un des secteurs clés de l'économie mondiale – les marchés monétaires. C'est là que les entreprises empruntent et prêtent l'argent à court terme – en d'autres termes, sans avoir à émettre des obligations ou des actions (voir n°27). Ces marchés sont le nœud central du système financier mondial, et quand, parfois, ils tombent en panne, l'économie entière peut en ressentir les effets.

Dans les périodes normales, le Libor reflète simplement le taux auquel les banques sont disposées à se prêter entre elles à court terme. Ce type de prêt – souvent dénommé *prêt interbancaire* – est sans garantie : il ressemble à un découvert ou à une carte de crédit plutôt qu'à un prêt hypothécaire, et il est essentiel pour que les banques fonctionnent. Tous les jours, le bilan d'une banque change de manière significative en fonction de ce que les clients déposent, retirent, empruntent et remboursent. Ainsi, il est essentiel que les banques puissent s'emprunter les unes aux autres sans délai pour rester à flot.

chronologie

années 1970
La titrisation commence à se développer

1984
L'association des banquiers britanniques met en place le Libor

La puissance du Libor

Les marchés monétaires de gros sont devenus si puissants et ont tellement crû que le Libor – qui est décomposé selon les principales devises du monde, en particulier le dollar, l'euro et la livre sterling – est au cœur de contrats valant autour de 300 000 milliards de dollars – soit l'équivalent de 45 000 dollars par être humain sur la planète. La plupart des personnes, quand elles pensent au taux d'intérêt, ont en tête les taux officiels établis par les banques centrales telles que la Reserve fédérale ou la Banque centrale européenne. En fait, le Libor donne une bien meilleure indication du vrai coût des emprunts.

La manière dont les banques fonctionnent a connu diverses transformations au cours des dernières décennies. Traditionnellement, les banques font des profits en utilisant les dépôts de leurs clients sous forme d'épargne pour prêter à d'autres clients sous forme de prêts hypothécaires et d'autres types de prêt (voir n°28). D'un côté cela signifie que, plutôt comme George Bailey (joué par James Stewart) essayant d'apaiser les déposants qui retirent frénétiquement leurs dépôts dans *La vie est belle*, les banques ont une relation directe – souvent un rapport personnel – avec leurs clients. D'un autre côté, ce *modus operandi* n'a pas fourni aux banques autant d'opportunités de croissance qu'elles le souhaitaient. En effet, les régulateurs avaient établi des règles sur le montant total qu'elles étaient autorisées à prêter en fonction de leur taille. La conséquence était qu'elles ne pouvaient accorder des prêts pour l'achat de logements à un taux aussi bas qu'elles l'auraient voulu.

La montée de la titrisation Plusieurs de ces banques, ou de ces sociétés de prêt immobilier, sont des mutuelles, ce qui signifie qu'elles sont possédées non pas par des actionnaires mais par leurs clients. Au Royaume-Uni, de telles sociétés spécialisées dans les prêts immobiliers sont dénommées « building societies », et figurent parmi elles des sociétés comme Nationwide et Northern Rock.

Cependant, dans les années 1970 et 1980, comme le désir d'être propriétaire de son logement s'est développé (voir n°37), les banques se sont rendu compte qu'il leur serait difficile de répondre à la demande sans

Années 1980 et 1990
Les banques sont en forte expansion partout dans le monde

2007
Les marchés interbancaires se bloquent

accroître les sommes qu'elles avaient le droit de prêter. Elles se sont alors tournées vers un système alternatif. Plutôt que de prêter de l'argent en s'appuyant seulement sur leurs dépôts, elles ont commencé à regrouper les prêts hypothécaires qu'elles accordaient dans des « paquets » qu'elles vendaient à d'autres investisseurs. Le processus est connu sous le nom de *titrisation* – parce qu'il transforme les prêts en titres (instruments de placements tels que les obligations, les options, les actions…). Il a très bien fonctionné pendant un certain temps. En sortant la dette hypothécaire de leurs bilans, les banques pouvaient accorder des prêts plus importants et plus élevés sans être limitées par leur taille. Des investisseurs venant de partout dans le monde se pressaient pour acheter ces titres, leurrés par leur rendement élevé et l'assurance donnée par les agences de notation que ces placements étaient fiables.

Avec le temps, les banques ont créé des titres de plus en plus complexes. Elles ont non seulement regroupé des hypothèques dans des paquets, elles ont également découpé ceux-ci en tranches pour en faire des instruments connus sous le nom de CDOs (collateralized debt obligations : obligations adossées à des actifs), puis des versions encore plus complexes telles que $CDOs^2$ (découpées deux fois en tranches) et $CDOs^3$ (découpées trois fois).

La théorie qui sous-tend de telles activités semble tout à fait sensée. Précédemment, si un détenteur d'un prêt hypothécaire ne pouvait pas rembourser son prêt, la partie qui en souffrait le plus était la banque ; la titrisation promettait de répartir ce risque au sein du système financier, chez ceux qui étaient plus disposés à le prendre. Cependant, le rapport personnel entre l'emprunteur et le prêteur disparaissait (un processus appelé *désintermédiation*). Il devenait très probable que quiconque achèterait en dernier le paquet de dettes n'apprécierait pas correctement les risques qu'il prenait – que ce soit un investisseur japonais ou un fonds de pension européen. Il ne pouvait compter que sur les notations émises par des agences comme Standard & Poors ou Fitch and Moody's.

Cette déconnection a été l'une des causes principales de la crise financière des années 2000, puisque les investisseurs n'étaient pas entièrement conscients de l'ampleur du risque qu'ils prenaient quand ils achetaient ces paquets de dettes immensément compliqués. Les banques, prêtant bien plus que ce qu'elles avaient en dépôt, ont creusé un trou important dans leurs comptes, qui pouvait seulement être comblé par les placements en gros. Comme nous allons le voir, cela ne sera pas le cas.

Le jour qui a changé le monde Le 9 août 2007, les marchés interbancaires et les marchés pour les prêts hypothécaires titrisés se sont bloqués en même temps et soudainement partout dans le monde. Les investisseurs se sont rendu compte que le marché du logement aux États-Unis était en forte baisse et que, plus fondamentalement, le système financier occidental était excessivement endetté. Ils ont alors cessé d'acheter des titres – en d'autres termes, ils ont cessé de prêter l'argent. C'était ce moment d'inquiétude qui a déclenché la crise financière qui a suivi ; le moment où les économistes et les financiers, qui n'avaient jusque-là accordé qu'une attention limitée à cette partie complexe du système, ont pris conscience de son importance pour la santé de l'économie mondiale.

De nombreuses banques de part et d'autre de l'Atlantique, parmi lesquelles Northern Rock, se sont trouvées soudainement incapables de se financer sur les marchés de gros. Elles se sont retrouvées avec un trou noir massif dans leurs comptes. Bien que la crise financière ait des causes multiples, c'est ce gel sur les marchés financiers qui a envoyé les premiers chocs fatals dans le système. À peine un mois plus tard, Northern Rock a été forcée de rechercher un financement urgent auprès de la Banque d'Angleterre, qui a agi en tant que prêteur en dernier recours. Bien que l'idée soit très répandue que le problème a été provoqué spécifiquement par les subprimes (c'est-à-dire les prêts immobiliers accordés à des ménages peu solvables), la vraie question pour Northern rock était qu'elle était entièrement dépendante des marchés en gros, et que les taux Libor avaient augmenté fortement, reflétant la répugnance des banques à se prêter les unes aux autres.

« Je ne pense pas qu'un seul économiste conteste que nous traversons la plus grave crise économique depuis la grande dépression. La bonne nouvelle est que nous avons atteint un consensus sur ce qui doit être fait. »

Barack Obama

Le Libor est seulement un taux indicatif, montrant ce que les banques sont théoriquement disposées à se faire payer les unes aux autres. Dans ce cas, il n'y avait de toute façon aucun prêt. Les banques centrales ont été forcées d'intervenir et d'injecter directement de l'argent dans les marchés et les banques elles-mêmes. Les marchés monétaires étaient asséchés !

l'idée en une phrase

Les marchés monétaires permettent au monde de la finance de fonctionner

34 Les bulles financières

Exubérance irrationnelle : deux mots qui séparément ne sont pas très remarquables, mais qui une fois rassemblés ont eu assez de force pour faire plonger les marchés boursiers dans le monde entier. Quand, en 1996, Alan Greenspan, alors président de la Réserve fédérale américaine, a averti que c'était peut-être ce que les marchés étaient en train de vivre, il a provoqué une chute importante des cours, les investisseurs se demandant s'ils étaient piégés à l'intérieur d'une bulle.

Greenspan s'était rendu compte que les prix des actions des entreprises de haute technologie augmentaient beaucoup plus vite qu'on aurait pu s'y attendre. Les gens s'emballaient, laissaient leur enthousiasme devant le boom de l'internet les pousser à acheter des actions pour un prix au-delà du raisonnable. Le résultat, dans les débuts de la bulle internet, avait été une flambée des cours. L'avertissement de Greenspan a fait plonger le Dow Jones, indice du cours des actions à Wall Street, de 145 points le jour suivant, mais la confiance est revenue jusqu'au début des années 2000.

Cette affaire de « l'exubérance irrationnelle » illustre deux points clés à propos des marchés financiers et des bulles : d'abord, il est extrêmement difficile d'identifier une bulle, plus encore de savoir si elle est loin ou proche de l'éclatement ; ensuite, il n'est pas toujours facile de remettre les bulles sous contrôle.

Identifier les bulles Les bulles économiques se produisent lorsque l'enthousiasme des spéculateurs et des investisseurs pour un actif particulier fait monter son prix plus qu'il ne devrait. Bien sûr, estimer le « juste » prix est subjectif, d'où le problème. Alors même que le cours des actions pour l'internet atteignait des sommets vertigineux en 2000, nombre d'analystes

chronologie

1637
Bulle des tulipes aux Pays-Bas

1720
Bulle de la mer du Sud et bulle de la Compagnie du Mississipi

« Nos [décisions d'investissement] ne peuvent êtres prises que sous l'influence d'esprits animaux – une envie spontanée d'agir plutôt que de rester inactif. »

John Maynard Keynes

et d'experts maintenaient qu'elles étaient correctement valorisées. Il en était de même pour le prix des logements avant qu'ils ne commencent à s'effondrer.

Les bulles n'ont rien d'un phénomène nouveau. Elles sont réapparues régulièrement depuis les premiers jours des marchés : à partir du XVIIe siècle en Hollande, où tout le monde se précipita pour acheter des tulipes, et des bulles de la mer du Sud et de la Compagnie du Mississippi au XVIIIe siècle (associées aux profits à réaliser grâce aux colonies européennes), jusqu'aux divers engouements pour les logements au XXe siècle.

Alors qu'il est évident, avec le recul, qu'il s'agissait bien de bulles, il était difficile de les identifier à l'avance. Les prix peuvent augmenter en fonction de ce que les économistes appellent les « fondamentaux ». Le prix des logements, par exemple, peut augmenter parce qu'un pays ou une région attire davantage de gens – en d'autres termes, à cause d'une augmentation de la demande – ou parce que le nombre de logements construits chute – en d'autres termes, parce qu'il y a une contrainte sur l'offre.

Lutter contre les bulles De nombreux experts économiques, parmi lesquels Alan Greenspan, ont fait valoir que les décideurs ne devraient pas tenter d'arrêter le gonflement des bulles – (« to lean against the wind »), de toute évidence en relevant les taux d'intérêt ou en imposant de nouvelles réglementations – ils devraient plutôt se concentrer sur le nettoyage des dégâts après l'éclatement. La raison est double. Premièrement, il est difficile de déterminer si la hausse des prix est le signe d'une bulle ou une manifestation normale de la croissance économique. Deuxièmement, étant donné que les effets d'outils économiques comme les taux d'intérêt et la réglementation sont difficiles à maîtriser, il est probable que les employer provoquera des dommages collatéraux dans d'autres secteurs de l'économie.

1989
La bulle immobilière éclate au Royaume-Uni

2001
La bulle internet éclate

2006-2008
La bulle immobilière éclate aux États-Unis et dans de nombreux pays occidentaux

Boucles de rétroaction

Quand une bulle se forme ou éclate, elle affecte l'économie à travers un cycle vertueux ou vicieux, ce que les économistes appellent une boucle de rétroaction positive ou négative. Quand le prix des actifs augmente, les gens se sentent plus riches, sont poussés à dépenser davantage, ce qui propulse l'économie dans son ensemble vers l'avant. Quand les prix s'effondrent, les gens dépensent moins, ce qui entraîne une nouvelle chute des prix et pousse les banques à réduire leurs prêts. Au cours de la crise financière de 2008, une boucle de rétroaction négative s'est développée : les banques ne prêtaient plus facilement à leurs clients. Ceux-ci étaient incités à réduire leurs dépenses, ce qui n'a fait que renforcer la réticence des banques à prêter. Les boucles de rétroaction sont les phénomènes économiques les plus dangereux, car une fois lancées, il devient très difficile pour quiconque – des banques centrales aux gouvernements – de les arrêter.

Certains ont suggéré qu'en fait les bulles étaient partie intégrante d'une économie qui fonctionne bien, en permettant des investissements à grande échelle qui autrement seraient impossibles. Par exemple, la bulle internet de la fin des années 1990 a déclenché une course pour l'installation de fibres optiques à travers le monde. Le résultat fut un réseau international d'une capacité beaucoup plus grande que ce qui était nécessaire à ce moment. Bon nombre des entreprises impliquées ont fait faillite, mais cette capacité disponible a contribué à la croissance économique dans les années qui ont suivi, car elle a fait baisser le prix des communications internationales. De même, certains affirment que l'éclatement d'une bulle débarrasse l'économie de ses entreprises les moins efficaces à travers le processus de destruction créatrice (voir n°36).

Les dommages causés Cependant, ces arguments paraissent discutables lorsque l'économie vient de souffrir de l'éclatement d'une bulle. La baisse de l'activité qui suit peut être extrêmement dommageable. Ainsi, les banques commençant à rationner le crédit, même les opérations financières ordinaires peuvent devenir sensiblement plus coûteuses (voir n°35). Il suffit de penser à la grande dépression, qui a suivi le krach de Wall Street de 1929, pour réaliser combien les conséquences économiques à long terme de l'éclatement d'une bulle peuvent être graves.

Certains affirment que les bulles économiques et la tentation de l'argent facile qui les accompagnent détournent les gens des investissements qu'ils devraient faire. En termes économiques, elles provoquent une mauvaise allocation de ressources qui seraient mieux utilisées ailleurs. Par exemple, les investisseurs peuvent acheter des logements parce qu'ils croient que leur prix va augmenter, plutôt que de placer leur argent en actions ou de l'épargner.

Atténuer le cycle Ceux qui gèrent une économie disposent de divers moyens pour empêcher les bulles de se développer. Le premier outil de choix est simplement d'envoyer le signal – par le biais d'un discours ou d'une annonce publique d'une autre forme – que les décideurs politiques sont préoccupés par le développement d'une bulle (en indiquant aussi éventuellement que des mesures vont être prises pour l'empêcher). Toutefois, comme l'exemple de la bulle internet l'a montré, cela ne garantit pas que la bulle n'enflera pas. La deuxième option consiste à augmenter les taux d'intérêt, ce qui peut ralentir le gonflement de la bulle, mais au prix d'une moindre croissance dans d'autres secteurs de l'économie. Une troisième idée est de réglementer plus strictement les banques pour s'assurer qu'elles ne prêtent pas trop libéralement quand les temps sont favorables, quitte, dans le sillage de l'éclatement de la bulle, à simplement fermer boutique. Ces politiques sont connus comme *contra-cycliques*, car elles visent à éviter que l'économie oscille entre expansion et récession – par opposition aux politiques *procycliques*, qui renforcent les bulles puis les effondrements douloureux.

Dans le sillage de la crise de 2008, les banques centrales se sont engagées à faire davantage pour lutter contre les bulles, et en particulier à empêcher une bulle sur le prix des logements de se produire à nouveau – comme ce fut le cas, avec des conséquences si désastreuses, au cours des années 2000. Toutefois, les économistes sont de plus en plus convaincus que les bulles restent une composante inévitable de la croissance économique. Car aussi longtemps que les êtres humains seront irrationnels et imprévisibles, les bulles resteront probablement un élément permanent de la vie.

l'idée en une phrase

Les êtres humains souffrent d'une addiction aux bulles financières

35 Les pénuries de crédit

$$C = SN(d_1) - Le^{-rT} N(d_1 - \sigma\sqrt{T})$$

Cette équation peut sembler inoffensive, mais c'est la plus dangereuse depuis *E=mc²*. Tout comme l'équation d'Albert Einstein a mené finalement à Hiroshima et à Nagasaki, celle-ci a eu l'impact financier d'une bombe nucléaire. Elle a contribué aux hausses et aux baisses du marché boursier, à une succession de crises financières, et à des récessions économiques qui ont fait perdre à des millions de gens une grande partie de leurs moyens d'existence. C'est la formule de Black-Scholes, et son histoire renvoie à la plus importante de toutes les questions économiques : les êtres humains peuvent-ils apprendre de leurs erreurs ?

Deux grandes écoles de pensée, pour simplifier, coexistent sur la façon de fonctionner des marchés financiers. Selon l'une, les êtres humains tendent à osciller de la crainte à l'avidité, et les marchés peuvent devenir obsessionnels et fondamentalement irrationnels à l'extrême. La conséquence est que nous irons toujours d'une bulle à l'autre. C'est la théorie des cycles de crédit. Durant les périodes favorables, l'argent est bon marché et abondant, mais de temps en temps ces périodes sont interrompues par une pénurie de crédit (« credit crunch ») – les banques cessent simplement de prêter, faisant pratiquement s'arrêter la vie économique normale.

Selon l'autre théorie, les marchés s'autocorrigent avec le temps, devenant graduellement plus efficaces et moins enclins aux névroses. Ainsi, les krachs boursiers et les pénuries de crédit finiront par appartenir au passé. Cette théorie repose sur l'idée que les êtres humains, à la longue, peuvent s'améliorer. C'est à l'appui de cette thèse que venait l'équation miracle conçue par Myron Scholes et Fischer Black.

chronologie

1873
La panique causée par la bulle qui a suivi la guerre de Sécession déclenche la « longue dépression » aux États-Unis

1929
Le krach de Wall Street déclenche une crise de liquidité et la grande dépression

Les cygnes noirs

« Cygne noir » est une expression pour désigner un événement inattendu qui force les gens à revoir leurs idées préconçues sur le monde. L'expression a été popularisée par l'auteur et ancien trader Nassim Nicholas Taleb. Elle vient de la croyance en Europe avant le XVIIe siècle que tous les cygnes étaient blancs ; une idée réfutée par la découverte de cygnes noirs en Australie. Sur les marchés financiers, un cygne noir est un événement aléatoire et inattendu qui fait plonger ou monter en flèche les marchés. Taleb considère l'arrivée de l'internet comme un cygne noir, de même que la décision du gouvernement russe de ne pas honorer sa dette en 1998. Le premier a mené au boom dot-com, le second à une crise de dette majeure et à l'effondrement de LTMC, un des plus importants fonds spéculatifs du monde. Les attaques du 11 septembre 2001 sont un autre exemple.

L'équation de Black-Scholes réussit ce qui semblait impossible. À première vue, c'est simplement un moyen d'établir le prix des options sur les marchés de produits dérivés (voir n°30). Cependant, ses implications sont stupéfiantes. Cette formule mathématique élimine apparemment tout risque dans les placements financiers. En l'appliquant, les investisseurs pouvaient, semblait-il, éviter de perdre des millions simplement en vendant des actions à découvert (en d'autres termes, en pariant sur la baisse imminente de leur valeur) quand les cours plongeaient. La formule a été adoptée par presque tous les grands investisseurs à travers le monde et a valu à ses créateurs le Prix Nobel d'économie en 1997. Malheureusement cependant, quand les choses deviennent trop difficiles, elle ne fonctionne plus. Face à une situation où les cours chutent si rapidement qu'il n'y a aucun acheteur pour une action ou un placement particulier, l'équation si logique ne résiste pas.

Le problème pour l'équation – et en fait pour à peu près toutes les théories économiques – est que, depuis l'origine des temps, les marchés se comportent irrationnellement. L'alternance de périodes d'expansion et de récession semble être une composante inévitable du capitalisme (voir n°31).

1987

Le lundi noir (le 19 octobre), le marché boursier plonge de 22,6 %

2008

Les marchés financiers baissent dans le monde entier après que la crise financière a provoqué la faillite de la banque d'investissement Lehman Brothers

Les étapes de la flambée à l'effondrement Les marchés financiers sont absolument indispensables à la santé de l'économie, puisque sans accès facile au crédit (ou pour lui donner son autre nom, à l'endettement), les entreprises et les individus ne peuvent pas investir pour préparer l'avenir. Quand l'argent pour les emprunts est disponible en faible quantité, la pénurie de crédit qui en résulte peut mener à la récession ou, pire encore, à la déflation et à la dépression, tout le monde cessant d'investir et de créer de la richesse. Ainsi comprendre comment un marché financier oscille de l'avidité à la crainte est essentiel pour comprendre comment une économie moderne fonctionne.

> **« Tant que la musique joue, vous devez vous lever et danser. Nous sommes toujours en train de danser. »**
>
> **Chuck Prince,** cadre supérieur chez Citigroup jusqu'en 2007

Les marchés financiers passent par cinq étapes pour passer d'une flambée à un effondrement.

1. *Déplacement*. Un événement se produit qui change la perception que les investisseurs ont des marchés. Vers la fin des années 1990, c'est le développement de l'internet, dont – jusqu'à l'éclatement de la bulle internet – les gens croient qu'il offrira un potentiel de gain presque illimité. Au début des années 2000, c'est une combinaison de taux d'intérêt et de taux d'inflation bas qui persuade les gens de s'endetter davantage pour faire des placements ou acheter un logement.
2. *Flambée*. Les espoirs des investisseurs relatifs aux bénéfices de ce déplacement (souvent appelé « nouveau paradigme ») semblent se réaliser. Dans les années 1990, par exemple, ceux qui achètent des actions liées à l'internet voient leur cours bondir. De même, au début des années 2000, le prix des logements grimpe en flèche, grâce à la baisse des taux d'intérêt et à la conviction que les banques ont découvert un nouveau modèle de placement hypothécaire éliminant les risques.
3. *Euphorie*. L'excitation gagne et les banques prêtent encore plus d'argent dans le but d'accroître leurs profits. Elles inventent souvent de nouveaux instruments financiers pour faciliter leurs opérations. Dans les années 1980, ce sont les *junk bonds* – « obligations pourries » de qualité douteuse ; au début des années 2000, c'est la titrisation des prêts hypothécaires et des autres prêts. Chacun – depuis l'investisseur traditionnel jusqu'au chauffeur de taxi – se précipite sur le marché.
4. *Prises de bénéfice*. Les investisseurs les plus malins réalisent soudain que les périodes favorables ne peuvent pas durer éternellement, et commencent ainsi à liquider leurs investissements. Pendant qu'ils les vendent, les prix commencent à baisser pour la première fois.

> **« Le marché peut rester irrationnel plus longtemps que vous ne pouvez rester solvable. »**
>
> **John Maynard Keynes**

5. *Panique*. Avec la baisse des prix, la peur se répand. Les gens se précipitent tous ensemble pour se débarrasser de leurs placements, et les prix plongent. Les banques cessent de prêter, sauf aux plus solvables.

Ces cinq étapes, présentées par l'économiste Hyman Minsky, se sont répétées à travers l'histoire, bien qu'à chaque fois le déplacement original et les détails précis de la flambée soient différents. Dans un sens, l'histoire se répète, mais chaque fois elle est si bien camouflée qu'elle est presque impossible à reconnaître. Le problème est que, quand un marché panique, le résultat est souvent une crise de liquidité.

Le « moment Minsky » Pendant l'étape de panique, les prix peuvent tomber si bas et si vite que la valeur des actifs concernés – par exemple, les logements – chute rapidement au-dessous du montant que les emprunteurs ont encore à rembourser. Les banques commencent à réclamer le remboursement des prêts, mais parce qu'il est difficile de vendre les actifs spéculatifs, les investisseurs les vendent à un prix inférieur, ou trouvent autre chose à vendre. Dans l'un et l'autre cas, le résultat est que les prix baissent encore plus. Ce cercle vicieux est parfois appelé « moment Minsky ».

Un tel comportement – panique et obsession – semble irrationnel, et comme la théorie économique conventionnelle laisse très peu de place aux comportements irrationnels, elle a souvent du mal à diagnostiquer les bulles et les accidents imminents avant qu'il soit trop tard. L'équation de Black-Scholes repose sur l'idée qu'il y aura toujours une demande pour une action ou un placement particulier, si le prix descend à un niveau attrayant, mais elle ne prend pas en compte les comportements irrationnels pendant une crise. Comme tant d'équations et de modèles sophistiqués, elle a renforcé l'illusion que nous pouvons trouver un moyen d'échapper au risque. Mais le monde de la finance ne sera jamais à l'abri du danger.

l'idée en une phrase

L'économie se bloque quand le crédit s'assèche

36 La destruction créatrice

Il est largement reconnu que la théorie de l'évolution de Charles Darwin est une théorie scientifique révolutionnaire, de même importance que la découverte de la gravité et des lois du mouvement par Isaac Newton, ou que la prise de conscience par Copernic que la terre tourne autour du soleil. Rares sont ceux, pourtant, qui réalisent que Darwin n'aurait jamais découvert sa théorie sans la théorie économique.

En 1838, Darwin a été inspiré par les écrits de Thomas Malthus (voir n°3) pour imaginer un monde où les mieux adaptés survivent et peuvent évoluer vers des espèces nouvelles, plus complexes et mieux équipées. « J'ai trouvé enfin », a-t-il dit, « une théorie avec laquelle travailler. » Et quand on les examine, les forces qui façonnent la nature et l'économie de marché sont étrangement semblables.

La loi de la jungle économique Comme la nature, le marché libre peut être désagréable. Il provoque parfois l'échec d'individus doués et de valeur. Il est impitoyable : si une de vos idées ne réussit pas, cela peut signifier la faillite ; si vous faites un mauvais investissement, vous risquez de tout perdre. Cependant, selon la loi de la destruction créatrice, de tels échecs peuvent finalement servir à rendre les entreprises plus solides, l'économie plus forte et la société plus riche. Le vieux, l'inefficace et le moins compétitif sont éliminés pour faire place au nouveau, à l'énergique et au fort.

C'est une extension des règles de l'offre et la demande établies par Adam Smith, mais la loi de la destruction créatrice, conçue par un groupe d'économistes autrichiens au XXe siècle, va encore plus loin. Elle affirme qu'une récession ou un ralentissement économique fait augmenter le chômage et réduit les bénéfices des entreprises, mais que, contrairement à l'intuition, l'effet à long terme peut être positif pour l'économie.

chronologie

1883
Naissance de Joseph Schumpeter

Une telle affirmation a été énoncée avec le plus de vigueur par Joseph Schumpeter, un Autrichien émigré aux États-Unis pour échapper à la persécution nazie. Son assertion selon laquelle les récessions ne devaient pas être évitées était aussi controversée qu'elle l'est aujourd'hui. La doctrine soutenue par la plupart des économistes à cette époque (et par la plupart des politiciens aujourd'hui encore) est que les pouvoirs publics devaient faire tout ce qui est en leur pouvoir pour éviter les récessions et plus encore les dépressions. John Maynard Keynes a notamment soutenu que celles-ci provoquent de tels dommages collatéraux, en termes de chômage et d'effondrement de la confiance, que les pouvoirs publics devaient s'y opposer par tous les moyens à leur disposition, notamment la réduction des taux d'intérêt ou l'augmentation des dépenses publiques pour donner un coup de fouet à l'économie.

La plupart des économistes s'appuient habituellement sur des modèles informatiques complexes qui supposent que la concurrence est parfaite et que l'offre et la demande restent plus ou moins stables au cours du temps. Schumpeter affirment que de tels modèles ne ressemblent guère aux conditions volatiles de nos sociétés.

L'argument de Schumpeter, loin d'être annulé, a conservé sa force. De fait, selon deux économistes connus, Brad DeLong et Larry Summers, tout comme Keynes fut l'économiste le plus important du XXe siècle, Schumpeter pourrait s'avérer l'économiste le plus important du XXIe.

Une renaissance par la récession Les économies ne progressent pas à taux constant, elles sont sujettes à des cycles d'expansion et de récession (voir n°31). Pendant une période d'expansion, quand les consommateurs dépensent plus et souvent empruntent plus que d'ordinaire, il est relativement facile pour les entreprises de faire des profits. Schumpeter soutient qu'il en résulte des entreprises inefficaces, des

« Le processus de mutation industrielle … révolutionne constamment, de l'intérieur, la structure économique, détruisant incessamment la vieille structure, en créant incessamment une nouvelle… Ce processus de destruction créatrice est le fait essentiel du capitalisme. »

Joseph Schumpeter

Années 1930
La grande dépression provoque la faillite de centaines de milliers d'entreprises

1942
Schumpeter popularise l'idée de destruction créatrice dans son livre *Capitalisme, socialisme et démocratie*

Joseph Schumpeter (1883-1950)

Schumpeter est originaire de ce qui est maintenant la République tchèque, mais il va vivre à Vienne quand sa mère se remarie. Là, son aristocratique beau-père l'aide à entrer dans les meilleures universités, où il s'avère rapidement être un étudiant brillant. De fait, il entame peu après une carrière remarquable : d'abord comme professeur d'économie et de science politique dans plusieurs universités, puis, après la Première Guerre mondiale, comme ministre autrichien des finances, et ensuite comme Président de la Biederman Bank en 1920. Cependant, la banque fait faillite en 1924, laissant Schumpeter ruiné et le forçant à retourner dans le milieu universitaire. Avec la montée du nazisme dans les années 1930, il se rend aux États-Unis, où il est rapidement reconnu comme un intellectuel de haut niveau. Il passe le reste de sa carrière à Harvard, faisant des disciples parmi les étudiants aussi bien que parmi les professeurs. Il est, dans les années 1940, l'un des économistes les plus renommés aux États-Unis, et il devient Président de l'American Economic Association en 1948.

entreprises qui, dans des périodes moins favorables, n'auraient pas même été constituées.

Réciproquement, quand l'économie est en récession et que les gens dépensent moins, les entreprises inefficaces font faillite. Tandis que les conséquences à court terme sont douloureuses, cela force en même temps les investisseurs à placer leur argent dans d'autres parties plus attrayantes de l'économie. Le taux de croissance potentiel de l'économie s'accroît pour les années suivantes. Schumpeter et son compatriote autrichien Friedrich Hayek (voir n°12) défendent ainsi l'idée que les gouvernements ne doivent pas réduire les taux d'intérêt massivement pour empêcher les récessions. Au contraire, disent-ils, ceux qui ont fait des investissements non rentables pendant les périodes d'expansion doivent en subir les conséquences, sinon les mêmes erreurs se reproduiront invariablement à l'avenir.

Une telle logique s'applique à des secteurs tout entiers autant qu'aux entreprises individuellement. Par exemple, ces dernières années, des périodes de vaches maigres, provoquées par la concurrence étrangère, ont forcé l'industrie manufacturière en Europe et aux États-Unis à réduire leur taille et à se rationaliser, les entreprises inefficaces ayant été éliminées.

La survie du mieux adapté Cette théorie est mise en pratique pendant la grande dépression des années 1930, quand les responsables américains laissent s'effondrer des milliers de banques, espérant une reprise cathartique. Le secrétaire américain du Trésor d'alors, Andrew Mellon, encourage les investisseurs à « liquider l'emploi, liquider les stocks, liquider les agriculteurs, et liquider l'immobilier… Cela débarrassera le système de ses branches mortes ». Les années suivantes, le PIB est réduit d'un tiers et il a fallu des décennies pour que l'économie s'en remette entièrement. Il est difficile d'y voir une destruction créatrice, et il n'est pas étonnant que l'idée soit tombée en défaveur. Des études récentes ont renforcé ce scepticisme en montrant que les entreprises se restructurent et se rationalisent plus souvent pendant les périodes d'expansion que pendant les récessions.

Schumpeter et Hayek, cependant, soutiennent qu'il existe une différence importante entre une récession légère et une véritable dépression qui dure plusieurs années et cause des dommages irréparables. En outre, pour que la règle de la destruction créatrice fonctionne, les économies doivent être assez flexibles pour faire face aux flux et aux reflux provoqués par les récessions. Dans de nombreuses économies européennes où les marchés du travail sont strictement régulés et où il est difficile pour les sociétés d'embaucher et de licencier, il peut être plus difficile que nécessaire pour ceux qui ont perdu leur emploi dans une récession d'en retrouver un. Dans ce cas, les récessions peuvent avoir un coût permanent qui est supérieur aux avantages à plus long terme promis par la destruction créatrice.

« Le progrès économique, dans la société capitaliste, suppose l'agitation. »

Joseph Schumpeter

Le message durable est que des cendres d'une récession économique peut sortir une économie plus forte et plus saine. Des 100 premières entreprises mondiales en 1912, seulement 19 sont restées dans la liste en 1995, tandis que près de la moitié ont disparu, ont fait faillite ou ont été rachetées. Cependant, c'est précisément en raison de la destruction créatrice que l'économie s'est développée avec un tel succès au cours de cette période. La recherche montre que la plupart des récessions dans l'histoire américaine ont tendu à améliorer la productivité plutôt qu'à la réduire. Ainsi, de même que, grâce à l'évolution, les espèces sont mieux équipées pour s'adapter à leur environnement, de même la destruction créatrice crée des économies qui fonctionnent mieux.

l'idée en une phrase
Les entreprises doivent s'adapter ou mourir

37 La propriété immobilière et le prix des logements

Pour la plupart d'entre nous, le logement est l'actif dont la valeur est la plus élevée. Pour acheter un logement, nous devons emprunter plus que nous ne le ferons jamais dans d'autres circonstances, et sur de nombreuses années. Et si nous sommes assez malheureux pour faire cet achat au mauvais moment, il y a de fortes chances qu'il nous ruine.

Depuis les premières années du XXe siècle, acheter son logement est une des obsessions principales de ceux qui vivent dans les économies développées. La proportion de ménages propriétaires de leur logement est passée d'un quart à près des trois quarts dans de nombreuses régions du monde occidental. Cependant, cette poussée de la propriété a contribué au déclenchement de la crise financière de la fin des années 2000, et l'idée de l'universalité de la propriété du logement que l'on habite est maintenant réexaminée de très près.

Un actif peu ordinaire En termes économiques purs, un bien immobilier est considéré simplement comme un type d'actif parmi d'autres. Il est relativement facilement à acheter et à vendre et sa valeur tend à augmenter ou à baisser au fur et à mesure que le temps passe. Cependant, à la différence de la plupart des autres actifs – tels que les actions, le vin, les peintures ou les pièces d'or – le bien immobilier remplit aussi une fonction essentielle : c'est l'endroit où l'on vit.

La conjonction entre ces deux facteurs signifie qu' un effondrement du prix des logements après une forte augmentation a des effets bien plus étendus

chronologie

Années 1920-1930
Croissance très forte de la construction de logements au Royaume-Uni, suivie d'une chute

1989
Le Royaume-Uni subit un krach majeur du marché immobilier, durant plus de cinq ans et faisant baisser les prix d'un tiers

qu'une chute des cours sur le marché des actions ou une chute du prix d'autres actifs.

Quand le prix des logements augmente fortement, les consommateurs sont plus confiants. Ils dépensent et empruntent plus, puisqu'ils savent que la valeur de leur logement a augmenté. Ce n'est pas seulement une question de confiance : aux États-Unis, les propriétaires d'un logement peuvent emprunter avec comme garantie la valeur accrue de leur bien, ce qui est connu comme « refinancements hypothécaires » (Mortgage Equity Withdrawal).

Mais, à l'inverse, quand le prix de logements chute brusquement, les effets sociaux sont catastrophiques, bien plus que ceux que provoque un plongeon de n'importe quel autre type d'actif. La valeur du logement d'une famille peut diminuer jusqu'à devenir inférieure à ce qu'elle doit encore rembourser. Ce n'est pas un problème grave (bien que cela sape la confiance) tant que la famille n'est pas obligée de le vendre. Sinon, elle se retrouve prise au piège, et doit payer la différence à la banque qui lui a prêté.

Secousses sur les prix L'achat d'un logement a toujours été considéré, non sans raison, comme l'un des placements les plus fiables. Mais le comportement du prix des logements dépend d'un certain nombre de facteurs. D'abord, il y a le coût du terrain sur lequel le logement est construit. Si la demande de terrain augmente (ou si la quantité de terrain constructible disponible diminue), le prix des logements augmente. De même, si l'offre de logements augmente brusquement, leur prix chutera. Un des facteurs expliquant la forte baisse du prix des logements à Miami en 2008 est l'achèvement d'un trop grand nombre de logements neufs qui sont venus concurrencer les autres ventes.

« Vous devez être fou ou rechercher la publicité pour prétendre prévoir ce qui va arriver au prix des logements. »

Mervyn King, gouverneur de la Banque d'Angleterre

Robert Schiller, un professeur d'économie à Yale et un des principaux experts en matière de logement, souligne également que les prix tendent à augmenter davantage dans les zones où les restrictions à la construction sont les plus fortes. Ainsi, en Californie et en Floride – où les restrictions sont rigoureuses – les prix ont grimpé puis se sont effondrés, tandis qu'à Houston, dans le Texas – où les restrictions sont moins importantes – ils se sont à peine écartés de leur croissance à long terme.

Cette croissance à long terme est habituellement semblable au taux de croissance à long terme de l'économie. Cela se comprend. À long terme, on peut s'attendre à ce que le prix des logements augmente à un rythme voisin de celui de la richesse globale de l'économie.

Début des années 2000
La proportion de ménages propriétaires de leur logement atteint un niveau record de 70 % aux États-Unis et au Royaume-Uni, contre 55 % en France

2007
Le prix des logements baisse pour la première fois aux États-Unis pour l'ensemble du pays

2008
Le marché des logements est pris dans une récession dans tous les grands pays occidentaux

Toutefois le fait est que le prix des logements a connu un certain nombre de fortes hausses et fortes baisses au cours des 50 dernières années, culminant dans la baisse des prix de 2008. Aux États-Unis et au Royaume-Uni, cette baisse s'est faite à une vitesse que l'on n'avait plus vue depuis la grande dépression. Pourquoi le prix des logements est-il si sujet à telles secousses ?

L'augmentation de la proportion de propriétaires La principale raison de la volatilité du prix des logements est qu'en France comme dans de nombreux pays, les gouvernements successifs ont eu pour objectif avoué d'augmenter la proportion de ménages propriétaires de leur logement. Pour en voir l'effet, il suffit de regarder le Royaume-Uni. Jusqu'à la Première Guerre mondiale, un dixième à peine des logements étaient possédés par leurs occupants, à comparer à près de la moitié aux États-Unis. C'était en partie parce que les biens immobiliers appartenaient en grande majorité aux membres les plus riches de la population, qui les louaient. Mais c'était également en partie un phénomène social. Même les jeunes hommes les plus riches préféraient louer les chambres qu'ils occupaient plutôt que d'acheter, et ils louaient leurs propres propriétés quand ils s'installaient à Londres. Dans la plupart des cercles, il était parfaitement normal de ne jamais être propriétaire de son logement.

Les choses ont changé après les guerres mondiales, quand les gouvernements successifs se sont lancés dans des politiques destinés à procurer « des logements pour les héros ». Des contrôles ont été imposés aux propriétaires et des millions de livres ont été versés dans des projets immobiliers. De plus, les inégalités avaient diminué, ce qui signifiait que les familles de classe moyenne étaient beaucoup plus nombreuses à pouvoir se permettre d'acheter un logement.

« J'ai fait un énorme profit dans l'immobilier. Je choisirai l'immobilier plutôt que d'aller à Wall Street et j'obtiendrai 2,8 %. Oubliez cette idée. »

Ivana Trump

Avec l'optimisme d'après-guerre qui a régné en Grande-Bretagne dans les années 1950, la propriété de son logement est devenue lentement mais sûrement un objectif social, en même temps que les soins de santé gratuits, l'éducation gratuite et le chômage faible. L'apogée est arrivée avec Margaret Thatcher et son plan de « droit à l'achat », qui a vu des milliers de locataires de logements municipaux les acheter.

Tous ces facteurs ont contribué à une forte élévation de la proportion de ménages propriétaires de leur logement. Un gouvernement après l'autre a introduit des allégements fiscaux significatifs sur les prêts immobiliers, avec pour résultat que la proportion de ménages propriétaires a fortement augmenté, atteignant dans les années 2000 un maximum absolu de 70 %.

C'est l'une des plus grandes transformations sociales et économiques dans l'histoire britannique.

Le rapport du Royaume-Uni avec le logement n'est pas unique. En termes de taux de ménages propriétaires de leur logement, l'Espagne est en tête tandis que la France rattrape son retard. De manière significative, c'est habituellement dans les pays où la propriété de son logement est répandue que les fortes hausses et baisses des prix immobiliers se manifestent – ainsi, par exemple, des pays tels que l'Allemagne et la Suisse, où la location est plus répandue que l'achat, ont résisté à ces bulles majeures. Mais ceci est dû moins à une réticence culturelle enracinée à l'achat de son logement qu'à des lois qui rendent la location financièrement plus attrayante.

Dangers économiques Bien qu'une plus forte proportion de ménages propriétaires de leur logement aient des avantages sociaux incontestables, elle pose aussi des problèmes économiques. Par exemple, elle va à l'encontre de la main invisible du capitalisme (voir n°1). Dans un marché fonctionnant correctement, quand les prix augmentent jusqu'à un niveau qui pourrait être considéré excessif, les personnes arrêteraient d'acheter, et les prix retomberaient de nouveau à un niveau raisonnable. Si, cependant, les gouvernements offrent aux acheteurs de logements – ou aux banques et sociétés de prêts immobiliers qui les financent – des incitations à acheter (par des allégements fiscaux ou des garanties implicites), le risque que se forment des bulles s'accroît.

C'est précisément ce qui s'est passé dans les années qui ont précédé 2007, quand les deux géants des hypothèques qui soutenaient le marché de prêts immobiliers aux États-Unis, Fannie Mae et Freddie Mac, ont pris des risques toujours croissants. La plupart des investisseurs ont supposé que si ces deux géants s'effondraient, ils seraient sauvés par les pouvoirs publics. Les événements leur ont donné raison quand, en 2008, il a fallu les nationaliser. La question qui demeure est de savoir si, à l'avenir, les sociétés de prêts immobiliers bénéficieront encore d'un soutien public et si cela mettra un terme aux bulles et aux krachs sur le marché du logement.

Proportion de ménages propriétaires de leur logement

Espagne	85 %
Irlande	77 %
Norvège	77 %
Royaume-Uni	69 %
États-Unis	69 %
Autriche	56 %
France	55%
Allemagne	42%

l'idée en une phrase
Le prix des logements peut baisser aussi bien que monter

38 Les déficits publics

S'il y a une chose que les derniers événements nous ont appris, c'est que les États vont devoir emprunter de plus en plus chaque année. Il ne se passe guère de mois sans qu'une institution internationale comme le Fonds monétaire international (FMI) ou l'Organisation de coopération et de développement économiques (OCDE) mettent en garde les pays occidentaux à propos de l'état alarmant de leurs finances.

En effet, chaque année depuis la Seconde Guerre mondiale, le budget français a été en déficit – en d'autres termes, les recettes de l'État ont été inférieures à ses dépenses, et il a dû emprunter pour combler la différence. Il n'est pas seul dans ce cas. Les États-Unis et le Royaume-Uni ont également enregistré une série de déficits budgétaires au cours des dernières années, poussant leurs finances publiques toujours plus loin dans le rouge.

« Comme nous l'avons vu maintes fois dans les pays en développement, des emprunts et des dépenses publiques sans retenue provoquent l'hyperinflation et des ravages économiques. Oui, les déficits *doivent* avoir de l'importance. »

Alan Greenspan, ancien président de la Réserve fédérale américaine

Cela n'a pas été toujours le cas. Au cours de l'histoire des États-Unis – et pour une grande partie de celle du Royaume-Uni – les gouvernements ont équilibré leurs budgets, les plongeant dans le rouge seulement en temps de guerre ou de récession économique. Il existe également un certain nombre de pays dont les budgets sont en excédent, en particulier la Norvège (grâce à ses prodigieuses réserves de pétrole) et l'Australie (en raison de ses ressources en minerais métalliques).

Où tout cet argent va-t-il ? Bien que ce soit l'objet de débats, la plupart des

chronologie

1936
Keynes affirme dans la *Théorie générale* que les gouvernements devraient emprunter davantage en période de récession

1945
À la fin de la Seconde Guerre mondiale, la dette publique totale américaine atteint 120 % du produit intérieur brut

économistes estiment que l'ère des déficits publics persistants débute lorsque les États commencent à mettre en place des systèmes généralisés de sécurité sociale. Ces systèmes entraînent des dépenses très importantes pour, par exemple, la santé et l'indemnisation du chômage, qui tendaient auparavant à être du ressort du secteur privé ou d'organismes de bienfaisance. C'est le passage à l'État-providence.

Dépenses publiques en France

(État, collectivités locales, sécurité sociale) en 2008

Total des dépenses	1 027,0
Services publics généraux	138,7
Défense	34,3
Ordre et sûreté publics	24,2
Affaires économiques	54,7
Protection de l'environnement	16,8
Logement et développement urbain	36,7
Santé	152,8
Loisirs, culture et religion	29,8
Éducation	114,0
Protection sociale	425,0

En milliards d'euros

En 2008, les dépenses des administrations publiques pour la France ont ainsi atteint 1 027 milliards d'euros. Ces dépenses sont celles de l'État, mais aussi celles des collectivités locales et de la sécurité sociale. Le schéma ci-contre donne la répartition de ces dépenses par fonctions. Il apparaît ainsi que 40 % des dépenses sont consacrés à la protection sociale, dont plus de la moitié va aux paiements des retraites. Plus de 110 milliards vont à l'éducation, et 153 milliards à la santé, dont 69 milliards pour l'hôpital. Les « services publics généraux » absorbent 140 milliards,
la défense 34 milliards. La protection de l'environnement ne reçoit que 17 milliards.

Sur le total des dépenses, les salaires versés aux fonctionnaires et autres salariés des administrations ont représenté 248 milliards. Les intérêts de la dette ont atteint 55 milliards.

Dette et déficit toujours croissants Il est important de distinguer entre le déficit budgétaire annuel et le montant total de la dette publique à un moment donné. Lorsque les déficits annuels s'accumulent, ils augmentent la dette publique. À la fin de 2008, la dette totale de la France atteignait 1 314 milliards.

2009

Le président Barack Obama admet que le déficit budgétaire américain atteindra 1 000 milliards de dollars en raison des efforts consentis pour combattre la crise financière

Les stabilisateurs automatiques

Tout État moderne ayant un système de sécurité sociale voit son déficit s'aggraver fortement durant une récession. Les profits et les salaires baissent, ce qui signifie que les entreprises et les particuliers paient moins d'impôts et de cotisations sociales. En même temps, les dépenses augmentent, parce que le nombre de chômeurs à indemniser s'accroît.
Les dépenses publiques aident automatiquement à « stabiliser » l'économie, évitant que les gens ne doivent vivre dans la rue et préservant leur bien-être matériel. En bref, c'est du keynésianisme en action (voir n°9)
Ainsi, au début des années 1990, quand le Royaume-Uni a subi une sérieuse récession et une forte baisse du prix des logements, le déficit public est passé de 1 % à 7,3 % du PIB entre 1990 et 1993. Cela est dû à ce que l'on nomme les *stabilisateurs automatiques*, inhérents à la façon dont les dépenses publiques sont désormais structurées.

La dette et les déficits publics ont tendance à augmenter chaque année. Ce n'est pas nécessairement une source d'inquiétude – à condition que la dette n'augmente pas beaucoup plus rapidement que le produit intérieur brut. C'est pourquoi les déficits et la dette d'un pays sont souvent exprimés en pourcentage de son produit intérieur brut. La dette publique française représente ainsi soit 67 % du produit intérieur brut. La dette américaine ne représente que 37 % du PIB à la fin de 2008. Quand la dette publique d'un pays augmente, le montant des intérêts qu'il doit verser augmente également, ce montant étant également poussé à la hausse par des taux d'intérêt plus élevés.

Les conséquences de la nécessité d'emprunter davantage Si les pouvoirs publics d'un pays perdent le contrôle de leurs déficits, ceux-ci peuvent causer plusieurs problèmes économiques. Le premier est que davantage d'emprunts tendent à affaiblir la monnaie du pays. Au Royaume-Uni en 2008, la livre a perdu près d'un cinquième de sa valeur après que les investisseurs ont jugé que l'État serait obligé d'emprunter excessivement au cours des années à venir. Fuir la monnaie d'un pays débiteur est tout à fait rationnel, car quand un pays se retrouve avec un endettement excessif, sa réponse est invariablement de réduire cette dette par l'inflation, en imprimant plus de monnaie. Toute allusion au fait qu'une telle éventualité pourrait se produire – ce qui diminuerait la valeur de tous les actifs libellés dans la monnaie du pays – et les investisseurs étrangers s'enfuient habituellement à toute allure.

L'autre conséquence est que les investisseurs exigent un taux de rendement plus élevé sur leurs placements pour compenser ce risque. Le taux d'intérêt que l'État doit payer pour sa dette augmente, ce qui rend les emprunts plus coûteux.

Plus fondamentales, cependant, sont les conséquences à long terme d'emprunts trop élevés. En réalité, l'emprunt public est seulement une imposition différée aux années futures, puisque l'argent supplémentaire emprunté devra être remboursé à un moment donné dans l'avenir. Ce n'est pas un problème si l'emprunt est utilisé pour améliorer le bien-être des générations futures, par exemple en investissant dans la construction de nouvelles écoles, mais c'est une vraie cause de préoccupation si l'emprunt sert simplement à satisfaire l'appétit du secteur public pour l'argent.

Ne pas respecter la règle d'or C'est pourquoi un certain nombre de pays s'est fixé des règles budgétaires afin d'assurer que les générations futures n'auront pas à supporter le coût des emprunts en cours. Un bon exemple est la règle d'or mis en place au Royaume-Uni par l'ancien ministre des Finances, Gordon Brown. Il s'est engagé à emprunter de l'argent uniquement pour l'utiliser dans des projets d'investissement publics, et jamais pour financer des dépenses courantes, telles que les salaires des fonctionnaires.

Toutefois, l'application de cette règle s'est avérée difficile à la fin de 2008, car il est devenu clair que le gouvernement aurait besoin de beaucoup emprunter à cause de la récession. C'est un phénomène observé partout dans le monde, et il a souligné une vérité immuable sur les finances publiques : les gouvernements continuent à emprunter jusqu'à ce que les marchés ou les électeurs les empêchent de le faire.

l'idée en une phrase
La dette est une drogue pour les gouvernements

39 Les inégalités

Si vous marchez sur la plage de Rio de Janeiro, au-delà d'Ipanema et Leblon, vous rencontrerez certaines des plus belles villas brésiliennes. Ces somptueux palais, valant plusieurs millions d'euros, disposent de tous les équipements les plus luxueux – salles de projection entièrement équipées, courts de tennis, piscines, jacuzzis et logements pour les domestiques. Et pourtant, à quelques mètres seulement de là, s'étend l'un les plus grands bidonvilles du monde, qui est aussi une zone de non-droit. Comment une pauvreté aussi aiguë peut-elle coexister avec une telle abondance ?

L'inégalité n'est pas nouvelle. Dans l'Angleterre victorienne, elle était particulièrement marquée, les riches industriels amassant des fortunes sans précédent alors que la famille ouvrière moyenne était forcée d'endurer des conditions de vie extrêmement difficiles, travaillant dans les usines et les mines et vivant dans des maisons pas très différentes de celles des bidonvilles brésiliens.

En dépit des efforts continus des hommes politiques pour réduire le fossé entre riches et pauvres, ce fossé reste irréductiblement large. Au cours des deux décennies et demie commençant au début des années 1980, les niveaux d'inégalité se sont, en effet, élargis de façon significative dans presque tous les pays développés à travers le monde. Le fossé entre riches et pauvres s'est élargi de façon significative au Royaume-Uni, et vers la fin des années 2000, tant au Royaume-Uni et qu'aux États-Unis, l'inégalité a atteint son plus haut niveau depuis les années 1930.

Écarts de richesse Étant donné que le capitalisme est un système qui récompense les individus qui travaillent dur et ont l'esprit d'entreprise, il n'est guère surprenant que certains seront plus riches que d'autres – après tout, quel intérêt y aurait-il à travailler dur si cela ne procure pas de récompense ? Toutefois, ce qui est devenu alarmant, c'est l'ampleur même des inégalités.

chronologie

Années 1840
Le niveau des inégalités dans l'Angleterre industrielle inspire à Friedrich Engels *The Condition of the Working Class in England*

1930
L'inégalité atteint des niveaux records aux États-Unis

Pour la mesurer, les statisticiens classent les ménages par ordre décroissant de revenus. Ils définissent le neuvième décile comme le revenu au-dessus duquel se situent 10 % des ménages, et le premier décile comme celui au-dessous duquel se situent 10 % des ménages. Le rapport entre le neuvième décile et le premier décile est de 16 aux États-Unis. Au Mexique, qui a des bidonvilles aussi sordides que ceux de Rio, il est de 25. Par contre, dans les pays nordiques comme le Danemark, la Suède et la Finlande, l'écart est beaucoup plus réduit, le rapport n'est que de 5.

La disparité est encore plus large si l'on compare les niveaux de richesse entre pays. Pour la plupart des critères, le cinquième le plus pauvre de la population mondiale – qui vit principalement en Afrique subsaharienne – ne dispose pas de davantage de ressources que ceux qui vivaient au Moyen Âge, alors que même les plus pauvres des pays développés sont incomparablement plus riches et en meilleure santé.

« Une société qui met l'égalité devant la liberté n'obtiendra ni l'une ni l'autre. Une société qui place la liberté avant l'égalité obtiendra un degré élevé de l'une et de l'autre. »

Milton Friedman

Les fruits de la redistribution Ces différences s'expliquent sans difficulté. Les pays nordiques ont tendance à taxer leurs citoyens plus lourdement pour les besoins de leur politique de redistribution, passant par l'intermédiaire d'allocations diverses et d'allégements fiscaux. C'est l'un des principaux objectifs des systèmes fiscaux dans les démocraties modernes – réduire l'injustice et aider les citoyens qui se trouvent dans le besoin.

Alors que les pays riches à travers le monde construisent leurs systèmes respectifs d'État-providence dans les années d'après-guerre, les niveaux d'inégalité diminuent de manière significative. En offrant à toutes les familles le même accès à l'éducation et aux soins de santé, de nombreux pays – en particulier les pays nordiques – réussissent à égaliser les possibilités offertes aux familles. C'est ce qui est souvent appelé le « modèle suédois ».

Toutefois, augmenter les impôts pour les riches pour donner davantage aux pauvres n'est pas suffisant en soi. Au Royaume-Uni, c'est précisément ce que le gouvernement travailliste élu en 1997 a fait, de sorte que les parents

Années 1950
Les inégalités se réduisent aux États-Unis, en partie comme conséquence du New Deal de Franklin Roosevelt

Années 1990
Les inégalités se creusent au Royaume-Uni et aux États-Unis dans le sillage du thatchérisme et du reaganisme

Années 2000
Les inégalités atteignent des records

Les avantages de l'inégalité

Certains économistes font valoir que, puisque les gens sont foncièrement différents en termes d'habitudes et de capacités, un certain niveau d'inégalité est inévitable dans une grande économie. En effet, ceux qui sont en faveur du libre marché font valoir que les tentatives pour redistribuer la richesse peuvent avoir des effets pervers inattendus. Des impôts plus élevés peuvent conduire les personnes les plus productives à partir à l'étranger, ou les dissuader de travailler plus dur, ce qui réduit le montant de la richesse totale produite.

isolés ont vu en moyenne leur revenu augmenter de 11 % au cours de ses dix premières années au pouvoir. Et pourtant, dans le même temps, l'inégalité a atteint son plus haut niveau depuis des décennies. Pire encore, selon une étude de l'Organisation de coopération et de développement économiques (OCDE), le revenu d'un fils est étroitement lié à celui de son père, ce qui implique que les jeunes n'ont que peu d'opportunités de se libérer de la pauvreté.

Conduire la différence Le monde est en train de vivre un changement majeur dans sa structure économique, les entreprises tirant parti des nouvelles technologies comme l'Internet, l'informatique et les télécommunications avancées. Lorsque ces changements se produisent, ils augmentent souvent les inégalités, ceux qui sont prêts pour le changement s'enrichissant alors que ceux qui ne le sont pas – par exemple, les ouvriers de l'industrie automobile – se retrouvent à la traîne. C'est ce qui s'est passé lors de la révolution industrielle et c'est ce qui se produit aussi aujourd'hui.

Une autre explication est qu'un très faible nombre de personnes a réussi à devenir extrêmement riche. Au Royaume-Uni, par exemple, alors que les trois millions de personnes qui composent le dixième des salariés les mieux rémunérés gagnent en moyenne de 105 000 livres avant impôt, les 0,1 % les plus riches, soit 30 000 personnes, ont un revenu annuel moyen de 1,1 million de livres. Ces super-riches sont souvent en mesure d'éviter de payer des montants importants d'impôt en plaçant leur épargne dans des paradis fiscaux, ce qui réduit la redistribution. D'un autre côté, ces familles riches peuvent contribuer à l'économie à travers les impôts indirects qu'elles paient quand elles dépensent de manière extravagante sur les produits de luxe, et lorsqu'elles emploient du personnel local – allant des femmes de ménage aux stylistes et aux avocats. Ce fait que la richesse des plus favorisés profite aux moins favorisés est parfois appelé « ruissellement vers le bas » (« trickle-down effect »).

Les conséquences de l'inégalité Il n'y a pas de signe clair que, pris dans son ensemble, un niveau élevé d'inégalité empêche un pays de devenir de plus en plus riche. En fait, l'éminent économiste Robert Barro a constaté que, bien qu'elle semble ralentir la croissance dans le monde en développement, l'inégalité accélère en fait la croissance dans le monde développé.

Cependant, le fossé croissant entre riches et pauvres peut être dommageable pour un pays pour d'autres raisons. Le principal point de préoccupation est le risque de troubles sociaux. Des études montrent que ceux qui résident dans les pays et les zones où l'inégalité des revenus est faible sont plus enclins à se faire confiance mutuellement, ce qui est logique, étant donné qu'ils ont généralement moins de raison de s'envier les uns les autres. Les crimes violents et les meurtres sont aussi beaucoup moins fréquents. Par exemple, il existe une forte corrélation dans les États américains entre forte inégalité de richesse et taux élevé d'homicides.

Les faibles revenus sont aussi étroitement liés à une mauvaise santé. À Glasgow, en Écosse, où le fossé entre riches et pauvres est particulièrement large, l'espérance de vie de l'homme moyen est plus faible que dans une grande partie du monde en développement, dont l'Algérie, l'Égypte, la Turquie et le Vietnam.

Les questions relatives à l'inégalité ne se limitent pas à l'économie. Les personnes tirent leur sens de l'estime de soi, qui nourrit leur productivité personnelle, en grande partie de la façon dont ils se perçoivent par rapport aux autres. Quand les gens sont conscients de leur moindre revenu par rapport aux autres, ils auront tendance à être moins satisfaits et à faire moins d'efforts.

Une étude a constaté que les acteurs d'Hollywood qui ont remporté un Academy Award ont vécu en moyenne quatre ans de plus que leurs homologues qui n'en ont pas gagné, et que ceux qui ont gagné deux Oscars bénéficient de six années supplémentaires. Être récompensé pour son travail acharné fait vraiment une différence. Qu'elle frappe votre fierté ou votre bourse, l'inégalité a de l'importance.

l'idée en une phrase

Le fossé entre riches et pauvres déstabilisera les nations

40 La mondialisation

De même que « capitalisme » a été à l'origine conçu comme un terme injurieux plutôt que louangeur ou simplement descriptif, « mondialisation » est plus souvent employée pour critiquer que pour faire l'éloge de l'économie mondiale du XXIe siècle. Le mot évoque des images d'ateliers clandestins en Malaisie, de centres d'appel à Bangalore, de mines au Brésil, de cafés Starbucks et de McDonald's partout dans le monde.

Tous les éléments qui viennent d'être cités sont des conséquences de la mondialisation, mais décrire le phénomène seulement en ces termes serait très trompeur. En économie, la mondialisation se rapporte aux liens commerciaux et économiques qui relient les différentes parties du monde et qui ont eu une influence si forte sur l'histoire humaine.

Aussi vieille que les montagnes ? La mondialisation a pris de l'importance depuis 1492, année où Christophe Colomb débarque en Amérique, bien qu'il y ait eu des échanges commerciaux actifs entre l'Europe et l'Orient bien avant cette date. L'utilisation du mot s'est répandue depuis les années 1980, et les décennies qui ont suivi la chute du mur de Berlin et la fin de la guerre froide sont largement considérées comme un point culminant pour la mondialisation. Mais c'est loin d'être la première époque où le commerce international est actif et les migrations nombreuses. C'était déjà le cas à l'époque victorienne, à la fin du XIXe siècle, quand l'empire britannique atteint son apogée. John Maynard Keynes a décrit comment, avant 1914 :

> Un Londonien pouvait, en sirotant son thé du matin, commander par téléphone les divers produits venant de la terre entière, et s'attendre raisonnablement à ce qu'ils soient déposés rapidement sur le pas de sa porte ; il pouvait au même moment, et par les mêmes moyens, risquer sa fortune dans les ressources naturelles et les nouvelles entreprises de n'importe quelle partie du monde, et partager … les éventuels bénéfices.

Cette période a pris fin à cause de la Première Guerre mondiale mais aussi de la période de protectionnisme qui a suivi la grande dépression. Certains

chronologie

Années 1800
Première époque de la mondialisation

1914
La Première Guerre mondiale met un terme à cette première époque

craignent que le nouvel âge de la mondialisation puisse se terminer aussi tristement.

Les facteurs principaux derrière la mondialisation Cinq facteurs principaux jouent un rôle essentiel dans la nouvelle mondialisation :

1. *Le libre échange*. Les gouvernements dans le monde entier ont supprimé la plupart des barrières et des droits de douane freinant les importations et les exportations. Ainsi, la Chine, après avoir adopté des réformes pour introduire le marché libre vers la fin des années 1980 et au début des années 1990, a supprimé de nombreuses restrictions sur ses marchés d'exportation. En raison de sa très nombreuse population, et donc de ses bas salaires, cette politique s'est traduite par un afflux dans les pays développés de marchandises bon marché venant de Chine et de ses voisins.

« La mondialisation est un fait de la vie. Mais je crois que nous avons sous-estimé sa fragilité. »

Kofi Annan

2. *L'externalisation*. Les entreprises ont pu réduire leurs coûts en délocalisant leur production de biens ou de services. De nombreuses entreprises ont fermé leurs usines situées dans les pays développés et en ont installé d'autres en Chine, au Mexique et ailleurs, où les ouvriers acceptent des salaires très inférieurs et où les conditions de travail sont fréquemment très mauvaises (quoique ce point soit controversé). De nombreuses sociétés de services ont délocalisé leurs centres d'appel, et même une partie de leur activité principale, en Inde et ailleurs, où les diplômés parlant anglais couramment sont très nombreux.
3. *La révolution des transports et des télécommunications*. Deux révolutions principales ont facilité le commerce international. La première est la généralisation de l'usage des containers de taille standard, qui réduit le coût et la durée des transports de marchandises. La seconde est la percée de l'utilisation de bandes larges de fréquences. Alors que le boom de l'internet atteignait son pic vers la fin des années 1990, les ingénieurs ont dépensé des milliards pour mettre en place un nouveau réseau international de fibres optiques. Bien que la bulle internet ait éclaté quelque temps plus tard, ce réseau mondial de super-autoroutes de l'information a permis un raccordement rapide et bon marché pour des centaines de millions d'internautes.
4. *La libéralisation*. De nombreux pays qui, pendant la guerre froide, ont eu tendance à garder leurs frontières fermées aux contacts étrangers, ont été encouragés à les ouvrir. Les entreprises occidentales ont pu ainsi accéder à

Années 1980
Premières études sur la mondialisation économique

1989
Le World Wide Web est développé par Tim Berners-Lee

2007
Un rapport de l'ONU montre que les flux de commerce et d'investissement dans le monde entier ont atteint un niveau record

de nouveaux marchés. L'élimination des contrôles sur les mouvements de capitaux a signifié que l'argent pouvait librement entrer dans les nouvelles économies et en sortir d'une manière qui n'avait jamais été possible auparavant. Dans le même temps, les gouvernements dans le monde développé ont facilité pour les entreprises l'embauche et le licenciement de personnel en desserrant la législation sociale.

5. *L'harmonisation juridique*. Toutes les nations ont fait des efforts pour harmoniser leurs lois sur les droits de propriété et sur la propriété intellectuelle de sorte que, par exemple, un brevet pris aux États-Unis soit reconnu en Chine et vice-versa. Les projets pour l'avenir incluent l'établissement de normes internationales sur la qualité des produits, pour éviter que se reproduisent les incidents récents, quand des défauts potentiellement dangereux ont été découverts dans des produits venant de Chine et d'ailleurs.

Les gains de la mondialisation La mondialisation a sans aucun doute amélioré la situation de milliards d'individus autour du monde. Les économies des pays tels que le Brésil, l'Inde et la Chine ont été relancées par la croissance rapide de leurs exportations. En outre, l'entrée de ces nouveaux exportateurs a ralenti l'inflation partout dans le monde pendant près d'une décennie à partir de 1997 : les entreprises en ont profité pour réduire leurs coûts et ont fait bénéficier leurs clients des économies ainsi réalisées.

En effet, de nombreuses données suggèrent que la mondialisation a été en grande partie à l'origine de ce qui est connu comme la « grande stabilité » de la quinzaine d'années qui ont précédé 2007. Pendant cette période, l'économie mondiale s'est développée plus rapidement et sur une plus longue durée que jamais auparavant, et l'inflation est demeurée faible et stable. Certes, cette période a été suivie d'une crise financière majeure, mais celle-ci est en grande partie due à d'autres facteurs (voir n°35).

Les critiques faites à la mondialisation Plus les principes de la mondialisation ont gagné du terrain dans le monde entier, plus les critiques se sont faites fortes et stridentes. Les réunions des grandes institutions internationales attirent régulièrement des milliers de protestataires. La réunion de l'Organisation mondiale du commerce à Cancun en 2003, par exemple, a été troublée par le suicide d'un fermier coréen du sud touché par la suppression des aides aux agriculteurs.

Les adversaires de la mondialisation, en particulier Naomi Klein, Joseph Stiglitz et Noam Chomsky, traitent parfois ses partisans les plus ardents de néo-libéraux. Leurs critiques portent principalement sur trois points :

1. *L'économie*. Ils soutiennent que bien que la mondialisation ait accru la richesse totale produite dans le monde, cette richesse n'a pas été également partagée. En effet, l'inégalité dans le monde a atteint son

niveau le plus élevé depuis les années 1930 (voir n°39). Tandis que certains sont devenus milliardaires grâce au commerce mondial, l'extrême pauvreté est loin d'avoir disparu dans les pays les plus pauvres.

2. *Les droits de l'homme*. Quelques grands fabricants d'habillement et de chaussures ont été attaqués parce qu'ils utilisaient des ateliers clandestins où les employés recevaient des salaires extrêmement bas et étaient forcés de travailler dans des conditions très pénibles pendant des durées très longues.
3. *La culture*. Les critiques soulignent l'influence accrue des entreprises multinationales et la domination croissante des marques occidentales. De ce fait, les cultures indigènes ont bien du mal à maintenir leurs identités, et petits producteurs et petits commerçants indépendants ont été repoussés du coude.

Une ère de paix et de démocratie ? En dépit des critiques variées adressées à la mondialisation, les données montrent que, tout bien pesé, elle a spectaculairement amélioré les niveaux de vie dans les pays qui l'ont adoptée. Cependant, comme toujours avec le capitalisme, les gains ne sont pas également distribués. Par ailleurs, le fait qu'elle améliore la situation des classes moyennes suggère qu'elle peut aussi aider à la diffusion de la démocratie. Les stratèges politiques doutent que le parti communiste chinois puisse maintenir son emprise sur la Chine alors que les demandes populaires pour un pouvoir démocratique, nourries par l'influence croissante des classes moyennes, se font davantage entendre.

Un autre argument en faveur de la mondialisation est que des liens économiques plus forts entre les nations tendent à les décourager de se faire la guerre. Thomas Friedman, le journaliste américain auteur d'un hymne à la mondialisation, *La Terre est plate*, a affirmé que jamais deux pays ayant des McDonald's sur leur sol n'ont été en guerre l'un contre l'autre. Cependant, cette affirmation a été contredite quand la Russie et la Géorgie sont entrées en conflit en 2008. Et la leçon de la première époque de la mondialisation, qui s'est terminée, très mal, par la Première Guerre mondiale, est que l'on ne peut pas être sûr que la diffusion du commerce et de la richesse a définitivement changé le monde.

l'idée en une phrase
La mondialisation est l'adrénaline du capitalisme

41 Le multilatéralisme

Les années écoulées depuis le tournant du millénaire ont été le théâtre d'un des plus importants changements dans le pouvoir économique mondial. Les plaques tectoniques qui sous-tendent l'économie mondiale ont commencé à se déplacer – plus rapidement que jamais. Alors qu'émerge une nouvelle catégorie de prétendants – menés par la Chine et l'Inde – il apparaît que les États-Unis perdent leur statut de superpuissance mondiale incontestée. Dans le passé, de tels événements ont souvent déclenché une instabilité géopolitique, mais les économistes espèrent que, cette fois, une arme secrète permettra d'éviter les conflits : le *multilatéralisme*.

Le multilatéralisme, c'est quand tous les grands pays coopèrent au moment de prendre les grandes décisions, au lieu que chaque pays agisse unilatéralement ou bilatéralement – en partenariat avec un seul autre pays (ou un ensemble de pays). Cela semble le simple bon sens, mais, même dans une ère de mondialisation, le nationalisme économique est une force puissante.

> **« Par la vertu de l'échange, la prospérité d'un homme bénéficie à tous les autres. »**
>
> **Frédéric Bastiat**, économiste français du XIXe siècle

Souvent, quand un pays décide d'augmenter ses droits de douane, ou de gonfler artificiellement la valeur de sa monnaie, il déclenche une réaction en chaîne qui peut causer des dommages importants aux autres pays. Par exemple, les années 1990 et la première décennie du nouveau millénaire ont été caractérisées par le fait que les pays développés permettaient à leurs taux de change de flotter, et que de nombreux pays asiatiques et du Moyen-Orient ont accroché leurs monnaies au dollar. Les pays en développement ont pu ainsi bénéficier d'une croissance un peu plus rapide (car les prix de leurs exportations sont restés très bas), mais les pays développés ont fini par accumuler une dette massive, ce qui a contribué à la crise financière de 2008.

chronologie

1944 Conférence de Bretton Woods – création du FMI et de la Banque mondiale

1945 Création de l'ONU

C'est pour essayer d'éviter de telles situations que les hommes politiques partout dans le monde ont développé des institutions multilatérales. Ce fut d'abord la Société des Nations, organisée par le Président Woodrow Wilson après la Première Guerre mondiale et qui se transforme plus tard en Organisation des Nations unies. Toutefois, c'est un ensemble d'institutions économiques multilatérales apparues après la Seconde Guerre mondiale qui dominent les relations entre les économies modernes au cours des dernières décennies.

Les enfants de Bretton Woods Lors de la Conférence de Bretton Woods aux États-Unis en 1944, qui se tient dans le somptueux hôtel Mount Washington, des représentants de pays du monde entier, sous la houlette de John Maynard Keynes, mettent en place une nouvelle architecture financière et économique pour le monde d'après-guerre. A côté d'un système de taux de change fixes, ils créent deux institutions majeures: le Fonds monétaire international (FMI), et le prédécesseur de la Banque mondiale d'aujourd'hui, la Banque internationale pour la reconstruction et le développement. Ils mettent également en place l'Accord général sur les tarifs douaniers et le commerce (GATT), qui sera plus tard transformé en Organisation mondiale du commerce (OMC).

Ces organisations multilatérales regroupent désormais tous les pays du monde à l'exception de quelques régimes despotiques. Entre elles, elles façonnent toujours l'économie mondiale et déterminent la manière dont les pays interagissent les uns avec les autres.

Le FMI agit en tant que banque centrale du monde, mettant en commun les ressources provenant de ses membres afin de prêter à ceux qui subissent une crise majeure de change ou de balance des paiements (voir n°24). Il s'agit d'un prêteur en dernier ressort – mais dans ce cas à des pays plutôt qu'à des banques ou à des entreprises. Son second rôle est de veiller à ce que les pays du monde entier gèrent convenablement leur économie, sans préparer de problèmes pour l'avenir. Toutefois, n'ayant pas de « griffes » – pas de pouvoir de sanctionner ceux qui le défient – le FMI n'a pas réussi dans le passé à empêcher certains pays de prendre de mauvaises décisions économiques.

L'Organisation mondiale du commerce est un forum où les pays s'accordent sur la suppression des barrières commerciales. Elle joue aussi le rôle d'arbitre quand un pays soupçonne un autre pays d'imposer illégalement

1989
Chute du mur de Berlin

2008
Le G7 est remplacé par le G20

Les BRIC

Les BRIC sont une idée, un phénomène et un quatuor de pays dont la puissance économique progresse le plus : le Brésil, la Russie, l'Inde et la Chine. Si l'économie du XXe siècle a été dominée par le G7, celle du XXIe commence à être dominée par les BRIC. Leur population très nombreuse, leur appétit incroyable pour le travail et leur croissance prodigieuse signifient qu'ils ont déjà été à l'origine de la moitié environ de la croissance économique mondiale ces dernières années. L'homme qui a inventé le terme, Jim O'Neill, l'économiste en chef de Goldman Sachs, a calculé que la Chine croissait si vite que, vers le milieu du XXIe siècle, elle dépassera les États-Unis comme première puissance économique mondiale.

Ensemble, le Brésil, la Russie, l'Inde et la Chine abritent 40 % de la population mondiale et couvrent un quart de la surface terrestre. Leurs économies se développent à un rythme de 10 % par an, peut-être même plus, alors que les économies occidentales ont tendance à se développer à un rythme quatre fois inférieur. En tant qu'ateliers du monde, ils exportent chaque jour des milliards de dollars vers les pays riches et entre eux.

des droits de douane ou des quotas supplémentaires sur ses importations. Elle préconise une réduction des barrières commerciales partout dans le monde.

La Banque mondiale est conçue pour fournir une assistance aux pays les plus pauvres du monde. Elle accorde des prêts – et dans certains cas, octroie des dons – aux économies en difficulté. Son objectif est de rendre l'économie mondiale plus riche et plus stable. Toutefois, elle a été critiquée pour imposer des conditions sévères aux pays qu'elle finançait – une critique également formulée à l'égard du FMI.

Pas de consensus Tout au long des années 1990, le FMI et la Banque mondiale se sont efforcés d'imposer des politiques propres à remodeler les économies selon leurs propres principes. Elles ont pris le nom de « consensus de Washington ». La prescription comprenait la réduction des déficits budgétaires et la suppression des barrières protégeant leurs marchés nationaux. L'économiste de Harvard Dani Rodrik l'a décrite comme « stabiliser, privatiser et libéraliser ». Le problème est que de nombreuses économies ne pouvaient tout simplement pas faire face à l'afflux massif d'argent venant de l'étranger qui s'est produit quand leur marché s'est ouvert aux investisseurs étrangers.

Depuis la fin de la guerre froide et à la suite de la crise financière de 2008, les institutions ont dû faire face à des critiques grandissantes sur leur incapacité à prévenir les crises économiques répétées dans différentes parties du monde. Les États-Unis, en particulier, ont eu à leur égard une attitude de plus en plus négative, avec des appels à une réforme majeure – en particulier au FMI et à la Banque mondiale.

L'une des préoccupations est que le FMI n'est pas suffisamment représentatif des nouvelles puissances économiques en pleine croissance. Jusque récemment, la Chine avait le même nombre de voix que la Belgique – alors qu'elle a progressé si vite qu'elle est désormais proche de devenir la troisième économie de la planète.

Du G7 au G20 Les mêmes critiques ont été formulées à l'encontre du G7 – le groupe des sept plus grands pays industrialisés de la planète : les États-Unis, le Japon, l'Allemagne, le Royaume-Uni, la France, l'Italie et le Canada. Ce groupe était une représentation satisfaisante des grandes puissances du monde dans les années 1970 à 1990. Chaque fois qu'il y avait un sommet économique mondial, il était dominé par le G7, dont les membres prenaient les grandes décisions de concert.

Toutefois, en 2008, lorsque le Président George W. Bush réunit un sommet extraordinaire pour discuter de la crise financière qui se développait, il devient évident que des pays comme la Chine, le Brésil, la Russie et l'Inde doivent être présents. Ainsi, le G7 fait-il place au G20 – un groupe beaucoup plus large des plus grandes économies mondiales.

L'espoir est qu'en coopérant les uns avec les autres au niveau multilatéral, les membres (19 pays plus l'Union européenne) seront en mesure de gérer le passage d'un monde où dominait une seule superpuissance économique à un monde comportant deux ou plus superpuissances.

l'idée en une phrase

Les nations peuvent aller plus loin en travaillant ensemble

42 Le protectionnisme

Dans les années 1980, alors que les citoyens américains s'inquiètent de la domination croissante du Japon sur le commerce mondial, les membres du Congrès convoquent une conférence de presse sur les marches du Sénat et brisent symboliquement un poste de radio Toshiba en mille morceaux. Quelques années plus tard, dans les années 1990, des hommes politiques mettent en garde contre le « bruit de succion géant » que feront les emplois américains prenant la direction du sud après la suppression des barrières commerciales avec le Mexique. Une décennie plus tard encore, les États-Unis interdisent une prise de contrôle chinoise d'une compagnie pétrolière américaine et une prise de contrôle par le Moyen-Orient de la branche américaine d'un groupe de gestion de ports. Pourquoi le protectionnisme – frère hideux de la mondialisation – conserve-t-il durablement une telle emprise sur le monde moderne ?

Le protectionnisme signifie généralement la mise en place de barrières élevées et de droits de douane sur les marchandises importées de l'étranger, et le blocage des prises de contrôle étrangères. Il est aussi vieux que le commerce international. Une des premières méthodes que les gouvernants ont imaginées pour collecter de fonds était d'imposer des droits de douane – quelque chose qui a perduré depuis l'Antiquité.

De nos jours, de nombreux moyens permettent de protéger l'économie : les quotas sur la quantité ou la valeur des marchandises importées ; les subventions aux producteurs – un exemple célèbre étant la politique agricole commune de l'Union européenne, qui accorde des aides aux agriculteurs ; les subventions aux exportateurs ; la manipulation du taux de change pour affaiblir la monnaie et rendre les exportations plus attrayantes que les importations ; et une bureaucratie pesante. Selon une autre forme de

chronologie

Autour de 1798
Le président George Washington met en place les premiers droits de douane américains, sur le commerce avec le Royaume-Uni

1930
Les États-Unis adoptent des mesures protectionnistes, en particulier le Smoot-Hawley Act qui instaure des barrières pour le commerce extérieur

protectionnisme, apparue avec la crise financière et économique qui a débuté en 2008, les banques prêtent uniquement aux entreprises de leur pays. Le Premier ministre britannique Gordon Brown l'a décrite en 2009, comme « mercantilisme financier ». Mais lui aussi était coupable du péché, en incitant les banques britanniques à favoriser les clients britanniques pour leurs nouveaux prêts, plutôt que leurs clients à l'étranger.

Le pour et le contre Presque tous les économistes ont le protectionnisme en horreur, et sont favorables à son opposé, la liberté des échanges. Ils avertissent que la mise en place de barrières protectionnistes nous rend tous plus pauvres dans le long terme, qu'elle est la cause de frictions politiques acerbes, et qu'elle peut même déclencher des guerres. C'est, préviennent-ils, parmi toutes les politiques économiques, une des plus préjudiciables. De tels arguments sont étayés par la théorie de l'avantage comparatif (voir n°7) – celle-ci montre qu'en se spécialisant dans certains produits et en échangeant avec d'autres pays, un pays peut devenir plus prospère, même s'il est moins efficace dans la production de biens que ses voisins.

Politiquement, toutefois, la question est plus complexe. Supposons, par exemple, qu'une usine française soit menacée parce que ses concurrents étrangers peuvent fabriquer les mêmes produits qu'elle à un prix beaucoup moins élevé. Un économiste dira que le marché délivre un signal clair : l'usine française ne peut plus résister à la concurrence et doit fermer. Un partisan du protectionniste recommandera au contraire d'augmenter les droits de douane sur les produits de cette usine, et peut-être

« cycle » après « cycle »

L'Organisation mondiale du commerce (OMC) est l'organisation chargée de mener le combat contre le protectionnisme. Elle a pris la suite du GATT (General agreement on tariffs and trade, accord général sur les tarifs douaniers et le commerce), mis en place à la fin de la guerre. Son rôle est de mettre tous les pays autour de la même table pour discuter de la façon de supprimer les droits de douane et les barrières non tarifaires. Ces discussions doivent être menées au niveau mondial, puisque c'est seulement en supprimant les barrières internationalement plutôt qu'unilatéralement que tous les pays peuvent en bénéficier.
Au début des années 1990, l'OMC scelle l'Uruguay Round, qui réussit à démanteler les barrières principales aux échanges commerciaux dans le monde entier et est crédité d'avoir aidé à relancer la croissance économique durant la décennie suivante. Toutefois, le Cycle de Doha, qui débute en 2001, subit un certain nombre de revers importants, les pays se querellant à propos de leurs contributions. Á l'été 2008, les pourparlers sont suspendus, les États-Unis s'opposant à la Chine, à l'Inde et au Brésil sur l'ampleur des réductions qu'ils sont prêts à apporter aux subventions versées à leurs agriculteurs. Bien que certains espèrent que les discussions reprendront, l'opinion prédominante est que le cycle de Doha est pour ainsi dire mort.

1994
L'Organisation mondiale du commerce scelle l'Uruguay Round, qui démantèle les barrières aux échanges commerciaux

2008
Le Cycle de Doha de négociations commerciales est suspendu

d'accorder des subventions au secteur, pour sauver des emplois. Une telle option bénéficiera probablement d'un soutien populaire – à coup sûr de la part des salariés. Cependant, la théorie économique montre que ces mesures ne feraient que masquer le problème, qui inévitablement refera rapidement surface. Il vaut mieux, dira l'économiste, que les travailleurs licenciés retrouvent un emploi dans un autre secteur plus compétitif.

Non seulement le protectionnisme est la politique la plus facile à vendre aux électeurs, mais il peut aussi montrer des signes superficiels de réussite. Si un gouvernement impose des droits de douane, cela lui procurera des ressources supplémentaires, tandis que les entreprises nationales en bénéficieront parce que les consommateurs seront poussés à acheter des biens produits dans le pays plutôt que biens comparables venant de l'étranger. Plus déterminant encore pour ceux qui ont un penchant patriotique (ou nationaliste), le protectionnisme semble garantir l'indépendance du pays, que ce soit dans la production d'énergie, d'acier, de voitures, d'ordinateurs ou de tout autre chose. Il joue également de la perception automatique qu'un pays s'appauvrit quand une de ses entreprises est reprise par un concurrent étranger.

Le problème, toutefois, est que ces arguments sont en grande partie trompeurs. De nombreuses études ont montré que, dans le long terme, le protectionnisme appauvrit les pays – à la fois la nation qui impose des droits de douane et celles qui voudraient faire du commerce avec elle.

Leçons de l'histoire L'exemple le plus démonstratif des dangers du protectionnisme vient des années 1930, lorsque – pris dans la grande dépression – les pays à travers le monde, y compris les États-Unis, ont mis en place des obstacles majeurs au commerce international, avec la conviction qu'ils sauvegarderaient les emplois intérieurs et aideraient leurs économies à retrouver plus rapidement la santé. Ces politiques ont été surnommées « beggar-thy-neighbour » (ruine ton voisin), parce qu'elles laissaient de nombreux pays, qui comptaient sur les échanges avec leurs partenaires étrangers, dans une situation désespérée. Tandis que les pays, les uns après les autres, érigeaient en représailles leurs propres barrières, le commerce mondial était pratiquement gelé, ce qui a aggravé les tensions politiques et contribué à la rupture des relations entre nations qui ont déclenché la Seconde Guerre mondiale.

« Quand les marchandises ne peuvent pas traverser les frontières, les armées le feront. »

Frédéric Bastiat, économiste français du XIXe siècle

C'est seulement quand ces obstacles ont commencé à être démantelés à la fin de la Seconde Guerre mondiale que l'avantage comparatif a repris le dessus, contribuant à une période exceptionnelle de croissance mondiale dans les années 1950 et 1960, chaque pays se spécialisant dans la production de certains produits. Le commerce international était plus libre qu'il ne l'avait jamais été.

Un autre exemple vient de Chine. Ce pays a été victime d'une politique commerciale destructrice à partir du XVe siècle. À l'époque, il faisait partie des pays les plus avancés et les plus riches, mais ses dirigeants s'engagèrent dans une politique d'autarcie (d'autosuffisance économique), coupant la majorité de ses liens économiques et culturels avec le reste du monde, et il perdit rapidement sa prééminence. C'est seulement à la fin du XXe siècle, quand la Chine a supprimé la plupart de ses barrières tarifaires et non tarifaires, qu'elle a commencé à nouveau à réaliser son potentiel économique remarquable.

« S'il existait un crédo de l'économiste, il contiendrait certainement ces affirmations : 'je crois au principe de l'avantage comparatif' et 'je crois au libre-échange' »

Paul Krugman, Prix Nobel et spécialiste du commerce international

Protection des emplois ? Malgré les craintes de certains, il n'est pas nécessairement vrai que faire tomber les barrières freinant le commerce international signifie que les emplois seront aspirés hors de l'économie. L'une des plus grandes et des plus efficaces usines de construction automobile de Grande-Bretagne n'est pas gérée par une société britannique ni même européenne, mais par un constructeur japonais, Nissan. Elle emploie des milliers d'ouvriers dans le nord-est de l'Angleterre, une zone de chômage élevé. Certes, on peut craindre que les entreprises étrangères, si elles ont besoin de réduire les coûts, suppriment plus rapidement des emplois dans leurs usines à l'étranger plutôt que dans leur pays, mais il y n'a guère de données statistiques pour étayer cette thèse.

Le problème fondamental est que protéger les entreprises d'un pays de la concurrence étrangère les rend moins compétitives, les découragent de réduire les coûts et d'améliorer leur efficacité. En effet, les experts considèrent qu'étant donné la difficulté pour les actionnaires d'éjecter un PDG peu performant, la menace d'une OPA étrangère est l'un des meilleurs moyens de contrôles pour assurer que le management travaille dur pour améliorer le fonctionnement de l'entreprise.

Une rechute protectionniste ? Alors que les pays tentent de remettre leurs économies sur les rails après la crise financière de 2008, certains craignent que cette crise provoque une nouvelle vague de protectionnisme dans le monde. En fait, de nombreux experts estiment que c'est là que réside la plus grande menace pour l'économie mondiale pour les dix prochaines années, plutôt que dans une dépression ou une déflation rendue nécessaire par la dette. Comme l'histoire l'a montré, le monde peut trop facilement être pris dans le piège d'une spirale protectionniste, avec des conséquences terribles pour sa stabilité et pour la paix.

l'idée en une phrase

La plus forte menace pour la paix et la prospérité du monde

43 Les révolutions technologiques

Si prêts que nous soyons à l'idéaliser, la vie au XVIIIe siècle en Angleterre n'est pas vraiment paradisiaque. La plupart des familles sont piégées dans une vie de subsistance, gagnant à peine de quoi survivre. Parmi les enfants nés à Londres, une stupéfiante proportion de trois sur quatre meurt avant l'âge de cinq ans. Mais, entre environ 1750 et le début du XIXe siècle, tout change radicalement. L'espérance de vie fait un bond, de même que la population et sa richesse. Rares sont les périodes économiques plus marquantes que celle de la révolution industrielle.

Une nouvelle technologie se cache derrière cette transformation. L'invention de la machine à vapeur et l'exploitation des combustibles fossiles comme le charbon changent brusquement la façon dont les gens vivent, en remodelant les horizons sociaux et artistiques. C'est l'époque de Wordsworth et Turner, à la fois d'horreur et de délice artistiques devant les changements profonds qui se produisent ; et une période d'insécurité politique qui coïncide avec la Révolution française et l'indépendance américaine.

Toutefois, ce très célèbre profond changement n'est pas la seule révolution économique de l'histoire. À travers les siècles, l'humanité a avancé par de sporadiques pas de géant, lorsque de nouvelles technologies étaient mises au point. Souvent, les sauts étaient tout à fait inattendus, mais ils ont déclenché des changements radicaux dans la prospérité de l'humanité et dans les interactions entre les hommes.

Les historiens de l'économie identifient non pas *une* mais *trois* révolutions industrielles depuis le XVIIIe siècle – ce qu'ils considèrent comme des

chronologie

1600 La British East India Company est constituée

1756 Redécouverte du béton

1778 Iron Bridge est construit dans le Shropshire et James Watt perfectionne sa machine à vapeur changements *structuraux* plutôt que *cycliques* : en d'autres termes, des changements dans les fondements mêmes de l'économie plutôt que des expansions et des récessions de routine.

La première révolution industrielle La première révolution industrielle s'étend du milieu des années 1700 – et de l'invention de la machine à vapeur – au début du XIXe siècle. Auparavant, les humains étaient tributaires pour leur survie de la nature – la puissance du vent, de l'eau ou d'animaux tels que les chevaux et les bœufs. Désormais, ils peuvent utiliser le charbon pour faire fonctionner les machines, ce qui augmente la productivité. Les êtres humains maîtrisent ensuite la fabrication de machines métalliques, ce qui donne naissance aux premières vraies usines – la magnifique incarnation de la division du travail d'Adam Smith (voir n°6). La révolution débute en Angleterre, mais elle se propage ensuite rapidement dans toute l'Europe puis en Amérique.

Les effets de cette révolution sont considérables. Jusque-là, le produit intérieur brut par habitant de l'Angleterre – une mesure de la création de richesse (voir n°17) – n'avait pratiquement pas varié depuis avant le Moyen Âge. Soudain, il s'accroît de manière spectaculaire. Aux yeux de certains économistes, c'est à ce moment que les économies occidentales échappent au piège malthusien (voir n°3), qui les condamnait à ne pas croître à cause de l'augmentation de la population. La richesse et l'espérance de vie s'élèvent, et il en est de même de la taille moyenne des familles. La population de l'Angleterre et du Pays de Galles passe d'environ 6 millions d'habitants au XVIIIe siècle à plus de 30 millions à la fin du XIXe.

« L'impulsion fondamentale qui met en route le moteur capitaliste vient des nouveaux biens de consommation, des nouvelles méthodes de production ou de transport, des nouveaux marchés et des nouvelles formes d'organisation industrielle que l'entreprise capitaliste crée. »

Joseph Schumpeter

1885
La première automobile propulsée par un moteur à combustion interne est mise au point par Karl Benz en Allemagne

1903
Les Frères Wright font voler le premier avion à moteur

1989
Le World Wide Web est développé par Tim Berners-Lee

Des technologies ne nécessitant pas d'infrastructure lourde

Parmi les caractéristiques incontestables du progrès, sinon d'une révolution, figurent les nouvelles technologies ne nécessitant pas d'infrastructure lourde (« leapfrog technologies »). De nombreuses régions du monde doivent à l'origine leur prospérité à une infrastructure coûteuse – par exemple, les rails pour les lignes de chemin de fer ou les lignes électriques pour un réseau électrique. Des parties du monde sans un héritage d'infrastructure ne peuvent tout simplement pas se développer aussi rapidement. Toutefois, le téléphone mobile a introduit la téléphonie dans de vastes étendues de l'Afrique où il n'aurait auparavant pas été rentable de construire un réseau. Les petites centrales solaires promettent de faire la même chose, fournissant de l'électricité à des collectivités qui n'en avaient jamais bénéficié. Que ceci conduise, comme certains le pensent, à un passage progressif à des villes et des collectivités moins centralisées reste à voir, bien que les écologistes pensent y voir une réponse à la pollution et au réchauffement climatique (voir n°45).

La seconde révolution industrielle La seconde révolution industrielle, parfois désignée comme révolution électrique ou technique, voit l'humanité développer la métallurgie (apparition de l'acier et d'autres métaux), maîtriser l'électricité, et exploiter le pétrole. C'est cette époque – une extension de la première révolution – qui apporte au monde l'automobile et l'avion, ainsi que l'entreprise multinationale et le téléphone. Elle voit aussi la Grande-Bretagne commencer à perdre son influence mondiale, alors que les États-Unis, l'Allemagne et la France progressent rapidement et prennent leur position de puissances économiques mondiales.

La troisième révolution industrielle – l'ère de l'informatique Les progrès récents dans la technologie sont tels que de nombreux économistes identifient une *troisième révolution industrielle*, qui remonte à la fin des années 1980 – une révolution provoquée par le développement de l'ordinateur et, de façon tout aussi importante, l'internet, qui bouleverse les communications et le commerce à l'échelle mondiale. Au XXIe siècle il devient possible de transférer de grandes quantités de capital (richesse et actifs) d'un côté à l'autre du monde simplement en appuyant sur un bouton. Les entreprises peuvent externaliser des parties entières de leurs activités en Inde, en Chine ou ailleurs en raison des progrès dans les communications à haut débit, ce qui leur permet d'augmenter leurs profits.

Comme avec les précédentes révolutions, ce saut technologique coïncide avec l'ascension de nouvelles superpuissances désireuses de capitaliser sur ce changement – dans ce cas la Chine et l'Inde. Dans la décennie précédant 2006, les progrès de ces pays, couplés à la révolution technologique, contribuent à la plus longue période de croissance économique mondiale jamais enregistrée. Bien que l'économie mondiale glisse ensuite dans une forte récession, la plupart des économistes pensent que la troisième révolution industrielle continuera à contribuer au progrès dans les décennies à venir.

S'il y a certainement eu un saut technologique, certains doutent que la nouvelle économie internet représente un changement aussi important que ceux observées lors des révolutions précédentes. Si profonds qu'aient été les changements récents, ils n'ont pas – selon l'économiste Robert Gordon, de la Northwestern University – un impact aussi profond sur la vie quotidienne que des innovations antérieures, telles que l'électricité, le transport de masse, le cinéma, la radio et la plomberie.

Les révolutions à venir L'ère de l'informatique est peut-être seulement le signe avant-coureur d'une révolution qui transformera les êtres humains eux-mêmes. Il y a bien des raisons de penser que le décodage récent du génome humain pourrait conduire à des avancées majeures dans les capacités humaines. Une révolution biologique permettra peut-être bientôt aux êtres humains d'exercer un contrôle sur leur constitution génétique. Mais, alors que des activités comme le clonage humain restent très controversées, certains pensent que l'humanité peut y trouver une source de progrès économique dans l'avenir.

Rares sont ceux qui prévoyaient la capacité révolutionnaire de l'ordinateur ou bien le changement radical qu'internet allait apporter à l'économie mondiale. Il est probable que de nouvelles avancées technologiques rendront le monde de demain presque totalement méconnaissable.

l'idée en une phrase
La technologie est le combustible de l'économie

44 L'économie du développement

La chute du mur de Berlin et l'effondrement du communisme dans l'ancien bloc soviétique ont été incontestablement l'un des catalyseurs les plus importants pour la croissance économique dans le monde. Il est devenu clair que l'économie planifiée de l'ancienne Union soviétique bloquait la croissance, appauvrissait des millions d'individus et laissait de nombreux Russes affamés et désarmés. Les anciens pays communistes ont maintenant adopté l'économie de marché, leurs économies se développent rapidement et, bien que certains de leurs habitants restent à la traîne, des millions d'autres se sont beaucoup enrichis.

Cependant, il y a un revers à cette belle histoire. L'un des sous-produits de la guerre froide était que les deux parties n'avaient pas d'autre choix que de courtiser les nations les plus pauvres du monde (le monde en développement, ou Tiers monde). Ils leur fournissaient de l'aide de peur de perdre leurs bonnes grâces. Cela signifiait que, trop souvent, la Russie ou l'Occident aidaient des dictateurs corrompus, comme le Président Mobutu au Zaïre ou Augusto Pinochet au Chili, et la concurrence pour leurs bonnes grâces assurait que l'argent continuait à couler vers ces pays.

Un nouveau monde Ce flux se tarit brusquement avec la chute du rideau de fer. Bien des pays qui bénéficiaient auparavant de l'aide pour soutenir leur économie (même si une grande partie de celle-ci était détournée vers les comptes bancaires suisses de leurs dictateurs) s'enfoncent davantage dans la pauvreté. Cependant, ce n'est pas le cas partout. En effet, la fin des contrôles économiques stricts propres au communisme ou au socialisme aide la Chine et la plus grande partie de l'Asie orientale à mettre en route une croissance économique rapide, sortant des millions de personnes de la pauvreté. L'image du monde change.

chronologie

Années 1800
L'espérance de vie augmente en Occident durant la révolution industrielle

1990
La chute de l'Union soviétique met la Chine et l'Inde sur la route du développement

La situation n'est plus simplement celle où un cinquième de riches côtoit quatre cinquièmes de pauvres. Le nouveau monde se compose d'un cinquième d'économies riches, de trois cinquièmes d'économies émergentes, en phase d'industrialisation et de rattrapage rapide, et d'un cinquième d'économies pauvres. L'économie du développement est largement concernée par la situation critique de ce dernier cinquième ou, selon les mots de Paul Collier (l'un des plus grands experts mondiaux dans le domaine), de ce « milliard d'en bas ».

Pourquoi un pays est-il riche ? De nombreuses théories cherchent à expliquer pourquoi certains pays peuvent vaincre la pauvreté si facilement tandis que d'autres restent pris au piège. Certaines mettent l'accent sur le climat du pays et sa topographie, qui peuvent rendre difficile de faire pousser des cultures et de développer l'agriculture ; d'autres insistent sur les règles en vigueur telles que le traitement des droits de propriété ; et d'autres encore mettent en avant le succès ou l'échec des institutions politiques et sociales. Pour certains, la richesse ou la pauvreté d'un pays est un accident de l'histoire ; pour d'autres, c'est une question de destin. Quelques facteurs moins évidents ont également été suggérés. Le biologiste et anthropologue Jared Diamond, par exemple, pense que la résistance à certaines maladies est un préalable essentiel au développement, tandis que l'économiste Gregory Clark affirme qu'un facteur clé est l'existence d'une classe moyenne et la diffusion de sa culture ou de ses gènes de l'ardeur au travail à l'ensemble de la population.

Les Objectifs du millénaire pour le développement (OMD)

Les Objectifs du millénaire pour le développement (OMD) sont un ensemble de huit objectifs visant à améliorer le sort des habitants des pays en développement. Ils ont été fixés par l'Organisation des Nations Unies en 2001, avec l'objectif qu'ils soient atteints en 2015. Toutefois, en 2009, à mi-chemin de la date limite, des militants ont averti que les progrès étaient trop lents.

- **Objectif 1** : Éradiquer l'extrême pauvreté et la faim
- **Objectif 2** : Assurer l'éducation primaire pour tous
- **Objectif 3** : Promouvoir l'égalité des sexes et l'autonomisation des femmes
- **Objectif 4** : Réduire la mortalité infantile
- **Objectif 5** : Améliorer la santé des mères
- **Objectif 6** : Combattre le sida, le paludisme et les autres maladies
- **Objectif 7** : Assurer un environnement durable
- **Objectif 8** : Mettre en place un partenariat mondial pour le développement

2001
Les Nations unies fixent les Objectifs du millénaire pour le développement

2015
Date cible pour la réalisation des OMD

> **« Avant [la fin de la guerre froide], le défi de la Russie faisait qu'il valait mieux traiter les pays en développement raisonnablement bien si on ne voulait qu'ils rejoignent l'autre camp – il y avait donc de la concurrence. »**
>
> **Joseph Stiglitz, Prix Nobel et ancien économiste en chef de la Banque mondiale**

Quoi qu'il en soit, le fait est qu'au Moyen Âge, il n'y a guère de différence de richesse entre ce que l'on appelle maintenant le monde développé et le monde en développement. Entre cette époque et aujourd'hui, un vaste fossé s'est creusé, et l'Afrique est la plus touchée. En termes économiques, le continent reste bloqué à l'époque médiévale. La majorité de l'Afrique subsaharienne est dominée par une agriculture de subsistance, avec des taux de mortalité dans de nombreux cas plus élevés que dans l'Europe d'avant la Réforme. Ces dernières années, ces taux ont encore augmenté avec la propagation du sida à travers le continent, de sorte que l'espérance de vie moyenne chez le sixième le plus pauvre du monde est seulement de 50 ans, un enfant sur sept n'atteignant pas l'âge de cinq ans.

Les pièges Selon Collier, les pays pauvres peuvent tomber dans quatre pièges, dont il leur est extrêmement difficile de sortir.

1. *La guerre civile*. Celle-ci touche près des trois quarts de ceux qui font partie du « milliard d'en bas ». C'est le cas de l'Angola, où un demi-million de personnes ont perdu la vie, et de la République démocratique du Congo, qui s'est enfoncée dans une guerre civile plus ou moins permanente depuis 1997.
2. *Le piège des ressources*. Un pays qui découvre de grandes réserves de ressources naturelles – telles que pétrole, or ou diamant – à l'intérieur de ses frontières est pour cette raison vulnérable. Des dirigeants corrompus ont encore plus d'opportunités de se cramponner au pouvoir et d'empêcher l'argent d'aller jusqu'aux pauvres.
3. *Le piège de la terre*. Ceux qui n'ont pas de débouché maritime peuvent se trouver soumis aux caprices de leurs voisins, qui étranglent leurs échanges et, partant, leurs économies.
4. *Une mauvaise gouvernance*. En termes simples, cela signifie un mauvais leadership et la corruption des dirigeants, qu'ils aient été élus ou qu'ils aient conquis le pouvoir par la force.

Que faut-il faire ? Depuis la guerre froide, un important appareil d'institutions visant à sortir de la pauvreté le monde en développement a émergé. Il comprend les ministères du Développement dans les pays riches, les institutions multilatérales comme la Banque mondiale et des Nations unies (voir n°41), et les organisations non gouvernementales (ONG) comme Oxfam et Christian Aid.

L'approche adoptée pour essayer de résoudre le problème a changé au fil du temps. Les pays riches et les individus ont eu tendance dans le passé à donner directement aux pays en difficulté, mais des dictateurs ont souvent canalisé cet argent dans leurs caisses noires, plutôt que de le dépenser pour la santé et l'éducation. Aujourd'hui, les agences d'aides dépensent l'argent directement « sur le terrain », ou tentent d'attacher des conditions à l'aide qu'elles envoient. Elles indiquent qu'il doit être utilisé pour des projets particuliers, allant de la fourniture aux familles de moustiquaires et de manuels scolaires à la construction d'écoles, de routes et de ponts.

Toutefois, le problème auquel est confrontée la communauté du développement – exprimée par l'économiste américain William Easterly – est que ces dons ne contribuent guère à équiper les pays pour la transition de la pauvreté à l'industrialisation. La Chine a bénéficié de l'aide pendant de nombreuses années, mais cette aide a peu, sinon rien, à voir avec sa croissance phénoménale à partir des années 1990.

Une solution à la pauvreté dans les pays africains est de leur permettre de commercer avec les pays riches sans avoir à payer de droits de douane sur leurs exportations. Une autre est de les autoriser à mettre des barrières temporaires sur les importations pour éviter que leurs industries ne soient évincées par celles de Chine et d'ailleurs.

Ironiquement, une partie de la réponse à la crise du développement réside dans nul autre que la Chine elle-même. Ayant fait croître sa richesse avec tant de succès dans les premières années du nouveau millénaire, ce géant de l'économie asiatique envoie aux États africains des dons qui sont aujourd'hui parmi ceux qui augmentent le plus rapidement dans le monde. Savoir si elle lie ces dons à des conditions qui aideront réellement les pays les plus en difficulté à échapper au piège de la pauvreté est une autre question.

l'idée en une phrase
Aider à sortir de la pauvreté le « milliard du bas »

45 L'économie de l'environnement

L'économie et l'environnement sont inextricablement mêlés. Ainsi, le développement économique est l'une des premières causes du changement climatique, mais il peut aussi lui apporter une solution. De même, la théorie économique est au tout premier rang des investigations sur le réchauffement climatique, et ce sont les outils économiques – comme les impôts et la régulation – qui, le plus probablement, encourageront les entreprises et les individus à moins polluer dans l'avenir.

L'évolution économique de l'humanité est allée de pair avec l'exploitation des ressources naturelles de la terre, surtout depuis la révolution industrielle. Sans l'utilisation de ces ressources, telles que le charbon et le pétrole, il est difficile d'imaginer comment les économies occidentales auraient pu se développer autant, et créer une telle richesse et une telle prospérité au cours des siècles passés.

Il est clair cependant que ce développement a eu un coût. Une pléthore d'études ont montré un lien entre la combustion des combustibles fossiles et le réchauffement climatique. Certains ont affirmé que les changements climatiques provoqués par l'homme peuvent même être responsables de la plus grande instabilité des systèmes météorologiques mondiaux, contribuant par exemple à aggraver les ouragans, tels que Katrina, qui a réduit en lambeaux la Nouvelle-Orléans en 2005. D'autres ont prédit que, si la température du globe continuait d'augmenter, d'ici quelques décennies les calottes polaires pourraient fondre, élevant potentiellement le niveau de la mer à travers le monde et inondant certaines grandes villes, et en particulier New York et Londres. Parmi les conséquences supplémentaires à craindre, il y aurait la disparition du Gulf Stream qui, selon certains, pourrait sérieusement perturber le climat en Europe du nord et même ailleurs.

chronologie

1992

Le Sommet de la terre à Rio de Janeiro demande aux gouvernements de stabiliser les niveaux de gaz à effet de serre

1997

Protocole de Kyoto – les pays acceptent de mettre leurs émissions sous contrôle

« Les preuves de la gravité des risques en cas d'inaction ou d'action retardée sont désormais accablantes. Nous risquons des dommages supérieurs à ceux provoqués par les deux guerres mondiales. Le problème est mondial et la réponse doit être une collaboration à l'échelle mondiale. »

Sir Nicholas Stern, **économiste britannique**

Le dilemme environnemental De telles éventualités seraient désastreuses pour la prospérité future de la planète, et nous sommes ainsi confrontés à un dilemme majeur. Devons-nous réduire notre consommation actuelle de combustibles fossiles afin de réduire l'impact que le réchauffement climatique pourrait avoir sur les générations futures, même si cela signifie une croissance plus faible et une plus grande pauvreté dans l'avenir immédiat ? Ou devons-nous ne rien changer, en faisant l'hypothèse que la génération de demain, plus riche et plus avancée scientifiquement, découvrira un moyen de combattre ou d'atténuer le réchauffement climatique ? Selon Sir Nicholas Stern, un économiste britannique qui a rédigé l'un des premiers rapports sur ce dilemme, les coûts éventuels associés au réchauffement climatique pourrait s'élever à environ 20 % du produit intérieur brut mondial – environ 4 000 milliards d'euros – à comparer à un coût d'à peine 1 % du PIB pour lutter maintenant contre cette menace.

Toutefois, la deuxième option de l'alternative, attendre, ne doit pas être rejetée d'emblée. Tout au long de l'histoire, les progrès technologiques ont permis de résoudre des problèmes d'environnement apparemment insolubles. Il suffit de considérer les prévisions apocalyptiques de Thomas Malthus par rapport au résultat final, plutôt plus heureux, pour réaliser que le marché a tendance à développer des solutions aux problèmes auxquels il est confronté.

Ainsi, durant l'époque victorienne à Londres, l'une des principales craintes de la population était que la ville grandisse et avec elle le nombre de chevaux dans les rues, et que la capitale anglaise soit enterrée sous un tas de fumier de cheval. Bien entendu, cela ne s'est jamais produit en raison de la naissance de l'automobile (qui pose ses propres problèmes environnementaux). De même, de nombreux éléments suggèrent que la crise pourrait être résolue sans avoir à réduire significativement la croissance économique pour la génération d'aujourd'hui grâce à de nouvelles

2005
Le système européen d'échange de droits à pollution entre en vigueur

2007
Les économies occidentales acceptent de réduire de moitié leurs émissions totales de CO_2 d'ici 2050

technologies : voitures employant l'hydrogène comme combustible, centrales électriques utilisant la fusion nucléaire ou installations de captage du carbone pour permettre la combustion propre du charbon.

La plus grande externalité Le réchauffement climatique est un exemple de défaillance du marché. Pour reprendre les mots de Sir Nicholas Stern, c'est le pire échec du marché que le monde ait jamais connu. Dans un marché fonctionnant correctement, le prix de toute chose augmente quand l'offre diminue ou que la demande augmente – c'est un élément clé de la théorie de la main invisible avancée par Adam Smith (voir n°1). Si tout le monde est égoïste, les marchés produiront ce que les gens veulent pour le plus grand bien de tous.

Cependant, parce que jusqu'à une date très récente, il n'existait pas de prix pour l'air pur ou la pollution, personne ne leur accordait une grande attention. Personne ne « possède » l'environnement au sens strict, même si bien sûr tous les humains le possèdent. C'est ce que les économistes appellent une externalité. Le coût implicite réel de la pollution est très élevé. Si la pollution augmente le nombre des ouragans, étend la désertification, provoque la hausse du niveau des mers, et dévaste les villes, le coût sera très élevé. Mais ce n'est que depuis les scientifiques ont réalisé la responsabilité potentielle du changement climatique dans le déclenchement de ces phénomènes que le travail nécessaire a été accompli pour établir leur coût véritable. En théorie, le prix de la lutte contre le réchauffement climatique devrait être ce que les gens sont prêts à payer pour garantir qu'eux-mêmes et leurs enfants respireront de l'air pur dans l'avenir. S'ils sont prêts à supporter l'air pollué et toutes ses conséquences, il n'y a pas d'externalité.

Comment les pays peuvent réduire leurs émissions

1. Taxes vertes. Il s'agit des prélèvements sur les activités qui polluent l'atmosphère, en particulier les taxes sur les carburants, sur les producteurs d'électricité pour le carbone qu'ils relâchent dans l'atmosphère et sur le déversement de matières dangereuses.

2. Marché des droits à émission de carbone. C'est la méthode préférée des économistes. Elle implique que les pouvoirs publics mettent aux enchères des permis aux entreprises les autorisant à émettre une certaine quantité de carbone. Ainsi un prix est fixé pour les émissions de CO_2. Toute entreprise ayant besoin de polluer davantage que ses droits peut alors acheter un permis à une entreprise qui a besoin de polluer moins que ses droits. Le montant total des émissions est alors contrôlé. Le problème avec ce système est que le marché du carbone en est encore à ses balbutiements, et que, jusqu'à une date récente, il a été considéré avec suspicion par la plupart des pays hors de l'Union européenne.

3. Technologie. Diverses technologies vertes, allant de l'énergie solaire aux voitures électriques, pourraient réduire les émissions. L'obstacle est que, jusqu'à présent, ces technologies sont plus coûteuses que de brûler simplement du charbon ou du pétrole. Cependant, plus nous investirons dans ces techniques, plus elles seront susceptibles de devenir abordables.

Le défi Les scientifiques ont fait valoir que d'ici 2050, afin de prévenir les effets catastrophiques du changement climatique, le monde doit réduire de moitié ses émissions de gaz à effet de serre (appelé ainsi car ils ont pour effet que la chaleur est prise au piège dans l'atmosphère terrestre, comme dans une serre). Ils ont appelé à une action de lutte contre la déforestation, qui est responsable à hauteur de 15 % à 20 % de l'augmentation des émissions mondiales de gaz à effet de serre.

Ces objectifs sont extrêmement difficiles à satisfaire – car tout le monde dans le monde n'accepte pas l'idée qu'ils doivent être respectés. Depuis quelques années, les États-Unis et un certain nombre d'autres pays, y compris l'Australie et la Chine, se sont à plusieurs reprises abstenus de souscrire aux engagements de réduction des émissions mondiales de peur de nuire à leur économie. En effet, une réduction des gaz à effet de serre va généralement de pair avec une croissance plus faible.

En outre, les pays en développement comme la Chine, le Brésil et l'Inde ont fait valoir, non sans raison, qu'ils ne doivent pas supporter la responsabilité de réduire leurs émissions de manière significative. Alors que le réchauffement climatique est essentiellement une conséquence de la pollution générée par le monde occidental – et non par ces jeunes économies – pourquoi devraient-elles avoir à payer pour les déchets des autres ? Malheureusement, ce sont justement ces jeunes économies qui vont générer la plus grande partie de la pollution supplémentaire au cours des prochaines années. De même, ce sont les pays les plus pauvres – en particulier ceux situés dans les régions tropicales – qui sont susceptibles d'être les plus touchés par le changement climatique.

Bien que l'opinion scientifique majoritaire soit que le réchauffement climatique est à la fois réel et provoqué par l'homme, il convient de reconnaître que certains restent sceptiques quant à la valeur des preuves avancées. Toutefois, l'opinion dominante est que le coût de l'inaction (une catastrophe climatique potentielle pour demain) est de loin supérieur au coût d'une action immédiate (réduire les émissions et la croissance économique). La lutte contre le réchauffement climatique devrait donc être considérée comme une police d'assurance pour les générations futures.

l'idée en une phrase

Agir maintenant pour éviter de terribles coûts environnementaux plus tard

46 L'économie comportementale

La théorie économique à un talon d'Achille. Encore récemment, de nombreux praticiens s'efforçaient d'ignorer ou de contester ce défaut – mais il doit être tenu comme l'ultime responsable d'une grande partie des erreurs patentes que les économistes ont commises pendant des siècles. C'est l'hypothèse erronée que les êtres humains sont rationnels.

L'expérience montre que les êtres humains sont loin d'être toujours cohérents dans leur comportement. Un fumeur obèse, s'il était vraiment rationnel, se mettrait immédiatement au régime et renoncerait aux cigarettes, prenant en compte le danger qu'il fait courir à sa santé. Si nous étions tous vraiment rationnels, nous ne serions pas influencés par l'argument « un gratuit pour un acheté » ; nous apprécierions si notre salaire est suffisant en nous fondant uniquement sur son niveau absolu plutôt qu'en le comparant à celui de notre voisin, ou du mari de notre belle-sœur.

Pourtant, malgré ces exemples banaux d'irrationalité, l'économie « néoclassique » standard repose sur l'idée que les êtres humains ont une capacité illimitée de rationalité, de volonté et d'égoïsme. C'est le fondement de la théorie de la main invisible d'Adam Smith (voir n°1), qui postule que lorsque des actions rationnelles égoïstes ont lieu en masse, le résultat sera, en définitive, une société plus prospère. Cet homme rationnel typique imaginé par les économistes est souvent surnommé *Homo economicus*.

En réalité, toutefois, les êtres humains sont enclins à l'émotion – à l'excitation, à l'amour, à la jalousie, au chagrin – tous sentiments qui peuvent les faire agir de façon irrationnelle.

Les origines L'économie comportementale étudie pourquoi et comment les êtres humains agissent de façon irrationnelle. Elle figure parmi les domaines les plus récents et les plus fascinants des études académiques,

chronologie

1955
Le Prix Nobel Herbert Simon remet en question l'hypothèse selon laquelle les individus ont des capacités de traitement de l'information illimitées

Années 1970
Tversky et Kahneman sont les premiers à combiner psychologie et théorie économique

combinant économie et psychologie. En outre, loin d'être simplement un domaine d'étude intéressant, elle commence maintenant à jouer un rôle clé dans l'élaboration des politiques économiques. Et tandis que le fonctionnement du cerveau commence à être mieux décrypté, les économistes du comportement apportent une meilleure compréhension de ce qui pousse vraiment les êtres humains à agir comme ils le font.

Les pionniers de l'économie comportementale furent les psychologues Amos Tversky et Daniel Kahneman, qui, dans les années 1970, ont adapté les théories sur la façon dont le cerveau traite l'information et les ont comparées avec les modèles économiques.

Ils découvrent que lorsque les êtres humains sont confrontés à l'incertitude, ils ont tendance à réagir ni rationnellement ni d'ailleurs de façon aléatoire,

Les cinq principes de l'économie comportementale

1. Les êtres humains sont influencés par les jugements de valeur et la morale. Ils font souvent ce qu'ils pensent être « juste » plutôt que ce qui leur serait le plus profitable.
2. Les êtres humains se comportent de façon tout à fait différente selon que l'argent intervient ou non. Ils font la distinction entre marchés et contextes sociaux. Pour un économiste néo-classique, cependant, que vous offriez à votre meilleur ami pour Noël un livre d'une valeur de 20 euros ou un billet de 20 euros ne fait pas de différence.
3. Les êtres humains sont des épargnants irrationnels. Ils accordent plus de poids aux événements récents qu'aux événements plus anciens, et ne maîtrisent pas particulièrement les calculs de probabilités. De même, ils ne réagissent pas très rationnellement quand leurs placements perdent de leur valeur. Ils ont tendance à s'accrocher à leurs placements, parce qu'ils ont un fort sentiment de possession.
4. Les êtres humains suivent souvent leurs habitudes plutôt que d'examiner leurs comportements afin de voir s'ils sont optimaux. Les vieilles habitudes ont la vie dure.
5. Les êtres humains sont un amalgame d'expériences - les leurs et celles des autres. Ils agissent souvent en observant les autres plutôt qu'en fonction de leur jugement individuel.

1980
L'économie comportementale commence à influencer les théories de l'épargne

1996
Décès d'Amos Tversky

2002
Daniel Kahneman reçoit le Prix Nobel d'économie

> **« Sans nul doute, le prochain sujet brûlant de recherche [est] l'économie comportementale, qui intègre l'économie et la psychologie. [Elle] promet de fournir de nouvelles perspectives sur la politique économique. »**
>
> **Greg Mankiw, professeur d'économie à Harvard**

mais selon certaines façons prévisibles. Généralement, ils utilisent des raccourcis mentaux, ce que Tversky et Kahneman ont appelé des *heuristiques*. Celles-ci peuvent être influencées par l'expérience ou l'environnement. Par exemple, quelqu'un qui a été brûlé par une poêle à frire aura tendance à être plus prudent quand il en manipulera une autre plus tard.

Les preuves Les êtres humains peuvent également être influencés quand ils prennent certaines décisions par la façon dont une certaine option leur est présentée – quelque chose connu sous le nom de *cadrage*. Par exemple, dans un de leurs articles, Tversky et Kahneman présente un scénario dans lequel les États-Unis sont confrontés à une maladie asiatique inhabituelle susceptible de tuer 600 personnes. Ils envisagent deux programmes d'action : un programme A qui sauvera 200 personnes, et un programme B qui sauvera les 600 personnes avec une probabilité d'un tiers et n'en sauvera aucune avec une probabilité de deux tiers. Quelque 72 % des répondants ont choisi le programme A, bien que les résultats des deux programmes puissent être considérés comme identiques.

Un exemple plus récent vient de l'économiste du comportement du MIT Dan Ariely. Il a demandé à ses élèves d'écrire une partie de leur numéro de sécurité sociale sur un morceau de papier, puis de dire combien ils seraient prêts à payer pour une bouteille de vin. Le montant qu'ils donnent dépend de leur numéro de sécurité sociale – ceux qui ont dans leur numéro les chiffres les plus faibles tendent à faire les offres les plus basses et ceux qui ont les chiffres les plus élevés à faire les offres plus élevées. Ce phénomène est connu sous le nom d'*ancrage*, et, comme le *cadrage*, il sape la ferme conviction que les prix sur le marché sont fonction de l'offre et la demande.

Les derniers développements de l'économie comportementale tirent parti des techniques modernes d'imagerie cérébrale pour observer les cerveaux des sujets et faire le lien avec les décisions économiques. Une conclusion intéressante de la *neuro-économie* est que quand quelqu'un essayant de vendre quelque chose se voit proposer un prix insultant par un acheteur potentiel, la partie du cerveau qui réagit est la même que celle qui est activée lorsqu'un être humain perçoit une odeur ou voit une image répugnante.

L'« économie du coup de coude » Ainsi, les être humains ne prennent pas toujours leurs décisions en fonction de leurs propres intérêts. Il s'agit d'une prise de conscience extrêmement importante, puisque la plupart des économies sont structurées en grande partie sur une telle hypothèse. Par exemple, les économistes supposent habituellement que les êtres humains vont épargner durant toute leur vie parce qu'il est dans leur propre intérêt d'avoir de quoi vivre quand ils prendront leur retraite. Ils supposent de même que les êtres humains ne vont pas s'endetter davantage que ce à quoi ils pensent pouvoir raisonnablement faire face. En fait, selon l'économie comportementale, nous sommes souvent poussés à nous endetter par des heuristiques et non pas en fonction de notre propre intérêt. L'implication forte est que les êtres humains doivent être poussés du coude dans certaines directions – poussés à épargner, à perdre du poids, à améliorer l'état de leurs finances – plutôt que d'attendre qu'ils le fassent par leur seule volonté.

Cela a conduit à ce que certains appellent « paternalisme libertaire » ou « économie du coup de coude » – des efforts pour mettre l'économie comportementale en pratique. Par exemple, bien que les êtres humains ne doivent pas être privés du libre choix, certains font valoir qu'ils devraient être poussés discrètement dans une direction positive particulière. Un exemple banal est celui d'inscrire automatiquement les salariés à un régime de pension, tout en leur laissant la possibilité de se désinscrire. Une autre idée controversée est d'appliquer cette idée de « consentement présumé » pour les dons d'organes, en faisant l'hypothèse par défaut que chacun est prêt à être un donneur sauf s'il indique explicitement le contraire.

Toutefois, ces procédés peuvent évidemment être dangereux entre de mauvaises mains. Les gouvernements ont le devoir de s'assurer que leurs citoyens sont protégés contre la guerre, le crime et la pénurie, mais doivent-ils aussi être protégés contre leur propre irrationalité ? Où doit s'arrêter un tel pouvoir ? Si les êtres humains prennent les mauvaises décisions sur l'épargne, ou sur le don d'organes, ne pourraient-ils pas faire aussi le mauvais choix dans l'isoloir ?

Nonobstant ces préoccupations, la théorie économique a été transformée par ces aperçus sur les comportements humains, qui ont irrémédiablement sapé l'hypothèse que les êtres humains agissent toujours de façon rationnelle et dans leur propre intérêt. La vérité est que les êtres humains sont plus complexes. Pour la théorie économique de demain, la tâche est de trouver un moyen d'intégrer ces deux modèles.

l'idée en une phrase

Les êtres humains se comportent irrationnellement de façon prévisible

47 La théorie des jeux

Dans une scène du film classique de 1987 *Princesse Bride*, adapté d'un livre de William Golding, le héros Westley et son ennemi Vizzini se livrent à une bataille intellectuelle. Westley place deux verres de vin sur la table et dit qu'il a mis un poison mortel appelé poudre d'iocane dans l'un d'entre eux. Il défie Vizzini de prendre un verre.

« Mais, c'est très simple », dit Vizzini. Il poursuit :

> Tout ce que j'ai à faire, c'est deviner à partir de ce que je sais de vous. Êtes-vous le genre d'homme qui mettrait du poison dans son propre gobelet, ou dans celui de son ennemi ? Or, un homme intelligent aurait mis le poison dans son propre verre, parce qu'il sait que seul un grand fou prendrait le verre qu'on lui a donné. Je ne suis pas un grand fou, je ne peux donc clairement pas choisir le vin en face de vous. Mais vous deviez savoir que je n'étais pas un grand fou ; vous avez compté dessus, donc je ne peux clairement pas choisir le vin en face de moi.

Ils finissent par boire, Vizzini dans son verre et Westley dans le sien, sur quoi Westley avertit Vizzini qu'il a mal choisi. Vizzini, qui a secrètement intervertit les gobelets, rit de bon cœur.

En fait, Westley a empoisonné les deux verres, s'étant construit une immunité contre la poudre d'iocane, de sorte que Vizzini s'écroule pendant que le héros sauve la princesse Buttercup. Le film ne semble pas avoir grand-chose à voir avec la théorie économique. Mais ce que nous venons d'examiner est un exemple parfait de théorie des jeux.

La théorie des jeux est la science derrière la stratégie humaine. C'est l'étude de la façon dont les êtres humains tentent d'anticiper les actions des uns des autres, et des conséquences ultimes qui en résulteront. En tant que telle, c'est

chronologie

1944
Publication de *La Théorie des jeux et le comportement économique* de John von Neumann et Oskar Morgenstein

1950
Formulation du dilemme du prisonnier ; Nash propose sa théorie de l'équilibre qui porte son nom

devenu l'une des idées les plus influentes en théorie économique ces dernières décennies. Adam Smith a soutenu au XVIIIe siècle que les êtres humains sont par nature égoïstes, mais que, lorsque cet égoïsme est canalisé par le marché, le résultat final sera que la société s'en trouvera mieux. La théorie des jeux, par contre, examine comment l'égoïsme des gens détermine la façon dont ils négocient les uns avec les autres.

Le dilemme du prisonnier L'exemple classique de la théorie des jeux se déroule dans une prison, où deux complices d'un crime sont interrogés séparément l'un de l'autre. Ils ont deux options : ou bien avouer le crime ou bien rester silencieux. Si l'un avoue et que son partenaire dans le crime reste silencieux, celui qui avoue sera acquitté, tandis que son complice sera condamné à dix ans de prison. Si les deux gardent le silence, ils auront chacun une peine symbolique d'un an. Si les deux avouent, ils seront emprisonnés pendant cinq ans.

Les mathématiques indiquent que l'option la plus judicieuse pour les deux serait de rester silencieux. Toutefois, l'un des préceptes de la théorie des jeux est que l'égoïsme des individus signifie que chacun trahira immanquablement son complice. En effet, l'incitation à éviter la peine de prison la plus longue, ainsi que la chance de sortir libre, seront plus fortes que de prendre le pari de rester silencieux et d'être trahi par son complice. Cet exemple fait apparaître que, dans certaines circonstances, la meilleure décision n'est pas toujours la décision évidente.

« Ne fais pas à autrui ce que tu aimerais qu'il te fasse. Ses goûts sont peut-être différents. »

George Bernard Shaw

Pourquoi, cependant, le dilemme du prisonnier est-il évoqué si souvent ? Dans de telles circonstances, où les prisonniers connaissent les paramètres du jeu, ils peuvent apprendre que la coopération est une tactique plus bénéfique que la trahison. De même, lorsque ce dilemme a été utilisé dans une expérience, il a parfois mis en évidence la propension des gens à choisir la voie altruiste et à se taire.

Un autre exemple de la théorie des jeux se trouve dans un film classique avec James Dean, *La Fureur de vivre*. Le personnage principal se mesure à un adversaire dans un jeu du « froussard », dans lequel ils conduisent des voitures vers une falaise – le perdant étant le premier à sauter hors de sa voiture roulant à toute vitesse. Bien qu'ils recherchent le meilleur résultat pour eux-mêmes, ils risquent le pire – leur propre mort.

1960 Publication de *The Strategy of Conflict* de Thomas Schelling

1982 Publication de *Evolution and the Theory of Games* de Maynard Smith

1994 Nash reçoit le Prix Nobel d'économie

Hollywood croise la théorie des jeux

La théorie des jeux a trouvé un public populaire inattendu quand elle est apparue dans un film de 2001 qui a figuré au palmarès des Oscars, *A Beautiful Mind* (*Un homme d'exception*). Russell Crowe dépeint un de ses premiers théoriciens – le mathématicien John Nash – qui a souffert de schizophrénie paranoïde pendant une grande partie de sa carrière, avant de se voir attribuer le prix Nobel d'Économie en 1994.Toutefois, Nash n'avait pas conçu la théorie des jeux – le pionnier de cette théorie était le mathématicien de Princeton John von Neumann. Nash l'avait raffinée et lui avait trouvé d'autres applications. L'équilibre de Nash – la théorie que Nash a conçue – décrit la situation dans laquelle les deux joueurs dans un jeu connaissent la stratégie de leur adversaire mais, sans savoir si leur adversaire va ou non changer d'avis, ils choisissent chacun néanmoins de s'en tenir à leur stratégie.

L'art de tenter d'anticiper Cependant, la théorie des jeux a une portée beaucoup plus large que ces exemples le suggèrent. Elle examine comment les êtres humains se comportent dans n'importe quel scénario en forme de jeu – par opposition à ceux où aucune stratégie n'intervient. Ce que ces scénarios ont en commun, c'est que les actions d'un participant influencent inévitablement le résultat non seulement pour lui mais pour les autres. Cela peut inclure des jeux à somme nulle où les intérêts de chaque participant s'opposent de telle sorte que ce que l'un gagne est perdu par l'autre, ou les jeux avec un résultat gagnant-gagnant.

La clé de la théorie est le fait que, dans ces situations, les gens sont obligés d'anticiper les intentions d'un autre être humain, rationnel et soucieux de son intérêt propre. Étant donné que l'interdépendance stratégique s'applique très largement aux interactions entre êtres humains, la théorie des jeux est devenue une discipline très influente et fréquemment appliquée, en politique, en économie et dans le monde des affaires. Les banquiers l'emploient lorsqu'ils travaillent sur les OPA, les employeurs et les syndicats quand ils sont engagés dans des conflits sociaux, les hommes politiques quand ils négocient, par exemple, des accords commerciaux internationaux – ou, de façon controversée, quand ils examinent s'ils doivent ou non entrer en guerre – et les entreprises l'utilisent pour fixer le prix de leurs produits et réaliser de meilleures ventes que leurs rivaux.

La théorie des jeux et la guerre Une des applications les plus anciennes et les plus controversées de la théorie des jeux date de la guerre froide. L'Union soviétique et les États-Unis disposaient d'armes nucléaires capables de causer des destructions massives à l'autre pays ; tous les deux savaient que tirer le premier coup se traduirait par une destruction mutuelle assurée ; en d'autres termes, que son adversaire lancerait des missiles en réaction à une attaque. En fait, le philosophe Bertrand Russell a comparé le *statu quo* nucléaire à un jeu du « froussard ».

Dans son livre classique de 1960 *The Strategy of Conflict*, Thomas Schelling a examiné comment la théorie des jeux motiverait l'Union soviétique et les États-Unis à se répondre. Une de ses conclusions frappantes est que les pays confrontés à un tel *statu quo* seraient dans une position favorable s'ils tentaient de protéger leurs armes plutôt que leur population. La raison en est qu'un pays qui croirait pouvoir résister aux conséquences d'une guerre nucléaire serait le plus susceptible d'en déclencher une. Alors, disait Schelling, plutôt que construire des abris anti-atomiques pour tout le monde, il serait préférable de démontrer votre capacité de riposter par la force si l'adversaire lançait une ogive dans votre direction. Ces enseignements ont influencé la manière dont les adversaires de la guerre froide abordaient la politique de la corde raide – en les persuadant, par exemple, de mettre les ogives nucléaires dans des sous-marins et pas seulement dans des sites terrestres statiques. Le problème, dans ce cas, était qu'aucune des parties ne savait de combien de missiles l'autre partie disposait, où ils se trouvaient ou ce qu'ils visaient, mais cette incertitude ne faisait que perpétuer le *statu quo*.

Art ou science Une expérience classique de théorie des jeux est fournie par un jeu que la plupart d'entre nous ont pratiqué : les échecs. Chaque fois que nous jouons à des jeux de stratégie, nous prenons des décisions basées sur ce que nous prévoyons que notre adversaire fera. Cependant, le nombre de coups possibles à n'importe quel moment de la partie est presque infini, il n'y a donc guère d'autre choix que de calculer quelques coups à l'avance et de compter sur l'expérience et l'intuition pour remplir les lacunes qui subsistent.

La théorie des jeux reste l'un des domaines de la théorie économique qui se développe le plus rapidement, et elle contribue de plus en plus à révéler des vérités fondamentales sur le comportement humain. Toutefois, selon les termes de l'un de ses experts les plus éminents, Avinash Dixit de Princeton University, « La théorie est loin d'être complète, et à bien des égards la conception d'une stratégie gagnante reste un art ».

l'idée en une phrase

Les êtres humains se comportent différemment en situation de jeu

48 Criminalité et théorie économique

Que se passe-t-il quand la théorie économique quitte la salle de réunion pour la salle à manger, et quand elle est utilisée pour l'étude des criminels plutôt que des entreprises ? Qu'est-ce qui ressort lorsque ses outils sont transplantés pour examiner des questions très diverses, depuis le marché noir jusque la vie familiale ? Les outils de la théorie économique – de l'offre et la demande à la théorie des jeux – sont si puissants et si universels qu'ils peuvent être utilisés pour éclairer toutes sortes de questions apparemment sans lien.

Prenez la parabole du vendeur de donuts (des petits gâteaux en forme d'anneaux) – l'un des nombreux exemples présentés par Steven Levitt et Stephen Dubner dans leur livre *Freakonomics* publié en 2005 (et écrit à partir des recherches en économie du professeur Levitt). Le livre nous raconte à peu près ceci : un entrepreneur qui livre des donuts dans les entreprises décide que, plutôt que de perdre son temps à attendre que ses clients le payent à tour de rôle, il laisse simplement derrière lui une boîte et une note leur demandant de payer ce qu'ils doivent. Fait rassurant, il s'en sort très bien avec ce système fondé sur la confiance. Et, plus intéressant, ses comptes révèlent quelques tendances significatives : par exemple, les gens sont plus honnêtes quand ils travaillent dans des petits bureaux, quand le temps est beau, et quand un jour férié est proche.

Le livre arrive à des conclusions non conventionnelles sur certaines des questions les plus controversées de la société moderne – l'avortement et le racisme par exemple. Entre autres choses, il révèle des liens surprenants entre le Ku Klux Klan et les agents immobiliers. Il nous fait aussi découvrir les habitudes de tricherie des enseignants dans les écoles de Chicago et celles des lutteurs de sumo.

chronologie

1776

Publication de *La Richesse des nations* par Adam Smith

Le comportement des parents : altruisme or investissement ?

Les parents traitent souvent leurs enfants avec un altruisme apparent. Ils les comblent d'attention et de cadeaux pour une récompense directe très réduite. Et ils le font bien que les bébés restent par nature égoïstes pendant la plus grande partie de leur enfance. Bien que l'idée la plus répandue soit qu'il s'agisse simplement d'une manifestation d'amour parental, Becker voit les choses autrement. Il affirme que le comportement des parents est en fait un moyen d'investir indirectement pour leur vieillesse. Selon lui, le taux de rendement d'un investissement dans un enfant est plus élevé que celui des plans de retraite ordinaires, puisqu'un enfant qui réussit et qui devient riche s'occupera probablement de ses parents s'ils en ont besoin.

L'aspect à noter, cependant, est que même dans les environnements les plus décalés, sans lien avec le marché, les règles fondamentales de l'économie peuvent s'appliquer – qu'il s'agisse de l'offre et de la demande, de la main invisible, des incitations humaines ou de tout autre élément du panthéon des règles de l'économie. Après tout, l'économie est l'étude de la prise de décision par les êtres humains, qui n'a pas nécessairement besoin d'une toile de fond monétaire pour fonctionner.

Le livre de Levitt et Dubner a connu un grand succès et il a suscité un certain nombre d'imitateurs au cours des années suivantes. Toutefois, ce n'était pas la première fois qu'un économiste professionnel appliquait les règles de l'économie à la vie de tous les jours. Le vrai pionnier de cette approche était Gary Becker, un économiste de l'Université de Chicago. Becker, qui a reçu le Prix Nobel en 1992, a montré que tout le monde – des familles aux racistes, aux criminels et aux drogués – est d'une certaine façon influencé par des facteurs économiques tels que la prise de décision rationnelle et les incitations.

S'en tirer à bon compte L'idée au cœur des théories et des arguments de Becker est qu'un coût est presque toujours attaché à chaque chose – coût qui peut être social ou affectif, par opposition à une somme d'argent explicite. Par exemple, une de ses idées est que ceux qui

> **« Dans la mesure où la science économique est d'abord un ensemble d'outils, et non un sujet d'étude, aucun sujet, aussi excentrique soit-il, n'est hors de portée pour elle. »**
>
> **Steven Levitt**

1992
Gary Becker reçoit le Prix Nobel d'économie

2003
Steven Levitt remporte la médaille John Bates Clark

2005
Publication de *Freakonomics*

> **« Le niveau de la criminalité est déterminé non seulement par la rationalité et les préférences des criminels potentiels, mais aussi par l'environnement économique et social créé par les politiques publiques, y compris les dépenses pour la police, les peines pour les différents crimes, les possibilités d'emploi, l'accès à la scolarisation et aux programmes de formation. »**
>
> **Gary Becker**

rejettent les minorités augmentent souvent, mentalement, le coût d'une transaction si elle implique une interaction avec un membre d'une minorité.

Gary Becker eut une brusque révélation de sa théorie un jour où il devait choisir entre garer sa voiture dans une place de stationnement interdite ou la conduire jusqu'à un parking situé quelques rues plus loin, au prix d'une perte de temps et d'un effort supplémentaire. Il opte pour la place interdite, jugeant que le risque d'avoir une contravention ne l'emporte pas sur l'effort supplémentaire d'avoir à conduire la voiture à l'endroit plus éloigné et à faire à pied le trajet de retour. De semblables décisions, avait-il conclu, sont prises par les criminels quand ils décident d'enfreindre la loi.

Cette conclusion a des implications importantes sur la façon dont les pouvoirs publics doivent gérer le système judiciaire. Elle conduit en effet à l'idée que les amendes et les sanctions doivent être plus sévères. Plus la peine est lourde, plus le coût si l'on se fait prendre est élevé et plus ce coût est dissuasif. C'est cette idée qui a aidé Becker à obtenir son Prix Nobel.

La théorie a été confirmée quelques années plus tard par Levitt, qui a comparé les taux de criminalité juvénile entre les divers États américains et avec les taux de criminalité chez les adultes. Il découvre que dès que les criminels atteignent l'âge où ils sont passibles des peines beaucoup plus sévères infligées aux adultes, leurs activités illégales tendent à devenir moins fréquentes.

De fait, Tim Harford, l'auteur de *The Undercover Economist*, eut un aperçu de première main des idées de Becker un jour où celui-ci le conduisit dans un restaurant. Le Prix Nobel gare sa voiture dans une place où la durée maximum de stationnement est de 30 minutes, durée qu'il dépasse ensuite largement. Dans la mesure où cette durée n'est pas vérifiée très souvent, Becker juge le risque d'être sanctionné bon à prendre, compte tenu de la commodité de l'emplacement. Il le fait tout le temps, dit-il, et, bien qu'il doive payer une amende de temps en temps, ce n'est pas assez fréquent pour le dissuader de se comporter ainsi. Il agit simplement de façon rationnelle.

Applications aux questions sociales La théorie économique bien entendu, ne s'applique pas seulement aux situations criminelles. Harford, par exemple, a montré que les personnes participant à une séance de speeddating ont tendance à augmenter ou diminuer leurs attentes sur la qualité du partenaire recherché non pas en fonction de leurs exigences absolues, mais selon la qualité moyenne des personnes qu'ils rencontrent ce jour-là. Le nombre de personnes qui trouvent un partenaire tend à rester constant, que les personnes croisées soient ou non terriblement attrayantes. Il s'agit, essentiellement, d'une leçon sur l'ancrage – l'un des préceptes de l'économie comportementale (voir n°46).

Levitt utilise les théories économiques pour prouver que l'avenir des enfants est déterminé moins par la façon dont ils sont élevés que par la situation économique de leurs parents et souvent leur origine ethnique. Une autre de ses conclusions a fait grand bruit : il a affirmé que le taux de criminalité a diminué aux États-Unis dans les années 1990 parce que l'avortement avait été légalisé dans les années 1970. De ce fait, les familles dans les zones défavorisées ne se reproduisaient plus de façon incontrôlée.

« La macroéconomie n'a pas vraiment pour sujet le comportement humain », selon Levitt :

> La théorie économique est un ensemble d'outils généraux pour essayer de comprendre le monde. Mais elle dit de mettre en place des politiques qui sont absurdes, parce qu'elle ne se préoccupe pas d'aspects comme l'équité ou la moralité, ou les facteurs psychologiques.

Ainsi, il y a des limites à l'applicabilité des théories économiques à la vie de tous les jours, et les responsables politiques doivent en tirer une leçon non ambiguë : la théorie économique n'est pas un cadre parfait pour considérer le monde. Pourtant, c'est la meilleure méthode disponible pour déterminer comment influencer les gens et comment prédire leur comportement. Et cela vaut tout autant pour nos peccadilles sociales que pour nos tribulations financières. C'est une conclusion qu'Adam Smith aurait chaleureusement approuvée.

l'idée en une phrase

Les méthodes de la théorie économique sont applicables à tous les sujets

49 La théorie économique et le bonheur

Dans les années 1970, dans le petit royaume himalayen du Bhoutan, l'économie du pays est regardée de près. Selon la plupart des indicateurs – le produit intérieur brut, le revenu national, l'emploi... – la croissance est molle. Le roi du Bhoutan fait alors quelque chose d'inhabituel. Il décrète que, désormais, les progrès du Bhoutan seront mesurés non pas avec les indicateurs économiques traditionnels, mais avec le bonheur national brut.

Il aurait pu sembler que cette réponse non conventionnelle était destinée à faire cesser la critique, mais le roi était tombé sur une idée qui allait devenir un sujet d'étude important et de plus en plus respectable – l'économie du bonheur. C'est un sujet qui concerne la plupart d'entre nous. En tant que nations et qu'individus, nous sommes presque tous plus riches et en meilleure santé que jamais auparavant. Toutefois, cette richesse est allée de pair avec un sentiment de mécontentement. Les habitants des nations riches sont devenus de moins en moins heureux au cours des 50 dernières années.

La poursuite du bonheur La théorie économique traditionnelle n'a pas d'explication satisfaisante pour cette situation. Depuis l'époque d'Adam Smith, la richesse a été considérée comme la principale mesure du progrès d'un pays. Cette raison – et le fait que l'argent soit facile à mesurer – font que les économistes ont tendance à se concentrer sur des mesures telles que le produit intérieur brut, le chômage et une poignée d'autres statistiques sociales telles que l'espérance de vie et l'inégalité. Mais non, jusqu'à récemment, sur le bonheur, ce qui est quelque peu surprenant, étant donné la grande importance que les philosophes ont accordé à ce thème depuis les premiers jours de l'humanité.

chronologie

1776
La Déclaration d'indépendance américaine proclame le droit « à la vie, à la liberté et à la poursuite du bonheur »

1780
Jeremy Bentham conçoit son « principe du plus grand bonheur »

L'idée que le progrès d'un pays devrait être mesuré par rapport à son bonheur n'est pas apparue, en effet, au Bhoutan il y a une vingtaine d'années. En 1776, Thomas Jefferson proclame que les Américains doivent avoir droit non seulement à la vie et la liberté, mais aussi à « la poursuite du bonheur ». Jeremy Bentham, le créateur au XIXe siècle de l'utilitarisme, déclare que les êtres humains doivent agir pour le « plus grand bonheur du plus grand nombre ».

La poursuite du bonheur semble avoir abouti à des résultats concrets au Bhoutan. Depuis que l'indice de bonheur national brut est calculé, le pays progresse à un rythme remarquable, même selon les indicateurs économiques traditionnels. En 2007, c'est la deuxième économie du monde pour la croissance, tout en parvenant à augmenter son bonheur national brut. Dans un effort pour que les habitants restent satisfaits, des décrets ont imposé que 60 % de la surface du pays restent couverts de forêt, et que le tourisme, qui va, semble-t-il, à l'encontre du bonheur, soit plafonné chaque année. L'argent est redistribué des riches vers les pauvres afin de contribuer à éliminer la pauvreté de masse.

Mesurer le bonheur Ces efforts visant à rendre le Bhoutan plus heureux semblent avoir été très fructueux. Dans un sondage effectué en 2005, 3 % seulement des habitants ont déclaré ne pas être heureux, alors que près de la moitié d'entre eux ont dit qu'ils étaient très heureux. Mais ces sondages sont souvent imprécis, peu convaincants et difficiles à comparer de manière empirique. Le bonheur est beaucoup plus difficile à mesurer que, par exemple, les niveaux de richesse ou l'espérance de vie, et c'est pourquoi la

La hiérarchie des besoins

Certains besoins humains fondamentaux doivent être satisfaits si nous voulons être heureux. Ils vont de la physiologie (le fonctionnement correct de l'organisme) et de la sécurité (logement, emploi, santé) à l'amour, l'estime et la moralité. Cette hiérarchie, conçue par le psychologue Abraham Maslow dans un article de 1943, sous-tend ce qui contribue à la satisfaction de l'être humain. Les économistes du bonheur ont constaté que lorsque les besoins les plus fondamentaux d'un individu – ceux de la physiologie et de la sécurité – sont satisfaits, il arrive souvent que son bonheur diminue.

1972
Le Bhoutan commence à développer son indice du bonheur national brut

2006
Après un coup d'État militaire en Thaïlande, le nouveau Premier ministre Surayud Chulanot met en place un indice similaire

> **« L'idéologie du bonheur national brut relie les objectifs de développement du Bhoutan à la poursuite du bonheur. Cela signifie que cette idéologie reflète la vision du Bhoutan sur le but de la vie humaine, une vision qui met au centre l'auto-développement de l'individu. »**
>
> **Dasho Meghraj Gurung, ministre du Bhoutan**

théorie économique l'a négligé. Toutefois, les progrès récents dans l'imagerie cérébrale ont aidé les spécialistes du cerveau à identifier la partie du système nerveux central la plus stimulée par le bonheur, et ces résultats ont permis de renforcer la crédibilité scientifique des mesures du bonheur.

Dans les dernières décennies, les économistes et les psychologues ont, pour la première fois, sérieusement commencé à mesurer le bonheur des individus dans des études à long terme. La conclusion à laquelle ils sont parvenus est que même si le bonheur d'un individu augmente quand il passe de la pauvreté à l'aisance, son niveau de satisfaction commence à baisser quand il s'éloigne davantage de la ligne de pauvreté. Selon Richard Layard, un économiste britannique qui s'est spécialisé dans l'économie du bonheur, une fois que le salaire moyen dans un pays dépasse 20 000 dollars, l'augmentation du revenu cesse de rendre les gens plus heureux et peu à peu les rend moins satisfaits. Dans la phraséologie économique, les rendements sont décroissants en termes de bonheur au-delà de ce seuil.

C'est ce que Richard Easterlin, l'un des pionniers de ces études, appelle un « cycle hédoniste » (du mot grec ancien pour plaisir) : une fois que vous devenez riche, vous vous y habituez très rapidement, et vous considérez bientôt votre niveau de vie comme acquis. En outre, selon les recherches en économie comportementale (voir n°46), quand nos besoins de base sont satisfaits, nous commençons à mesurer notre satisfaction propre non en fonction de notre richesse ou de nos réalisations en termes absolus, mais en comparaison avec les autres. Le vieil adage selon lequel on est heureux de son salaire à condition qu'il soit supérieur à celui du mari de la sœur de son épouse a une base solide en psychologie. Ces constatations indiquent que la culture des informations 24 heures sur 24 et de la célébrité, et la publicité faite constamment autour du mode de vie des gens riches, beaux et célèbres, sont susceptibles de porter encore plus atteinte à la satisfaction de tous.

L'argent n'est pas tout Des travaux sont engagés partout dans le monde pour déterminer une mesure internationalement comparable du bien-être national brut. Si certains économistes traditionnels tournent en dérision de tels objectifs, il serait erroné de supposer que la palette actuelle des mesures du progrès d'un pays soit définitive. Une mesure indépendante, conçue par la New Economics Foundation, est le Happy Planet Index, qui combine pour chaque pays des mesures de satisfaction des habitants, l'espérance de vie et l'empreinte écologique par habitant. Selon cet indice, le pays dans le monde obtenant la meilleure note en 2006 était une île du Pacifique, le Vanuatu, suivie par la Colombie et le Costa Rica, alors que le Burundi, le Swaziland et le Zimbabwe sont les moins bien classés. La majorité des pays les plus riches du monde, y compris les États-Unis, la France et le Royaume-Uni, sont dans la moitié inférieure du classement.

L'économie du bonheur influence de plus en plus la façon dont les hommes politiques conçoivent leur action dans les pays développés. Il a été suggéré, par exemple, que des taxes plus élevées sur ceux qui ont les plus hauts revenus rendent la société dans son ensemble plus heureuse, car elles permettent de réduire le niveau national d'envie. Une autre idée est que les entreprises devraient limiter l'importance donnée au mérite dans la détermination des salaires. Lord Layard a proposé que soit financés des programmes de masse de thérapie cognitivo-comportementale pour tous les membres de la population. Bien que de telles idées soient controversées, elles gagnent rapidement du terrain au Royaume-Uni et aux États-Unis, car les hommes politiques cherchent un moyen de réveiller des électeurs indifférents.

Le succès de l'économie de bonheur a inspiré un début de choc en retour. Certains psychologues ont fait valoir que le mécontentement et l'envie peuvent jouer un rôle important dans la motivation des gens à se perfectionner. Et puis se pose la question de savoir si la poursuite du bonheur d'une nation est totalement correcte moralement. En 1990, le Bhoutan a expulsé 100 000 étrangers appartenant à d'autres ethnies. Ce mouvement aurait stimulé le bonheur national, mais au prix d'une détérioration de son bilan en matière de droits de l'homme. La richesse n'est évidemment pas tout, mais le bonheur non plus.

l'idée en une phrase

La théorie économique ne s'intéresse pas qu'à l'argent

50 La théorie économique du XXIe siècle

Les économistes ont été raillés pour n'avoir pas réussi à prévoir les changements survenus dans le paysage financier et n'avoir pas perçu les indices qui préfiguraient la catastrophe boursière. Mais aujourd'hui, au tout début du troisième millénaire, des questions fondamentales ont été soulevées à propos des bases mêmes de leur discipline - questions trop difficiles pour qu'elles puissent être ignorées.

La première est le fait que ses doctrines clés, posées d'abord par John Maynard Keynes puis par Milton Friedman, ont été soumises à des tests sérieux au XXe siècle, souvent avec des résultats malheureux.

La seconde est un échec plus fondamental. Depuis ses débuts, la théorie économique s'est plus ou moins appuyée sur l'idée que les individus agissent rationnellement : qu'ils agissent toujours selon leur intérêt égoïste et que ces actions, si le marché fonctionne pleinement, amélioreront la situation de la société (voir n° 1).

Pourtant, cela n'explique pas pourquoi les individus prennent souvent des décisions qui ne sont visiblement pas conformes à leurs intérêts. Il n'est dans l'intérêt de personne de se rapprocher de sa tombe, mais bien que les dangers du cancer du poumon et de l'obésité soient largement connus, certains continuent à fumer et à manger des produits gras. Des arguments semblables ont été avancés à propos du réchauffement climatique et de la pollution d'origine humaine.

De nouvelles disciplines comme l'économie comportementale (voir chapitre 46) ont révélé que, bien souvent, les êtres humains prennent des décisions en se fondant non pas sur ce qui serait le meilleur pour eux, mais sur des « heuristiques » – des règles générales tirées de leur expérience propre – ou sur l'imitation des autres.

chronologie

1776

Parution de *La Richesse des nations* d'Adam Smith

années 1930

La grande dépression provoque la mise en œuvre de politiques keynésiennes

Le malaise provoqué par les prêts hypothécaires

La théorie économique conventionnelle suppose que les gens ont les capacités nécessaires pour choisir le produit le meilleur pour leurs intérêts malgré la complexité de la tâche. Que cette hypothèse était erronée a été démontré avec le boom du marché immobilier au début des années 2000 aux États-Unis. De nombreuses familles disposant de moyens limités ont emprunté pour acheter un logement sans se rendre compte que, après quelques années de taux d'intérêt bas, leurs remboursements mensuels augmenteraient brusquement jusqu'à des niveaux trop élevés pour elles. Les économistes conventionnels n'ont pas prévu l'ampleur du krach qui a suivi, en partie parce qu'ils n'ont pas réussi à se rendre compte que les gens prenaient des décisions apparemment irrationnelles qui finiraient par leur faire perdre le logement qu'ils avaient acheté.

Une approche synthétique Ayant pris conscience du fait que les êtres humains n'agissent pas toujours de façon rationnelle, les régulateurs se montreront probablement plus paternalistes à l'avenir. Des tentatives ont déjà été faites, par exemple, pour réglementer le marché hypothécaire de façon plus stricte afin qu'il soit plus difficile pour les consommateurs de faire des choix allant à l'encontre de leur intérêt à long terme.

L'économie est passée d'une foi quasi illimitée dans la capacité des marchés à déterminer les résultats à un scepticisme sur le fait qu'ils parviennent toujours au meilleur résultat. Un peu comme le roman moderne, qui choisit à partir d'une variété de styles différents au lieu de se limiter à un seul type de discours, la théorie économique du XXIe siècle empruntera largement au keynésianisme, au monétarisme, à la théorie du marché rationnel et à l'économie comportementale pour parvenir à une nouvelle synthèse.

l'idée en une phrase
Intervenir quand les individus ne sont pas rationnels

Début des années 1980	Années 1990	Années 2000
Les idées monétaristes sont mises en œuvre par Ronald Reagan et Margaret Thatcher	L'économie comportementale devient populaire	Une nouvelle synthèse de l'économie commence à bénéficier d'une certaine faveur

Glossaire

Action Part dans le capital d'une entreprise. Les actions donnent droit à un dividende, et à voter en assemblée générale.

Agrégat Un autre mot pour « total ». Renvoie à un chiffre global – par exemple, le produit national brut.

Avantage absolu Quand un pays peut produire un bien ou un service plus efficacement qu'un autre, en d'autres termes pour un coût moindre et en y consacrant moins d'effort.

Banque centrale Principale autorité monétaire d'un pays ou d'une zone. Elle émet les billets ayant cours légal et règle l'offre de crédit – principalement en contrôlant les taux d'intérêt.

Bear market Mot à mot : « marché ours ». Quand se produit une chute continue de la Bourse, ce qui conduit à un pessimisme généralisé et à une poursuite de la baisse.

Bull market Mot à mot : « marché taureau ». Quand la confiance règne chez les investisseurs, ce qui conduit à un optimisme généralisé et à une hausse des cours.

Capital Argent ou actif physique utilisé pour obtenir un revenu.

Capitalisme Système économique dans lequel le capital des entreprises est détenu par des personnes privées ou par d'autres entreprises.

Communisme L'idée marxiste que le capitalisme sera remplacé par une société dans laquelle le peuple (or plutôt l'État) détiendra les moyens de production.

Contrôle sur les mouvements de capitaux Restrictions imposées par les pouvoirs publics d'un pays sur l'entrée et la sortie de capitaux.

Coût marginal Coût de production d'une unité supplémentaire, par opposition au coût moyen.

Credit crunch voir pénurie de crédit

Crédit Un mot poli pour dette ; la promesse de payer plus tard à quelqu'un ce qu'on lui a emprunté aujourd'hui.

Défaillance Quand une personne, une institution ou un pays est incapable d'honorer ses dettes.

Déficit Insuffisance dans un compte – que ce soit le déficit budgétaire ou le déficit de la balance courante d'un pays.

Déflation Situation dans laquelle, en moyenne, les prix baissent plutôt qu'ils n'augmentent.

Demande Quantité totale de biens et de services que les individus sont prêts à acheter et ont les moyens d'acheter, à un prix donné. Habituellement, quand les prix augmentent, la demande diminue.

Dépression Récession sévère. Habituellement définie comme une contraction de 10 % du produit intérieur brut, ou une récession durant au moins trois ans.

Détente quantitative Méthodes que les banques centrales emploient quand les taux d'intérêt ne suffisent plus, comme cela est arrivé au Japon dans les années 1990 et dans la plus grande partie du monde occidental dans les années 2000. Le but est d'agir directement sur la quantité de monnaie dans l'économie plutôt que par l'intermédiaire des taux d'intérêt.

Droits de douane Taxe imposée par un pays sur les biens importés de l'étranger.

Étalon-or Système international dans lequel la valeur des monnaies des pays est fixée en relation avec le prix de l'or.

Exportations Biens et services qui sont produits dans un pays et sont ensuite vendus à des pays étrangers.

FMI Fonds monétaire international. Une organisation internationale chargée de surveiller l'économie mondiale et de porter secours aux pays confrontés à une crise financière.

Fonds spéculatifs Type d'organe de placement collectif qui peut parier sur la baisse ou la hausse de la valeur d'une entreprise, ainsi qu'adopter de nombreuses autres stratégies plus complexes.

Hyperinflation Quand l'inflation est hors de contrôle. Une situation extrêmement dommageable, qu'ont connue en particulier l'Allemagne dans les années 1920 et le Zimbabwe dans les années 2000.

Importations Biens et services achetés à l'étranger.

Inflation Taux auquel le prix des biens et des services s'accroît.

Intérêt Montant, exprimé en pourcentage, qu'un créditeur peut espérer recevoir pour son placement. En sens inverse, ce peut être le montant qu'un débiteur paye pour emprunter.

Jeu à somme nulle Jeu dans lequel les gains du vainqueur sont égaux aux pertes du perdant. Les jeux à somme nulle s'opposent aux jeux à somme positive, dans lesquels les deux parties peuvent tirer un profit jusqu'à un certain point.

Laissez-faire Quand les pouvoirs publics essaient de laisser fonctionner le marché le plus librement possible.

Liquidité Mesure de la facilité avec laquelle le détenteur d'un actif – par exemple un logement, un lingot d'or ou un paquet de cigarettes – peut le vendre s'il a besoin d'argent frais.

Macroéconomie Étude de la gestion de l'économie d'un pays et de l'économie internationale, en prenant du recul et en examinant comment l'économie dans son ensemble fonctionne, et quelles sont ses performances – ce qui détermine le produit intérieur brut, les prix, le chômage.

Marché Lieu (souvent virtuel) où les acheteurs et les vendeurs se rencontrent pour échanger des biens ou des services.

Marché monétaire Réseau d'emprunteurs et d'investisseurs pour les prêts à court terme – de quelques heures à un an.

Marchés financiers Expression générale pour désigner les marchés où les actions, les obligations et les autres produits financiers sont émis et échangés.

Microéconomie Étude des économies au niveau détaillé : ce qui fait que les individus prennent certaines décisions, comment les entreprises deviennent profitables, etc.

Monnaie Pour les économistes, ensemble des actifs généralement utilisés pour acheter des biens et rembourser des dettes. C'est donc un moyen d'échange, mais aussi une unité de compte et une réserve de valeur.

Monopole Contrôle exclusif par un vendeur d'un produit particulier sur un marché.

Obligation Certificat de dette émis par un pays ou par une entreprise.

Offre de monnaie Quantité de monnaie circulant dans l'économie.

Offre Quantité totale de biens et de services que les producteurs sont prêts à vendre à un prix donné. Avec la demande, c'est ce qui fait fonctionner une économie de marché.

Panique bancaire Quand des déposants inquiets cherchent tous ensemble à retirer leurs économies d'une banque, provoquant souvent sa faillite.

Pénurie de crédit (*Credit crunch*) Une crise financière qui fait que les banques sont réticentes à prêter, ou incapables de le faire, et qu'elles mettent ainsi en difficulté l'ensemble de l'économie.

Politique budgétaire Décisions que prend un gouvernement sur les dépenses à réaliser, les impôts à prélever et le montant des emprunts à effectuer.

Politique monétaire Décisions qu'un gouvernement ou une banque centrale (habituellement cette dernière) prend pour réguler la quantité de monnaie circulant dans l'économie et les taux d'intérêt.

Privatisation Quand une entreprise ou une entité qui était auparavant propriété de l'État est vendue à une entité privée.

Prix d'équilibre Prix auquel l'offre de biens est égale à la demande.

Productivité Quantité de biens ou de services produits rapportée à la quantité d'effort consenti (en termes de nombre d'heures travaillées ou de nombre de personnes).

Récession Détérioration de la situation économique d'un pays : quand le produit intérieur brut se contracte au lieu de croître pendant deux trimestres consécutifs.

Stabilisateurs automatiques Dépenses ou recettes publiques, dont l'augmentation ou la diminution a pour effet de modérer les phases d'expansion ou de récession économique.

Stagflation Quand une inflation élevée est associée à une stagnation économique.

Subvention Somme donnée – habituellement par les pouvoirs publics – pour aider une entreprise ou un secteur particulier. Les subventions sont souvent vilipendées comme forme de protectionnisme.

Taux d'emploi Pourcentage de la population d'âge actif ayant un emploi.

Titre Contrat financier qui garantit à son détenteur une participation dans un actif : ce peut être une obligation, une action, jusqu'aux produits dérivés complexes.

Index

L'édition originale de cet ouvrage a été publiée en 2009 au Royaume-Uni
par Quercus Publishing Plc
sous le titre *50 Economics Ideas You Really Need to Know.*

Originally entitled *50 Economics Ideas You Really Need to Know.*
First published in the UK by Quercus Publishing Plc

Couverture : Jean-Christophe Courte

ISBN 978-2-10-053445-6

53445 - (I) - (3) - OSB 90° - STY - VCT
Dépôt légal mai 2010
Imprimerie CHIRAT - 42540 Saint-Just-la-Pendue
N° 201004.0106

Imprimé en France